KB153204

누가 이 아이들을 구할 것인가?

THE WOMAN WHO SAVED THE CHILDREN

Copyright ⓒ Clare Mulley 2009

All rights reserved

Korean translation copyright ⓒ 2017 by Chaek Ann

Korean translation rights arranged with THE ANDREW LOWNIE LITERARY AGENCY

through EYA(Eric Yang Agency).

이 책의 한국어판 저작권은 EYA(Eric Yang Agency)를 통한

THE ANDREW LOWNIE LITERARY AGENCY 사와의 독점 계약으로 '책앤'이 소유합니다.

저작권법에 의하여 한국 내에서 보호를 받는 저작물이므로

무단전재 및 복제를 금합니다.

누가 이 아이들을 구할 것인가?

세이브더칠드런 창립자, 에글렌타인 젭 이야기

클레어 멀리 지음 | 이길태 편역

바로 지금 내 옆에서 인류가 가진 잠재력을 보여주며

생기 넘치게 뛰노는 꼬마 숙녀, 멋진 나의 세 딸

밀러슨트 에글렌타인, 플로렌스 미네르바, 그리고 헤스터 이브에게

이 글을 바친다.

목차

버킹엄궁에서 온 편지

　에글렌타인 젭은 제1차 세계대전의 후유증으로 고통받는 어린이를 위해 발 벗고 나선 투사였다. 1919년에 에글렌타인과 그녀의 여동생 도로시는 굶주리는 유럽의 어린이를 위해 국제 구호개발 NGO 세이브더칠드런을 설립했다. 세이브더칠드런 연맹은 현재 어린이를 위한 세계 최대의 독립 기구이다. 수천 개의 지역 기관과 손잡고, 갖가지 방식으로 수백만 명에게 지원을 받아 120여 개국 어린이에게 좀 더 나은 삶과 생명의 기회를 주기 위해 일하고 있다.

　하지만 에글렌타인의 유산은 그뿐 아니다. 에글렌타인은 1923년에 어린이의 권리와 책임을 명시한 어린이 인권 선언문 초안을 작성했다. 이어 국제연맹이 선언문을 채택하도록 힘썼다. 어린이 복지를 세상의 의제로 올려놓은 에글렌타인의 업적은 인류의 위대한 승리 중 하나로 평가받고 있다.

에글렌타인이 사망한 이후 전 세계에서 에글렌타인을 기리고 있지만, 그녀의 놀라운 이야기는 지금 거의 잊혀 있다. 마침 세이브더칠드런 창립 90주년과 유엔 아동 권리 협약 20주년 기념일을 맞아 출간된 이 전기는 에글렌타인의 이야기를 다시금 세상 사람들에게 환기시킨다. 그리하여 상상력과 결단력을 적절히 갖춘 한 사람이 이 세상에 얼마나 중요한 기여를 할 수 있는지 보여준다.

세이브더칠드런은 교육과 건강 같은 어린이의 기본적인 권리를 충족시키기 위해 전 세계에서 활약하고 있다. 그래서 에글렌타인에 대한 기억이 오늘날까지도 남아 있는 것이다. 세이브더칠드런이 할 일은 아직도 많다. 전 세계 7천 5백만 명의 어린이가 학교에 가지 못하고, 1분에 한 명 꼴로 산모가 출산을 하다가 죽는 실정이기 때문이다. 한 훌륭한 여성의 일대기를 다룬 이 책에 관심을 기울임으로써 세이브더칠드런이 하는 일을 지원해주는 여러분에게 감사한다.

Anne

영국 세이브더칠드런 회장
앤 공주

감사의 글

모든 면에서 이안 월터에게, 그리고 주요 편집 팀인 케이트와 길, 드렉 멀리에게 깊이 감사한다. 이 책은 라이어널 젭과 코리나 젭, 벤 벅스턴과 벅스턴 가족, 수잔나 번과 필리파 힐, 니콜라스 험프리, 샬럿 험프리, 로버트 딤즈데일, 니콜라스 딤즈데일, 디키 휴즈, 그리고 데이비드 마셜의 아주 친절한 도움이 없었다면 쓰지도 못했을 것이다. 너그럽게 이해해 준 여러분 모두에게 감사한다. 또한 세이브더칠드런의 기록보관소 직원과 전문가들, 국제연맹 기록보관소, 제네바 소재 유엔 사무실, 세이브더칠드런의 서류가 보관되어 있는 스위스 제네바의 국가 기록보관소, 옥스퍼드 레이디마거릿홀의 총장과 선임연구원들, 케임브리지 뉴넘칼리지, 케인스 가족의 문서가 보관되어 있는 케임브리지 킹스칼리지, 케임브리지 처칠칼리지의 학장과 학자들, 그리고 아치볼드 비비언 힐의 문서가 보관되어 있는 처칠 기록보관소의 직원들, 찰스 케이 오그던의 문서가 보관되어 있는 온타리오주 해밀턴 소재 맥매스터대학 도서관 기록물 보관 연구소의 윌리엄 레디 부서, 영국도서관 원고 및 신문 기록보관소, 「타임스」 기록보관소, 대중역사박물관의 노동사 기록보관소, 여성도서관, 런던기록보관소, 잉글랜드 왕립외과대학 총장 및 의회, 왕립의과협회, 웰컴연구소, 국립미술관의 도서관과 기록보관 부서, 기상청, 국립기상기록보관소, 영국갑상선협회의 전 회장이자 『갑상선 질환』(옥스퍼드대학출판부, 2002)의 공동 저자인 마이클 턴브리지 박사, 전문적인 조언을 해준, 잉글랜드 어린이권리협회의 프로그램 '제네바에 갈 준비를 하자!' 편성자인 샘 디먹에게 진심으로 감사한다. 또한 온통 자선활동에 대한 생각뿐인 '갈색 가디건을 입은 독신녀'에 관한 책을 믿어 준 내 에이전트 앤드루 로니에게 감사한다. 마지막으로 내 친구 로드니 브린, 디도 데이비스, 니콜 드소우자, 쉴라 고워이삭, 리사 오코넬, 주드 루돌프, 앨리슨 페비어, 애나 롤린슨, 그리고 루시 워드에게 감사한다. 다시 한 번 모두에게 감사한다.

지은이 클레어 멀리

    1919년 한 40대 여성이 영국 트라팔가 광장에 서 있다. 그녀는 자기가 체포될 수도 있다는 걸 알고 있다. 그럼에도 그곳에서 깡마른 아이들의 사진을 실은 전단지를 돌린다. 적국의 아이들을 아사 지경으로 내몰고 있는 영국의 봉쇄정책을 비판하는 전단지다. 예상대로 그는 기소됐고 벌금형을 선고받았다. 100년 뒤 29개 회원국이 120여 개 국가에서 수백만 아동을 살리고 있는 국제 구호개발 NGO 세이브더칠드런의 시작이다.

    이 세상에 선의는 있는가, 국적과 인종을 넘는 인류애는 가능한가, 하루치 뉴스에만도 절망에 빠지기 충분한 근거들이 넘친다. 그럴 때 이 책을 펼치면 다시 느끼게 된다.

    우리는 결코 혼자가 아니다.

    여기 한 여성, 자주 우울에 빠지고 질병에 시달렸으며 자기가 이 세상에서 무엇을 이룰 수 있을지, 자신의 가치를 회의하기도 했던 에글렌타인 젭이 있다. 그는 인간이 인간에게 어떤 짓까지 할 수 있는지, 제1차 세계대전의 광기를 목격했다. 그럼에도 특정한 국가나 인간이 아니라 전쟁 자체가 악이란 것을 간파했으며, 우리가 뿌리를 함께 나누는 하나의 인류라는 걸 믿었다.

그래서 이 세상에서 무엇을 할 수 있을지 회의가 당신을 집어삼키려 한다면, 이 책을 권한다. 우리 안의 사랑을 믿을 때 우리도 에글렌타인 젭처럼 이런 유언을 남기며 인생을 마감할 수 있을지 모른다.

"요즘에는 이런 생각이 들더라고요.
인생은 우리가 아는 것보다 더 행복하지 않나 하는 생각이요."

세이브더칠드런코리아 이사장
김노보

가계도1
이 책에 언급된 영국 슈롭셔주의 젭 가족

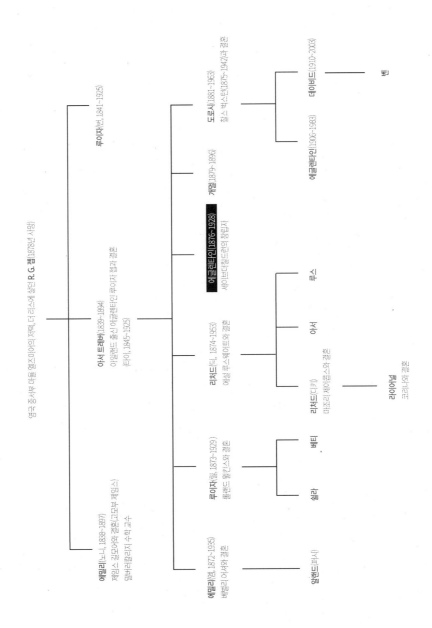

영국 중서부 마을 엘즈미어의 저택, 더 리스에 살던 R. G. 젭(1878년 사망)

에밀리(노니, 1838-1897)
제임스 길모어와 결혼(고모부 제임스)
얼버랜드리지 수학 교수

루이자(쟤나, 1841-1925)

아서 트레버(1839-1894)
아일랜드 출신 에글랜타인의 루이자 분가 결혼
(티어, 1845-1925)

에밀리(엠, 1872-1935)
베어링 아서와 결혼

루이자(룰, 1873-1929)
롤랜드 윌킨스와 결혼

리처드(딕, 1874-1953)
에덴 루소웨이트와 결혼

에글랜타인(1876-1928)
세이브더칠드런의 창립자

개멀(1879-1896)

도로시(1881-1963)
찰스 박스턴(1875-1942)과 결혼

에글랜타인(1906-1983)

데이비드(1910-2003)

브뤼

앨런드(프시)

셀라

베티

리처드(디키)
마조리 제이콥스와 결혼

아서

루스

라이어널
코라나 결혼

가계도2

이 책에 언급된 영국계 아일랜드 젭 가족

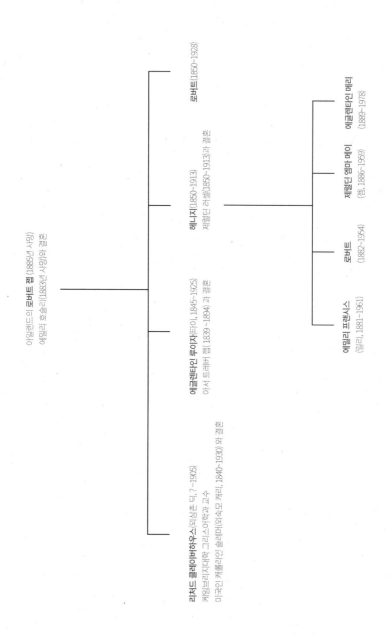

아일랜드의 **로버트 젭** (1885년 사망)
에밀리 호슬리(1883년 사망)와 결혼

로버트(1850~1928)

헨리지(1850~1913)
제럴딘 러셀(1850~1913)과 결혼

에글랜타인 루이자(타이, 1845~1925)
아서 트레버 젭(1839~1894)과 결혼

리처드 클레이(바바우스(허심슨 딕, ?~1905)
케임브리지대학 그리스어학과 교수
미국인 캐롤라인 올페머(허슨녹 케리, 1840~1930)와 결혼

에밀리 프랜시스
(밀리, 1881~1961)

로버트
(1882~1954)

제럴딘 엠마 메이
(젬, 1886~1959)

에글랜타인 메리
(1889~1978)

"The Woman Who Saved the Children"

A BIOGRAPHY OF EGLANTYNE JEBB

1
에글렌타인 상상하기
2009 ~ 1876

세상은 비정하지 않다.
다만 상상력이 모자라고 매우 바쁠 뿐이다.
에글렌타인 젭, 1920년

'성공하려면 그 길에 인생을 바쳐야 한다.'

에글렌타인 젭은 자신의 인생에 의미를 부여할 방법을 찾다가 종이에 이 같은 글을 썼다. 하지만 에글렌타인은 한 아이의 어머니가 되어 글자 그대로 '인생을 바치는' 길을 택하지는 않았다. 사회적 통념과는 달리 에글렌타인은 결혼을 하지 않았으며 아이를 그다지 좋아하지도 않았다. 심할 때는 아이들을 '불쌍한 꼬마들'이라 칭하고, '아이들과 더 친하게 지내야겠다는 따위의 끔찍한 생각은 단 한 순간도 해 본 적이 없다.'고 말할 정도였다. 아무튼 에글렌타인은 아이들과 전략적인 거리를 둔 채 아이들의 행복과 인권을 추구하는 방향으로 자신의 인생을 바치기로 했다. 그리하여 제1차 세계대전이 끝나고 난 뒤 유럽과 러시아

그림 : 에글렌타인의 자화상. 폴더에서 중요한 서류가 빠져나와 바닥에 떨어지고 있다. 케임브리지, 1906년경.

에서 굶주림에 시달리는 수백만 명의 아이들을 구하기 위해 나섰다. 그 결과 아이들에 대한 세상 사람들의 인식과 아이들을 대하는 방법을 완전히 바꾸어놓았다.

에글렌타인의 유산은 크게 두 가지다. 하나는 세계 최대의 국제 구호 개발 NGO인 세이브더칠드런, 또 하나는 어린이 권리가 유엔 협약으로 명시될 정도로 어린이 권리에 대한 인식이 보편화되었다는 점이다. 그러한 유산은 이제 전 세계 수백만 명의 어린이를 보호하고, 구조하는 일에 도움이 되고 있다. 이러한 사실을 보면 에글렌타인이 자신의 인생을 어린이들에게 전부 바쳤다고 해도 과언이 아니다. 그러나 우리 어린이들의 삶을 획기적으로 변화시켰음에도 불구하고 오늘날 에글렌타인이라는 이름은 거의 잊힌 실정이다.

이 책을 쓴 나 역시 에글렌타인에 비하면 훨씬 소소하지만 간접적으로나마 어린이를 구하는 일에 인생을 바친 사람이다. 내가 에글렌타인을 처음 만난 건 세이브더칠드런에서 기업을 대상으로 아등바등 기금을 모으는 일을 할 때였다. 기금을 모으는 일이 어려운 것은 영국의 세이브더칠드런과 국제 프로그램 탓이 아니었다. 그 프로그램은 혁신적이며 효율적이어서 나무랄 데가 없었다. 문제는 아주 많은 사람들이 귀를 닫아버렸다는 데 있었다. 어린이 자선단체와 국제 구호개발 기구가 급증함에 따라 여기저기에서 기부자들에게 손을 내밀다 보니 '기부는 곧 피곤한 일'이 되었다. 기부한다는 자체가 귀찮은 일이 되고 만 것이다. 나는 언젠가 기부를 요청하는 편지를 몇 주 동안 썼지만 한 건도 성공하지 못한 적이 있었다. 그래서 조금 의욕이 꺾여 있었는데 때마침 에글렌타인이 8년 전에 쓴 글을 접했다. 덕분에 마음의 위안을 얻어 결국 인간 본성에 대한 내 믿음을 되찾았다.

'세상은 비정하지 않다.
다만 상상력이 모자라고 매우 바쁠 뿐이다.'

맞다, 바로 이 말이었다. 에글렌타인의 이 말은 내게 크나큰 영향을 주었고 그 결과는 놀라웠다. 차일피일 기부를 미루던 까다로운 사람들이 달라졌다. 신기하게도 그들은 기부가 가장 중요하다고 생각해 시간을 내서 후원해주었다. 에글렌타인은 사람들이 상상력을 동원해 인간의 문제에 공감하고, 더 나아가 의미 있는 해결책에 개인적으로 기여하도록 하는 데 천재적이었다. 그렇다. 에글렌타인은 사람들에게 감화를 주었다! 지금 세이브더칠드런에서 에글렌타인의 빈자리가 얼마나 크게 느껴지는지 그저 안타까울 따름이다. 이제 에글렌타인의 존재는 웹사이트의 한 단락과 회의실 이름, 사무실 벽에 걸린 사진 한 장, 기록보관소 자료표, 그리고 에글렌타인이 예전에 '고물'이라고 투덜대며 사용했지만 이제는 기록보관소에 영구히 보관되어 있는 스미스 코로나 휴대용 타자기에서나 떠올릴 수 있을 뿐이다.

사무실 벽에 에글렌타인의 사진이 걸려 있다. 보아하니 세이브더칠드런에서 찍은 홍보용 사진인 듯하다. 광고용으로 아주 그럴듯한 사진이다. 에글렌타인이 책상에 앉아 자세를 취하고 있는 모습이 약간 불편해 보이긴 하지만 진지한 모습이 멋지다. 흰 머리는 뒤로 올려 핀으로 고정되어 있다. 머리카락 몇 가닥이 제멋대로 흘러내리기는 했지만. 레이스 칼라가 말끔한 검정색 재킷 위에 얌전히 놓여 있다. 에글렌타인은 시선을 아래로 둔 채 펜을 들고 차분히 일하고 있다. 그날 아침에 비가 왔던 모양이다. 비 그림자가 창 덧문에 선명하게 깔려 있고, 흘러들어온 빛이 분산되어 전체적인 이미지를 부드럽게 해 준다. 덕분에 아이들의 복지를 위해 활동해 온 이 위엄 있는 창립자의 여성스러움이 한층더 돋보인다. 에글렌타인은 어린이의 권리에 관심을 기울였다. 그럼에도 불구하고 그 사진에서 여성 인권 운동가의 분위기는 전혀 찾아볼 수 없다. 그 사진은 내 상사의 책상 위에 걸려 있었다. 그러고 보면 존경스러운 두 여성이 산더미 같은 서류 더미를 앞에 놓고 책상에 앉아 있는 셈이었다. 내 상사 역시 능력 있는 직업 여성의 모습을 전형적으로 보여주는 사람이었다. 뛰어난 기금 모금자로 전혀 빈틈이 없고, 적당히 재치 있고, 훌륭한 사람들과 선한 사람들을 설득하는 능력이 탁월했다. 우리 직원들 대부분은 상사가 흠잡을 곳 하나 없이 완벽하다고 생각했다. 상사는 여성적이고 헌신적인 에글렌타인의 현대판 화신이었을까?

사진 한 장으로 인생 전체, 한 인간의 모든 면모를 판단하면 사실을 왜곡할 수밖에 없다. 그래서 세이브더칠드런의 기록보관 담당자가 엮은, 유쾌하면서도 다소 엉뚱한 자료인 「에글렌타인 젭에 대해 당신이 알지 못했던 서른네 가지 사항」을 읽어보았는데 내용이 재미있고 훌륭했다. 목록과 내용은 물론이고 구성 면에서도 아주 특이했다. 이 자료를 통해 나는 에글렌타인이 어렸을 때 '굉장히 호전적'인 아이였다는 사실을 알았다. 어른이 되고 나서는 자신이 어디로 가는지 잊어버리고 기차에 짐을 두고 내릴 때가 자주 있었다는 사실도 알게 되었다. 에글렌타인은 '수줍음 많은 엉큼한 미인'으로 등산과 춤을 무척 좋아했다. 형편없는 로맨스 소설을 썼고, 이루지 못한 사랑의 고통을 겪었다. 에글렌타인은 적어도 처음에는 기금을 모으는 일에 그다지 능숙하지 않았다. 나는 에글렌타인이 완벽하지 않은 여걸이라는 점에 끌렸다. 에글렌타인에 대한 나의 공감과 애정, 호기심은 점점 커지기 시작했다.

이후 나는 에글렌타인의 또 다른 모습을 발견했다. 내 책상 위에 붙여 둔 작은 스케치 속에서였다. 펜과 잉크로 그린 자화상으로 에글렌타인이 예전에 친구에게 보낸 편지 끄트머리에 그린 것이었다. 이 그림 속의 에글렌타인은 움직이고 있다. 고개를 들고 눈은 앞을 바라보며 거리를 성큼성큼 걸어간다. 힘찬 걸음걸이에 긴 플레인 스커트가 뒤로 쏠려 팽팽한 삼각형이 되어 있다. 스커트 양쪽 끝으로 두 발이 보인다. 신발 끈이 끌리기는 하지만 실용적인 신발을 신고 있다. 머리는 여전히 위로 올린 헤어스타일이지만 이 그림에서는 납작한 검정색 에드워디언 모자(챙이 달려 있고 그 위에 장식물이 얹힌 모자. - 옮긴이)를 쓰고 있다. 어딘가 낯설어 보이는 그 모습은 유행을 적극 쫓아가는 차림은 아니지만 호감이 간다. 길고 가느다란 팔 밑에는 길쭉한 우산과 어마어마한 종이 뭉치가 함께 끼워져 있다. 종이 몇 장이 뒤로 날아가지만 에글렌타인은 알아채지 못한다. 잘 그린 그림은 아니지만 오히려 그게 더 낫다는 생각이 든다. 다 알 만한 기분 좋은 사실, 그러니까 완벽하지 않은 에글렌타인의 모습을 고스란히 보여주기 때문이다. 이 자화상을 실제 모습으로 받아들이고 싶은 마음이 굴뚝 같다. 하지만 세상 누구를 그린 그림이라고 한들 그 사람과 똑같을 수는 없다. 관찰자가 한 이미지를 바라보고, 그것에 매력을 느끼고, 그 이미지에서 자신의 모습을 발견한다고 해도 그 이미지에서 사람들의 호기심을 자극하는, 한 인간의 진짜 모습을 온전히 찾아낼 가능성은 적다.

2001년에 나는 자선단체의 일보다 아이를 한 번도 낳은 적이 없는 에글렌타인을 조사하는 일에 더 집중했다. 그래서 아이를 가지려던 노력도 중단했다. 그 시기야말로 이 완벽하면서도 완벽하지 않은 여자에 대해 시간을 두고 더 많이 알아낼 수 있는 좋은 기회라는 생각이 들었다. 에글렌타인이 사망한 지 정확히 2년 만에 에글렌타인의 여동생 도로시가 에글렌타인의 첫 전기를 공동 저술했다. 그것은 세이브더칠드런의 초창기 몇 년에 관한 에글렌타인의 이력을 개략적으로 다룬 『하얀 불꽃 The White Flame』이라는 제목의 책이었다. '하얀 불꽃'은 에글렌타인이 인생의 말미에 굉장히 열정적으로 봉사활동을 하는 모습을 보고 동료들과 지지자들이 감탄하며 붙여준 별명과 속표지의 인용문 '에글렌타인이 훌륭한 것은 영혼이 훌륭하기 때문이다'에서 비롯된 것이다. 그 전기 안에 담긴 모든 내용은 짤막하고 개인적이다. 그 뒤에 다른 몇 권의 전기와 젭 가족을 잘 아는 한 국제 구호원이 존경하는 마음으로 저술한, 『시골 저택의 반역자 딸 Rebel Daughter of a Country House』이라는 멋진 제목을 단 전기가 잇따라 출간되었다. 또한 「슈롭셔 히스토리 메이커」 혹은 「시성식의 경쟁자」 같은, 잘 알려지지 않은 선집에 프로필이 실리기도 했다. 그 결과 에글렌타인은 세이브더칠드런의 기념일에 여러 번 언론의 단골 소재가 되었다. 어떤 면에서 철저히 현대적인 여성인 에글렌타인은 이제 그 위상에 걸맞게 온라인 『옥스퍼드 인명 사전』에 등재되었으며 위키피디아에도 실렸다. 이렇게 여러 전기를 참고해 작성한 요약판 전기는 연대별로 유용한 정보를 제공하면서도 짧지만 노력과 성취로 가득한 에글렌타인의 인생을 잘 소개하고 있다.

에글렌타인은 자신에게 주어진 사회적 임무에 대해 지독할 만큼 지혜롭고 열정적인 자세로 용감하게 실험정신을 발휘하며 자선활동을 펼쳐 나갔다. 법에 저항하고 종종 동료들과 지지자들의 보수적인 견해에 반기를 들었다. 그리하여 세이브더칠드런을 보조금을 제공하는, 일시적인 '기구'에서 영구적이고 선구적인 구호기관으로 승격시켰다. 또한 에글렌타인은 매력과 카리스마를 한껏 발휘해 교황과 광부들, 영국의 귀족들, 볼셰비키 정부, 정부 검열관의 승인을 받지 않은 정보를 유포한 혐의로 열린 에글렌타인의 재판에 배석한 검사, 그리고 신생 기관인 국제연맹을 설득했다. 세이브더칠드런은 물론이고 어린이가 당연히 누려야 할 인권의 개념까지 깨닫게 한 에글렌타인의 업적은 그 누구도 부인할 수 없다. 이처럼 에글렌타인은 공적인 일에서는 엄청난 성공을 거두었다.

그러나 에글렌타인의 개인적인 삶은 썩 잘 풀리지 않았다. 에글렌타인은 강박적으로 글을 썼지만 자신의 소설 중 한 권도 출간하지 못했다. 간혹 현실과 상상을 혼동한 것 같기도 하다. 에글렌타인은 그 시대의 모든 여학생처럼 학교를 졸업하지 못했다. 직장을 다녔지만 두 번 모두 일 년도 채우지 못하고 그만두었다. 또한 사랑에 거듭 실패하고, 이른 나이에 건강을 잃었으며 정신 이상 증세를 보이기도 한 것 같다.

이러한 사실을 보면 몇 가지 아주 흥미로운 의문이 든다. 에글렌타인은 어떤 동기로 어린이를 위해 싸우게 되었을까? 똑똑하고 눈에 띄게 아름다운 여성이 왜 한 번도 결혼을 하지 않았을까? 에글렌타인은 자신의 자녀를 원했을까? 에글렌타인이 한 번도 아이를 둔 적이 없어서 자신의 이상에 열정을 쏟게 된 걸까? 아니면 아이들에 대한 에글렌타인의 관심이 개인적인 사연과는 아무 상관이 없었던 걸까? 만일 그렇다면 그 이유는 무엇일까? 지병과 감정적인 기복은 에글렌타인의 일에 없어서는 안 될 풍부한 상상력과 어떤 연관이 있는 걸까? 그리고 에글렌타인은 왜 그런 우중충한 옷을 자주 즐겨 입었을까? 갈색 카디건을 입고 사람들을 감화시키는 이 독신녀는 누구이며 정확히 어떤 생각을 한 걸까?

그동안 출간된 에글렌타인의 책은 에글렌타인의 인격보다 에글렌타인이 했던 일에, 에글렌타인의 '존재'보다는 에글렌타인의 '활동'에 초점을 두는 경향이 있었다. 설령 에글렌타인의 존재에 대해 다루는 글일지라도 에글렌타인을 자신의 이상을 위해 희생하다가 겨우 쉰두 살에 미혼으로 자녀도 없이 죽은 사람으로 그리는 경우가 종종 있었다. 당시 영국의 총리였던 램지 맥도널드는 세이브더칠드런 10주년 기념일을 축하하는 연설에서 에글렌타인을 이렇게 칭송했다.

"에글렌타인은 자신의 이상을 위해 스스로를 희생했다."

에글렌타인의 사망 기사도 그런 맥락으로 쓰였다. 에글렌타인을 '성인', '인류의 양심'으로, 그리고 '평범한 사람들과는 다른 행성에서 살았다'고 설명하고 있다. 그러나 질질 끌리는 신발을 신고 형편없는 소설을 쓴 에글렌타인은 분명히 우리와 같은 행성에 살았던 사람이다. 나는 '업적이라는 굴레'에서 에글렌타인을 풀어주고 싶다는 생각이 문득 들었다.

그러나 나는 일을 그만두고 나서 비로소 에글렌타인에 대해 더 많은 사실을 알아낼 시간이 생겼을 때 아기를 낳았다. 그러고 나니 에글렌타인에 대한 열정이 시들해지고 말았다. 게다가 아이를 낳은 적이 한 번도 없고 자신의 삶을 이상을 실현하는 데 바친 에글렌타인이 나와는 동떨어져 있다는 생각마저 들었다. 그 점이 화가 났다.

현대의 많은 전기작가들은 소재로 삼은 주인공과 자연스럽게 교감이 된다고 고백한다. 나는 내 인생을 에글렌타인의 인생과 비교했고, 다행히 몇 가지 비슷한 점을 찾았다. 우리 둘 다 교육을 잘 받았고, 중산층이었으며, 처음에는 기금을 거두는 일에 그다지 소질이 없었다. 다른 면을 보자면 에글렌타인은 독립적인 독신 여성으로 아이를 한 번도 낳지 않았다. 일종의 조울증을 앓은 것 같고 잠깐 심령술에 관심을 두기도 했다. 또한 기회가 있을 때마다 인권 모니터 요원으로 활동했으며 전 세계적으로 중요한 국제 사회 운동을 전개했다. 나는 스트레스를 받는 초보 엄마였다. 크게 할 일도 없는 것 같았다.

하지만 겉보기에 모순되어 보이는 에글렌타인의 삶이 나의 심금을 울렸다. 에글렌타인은 분명 모성애가 깊은 여성은 아니지만 자유로운 삶을 뒤로 하고 어린이들의 복지를 촉진하기 위해 헌신하지 않았는가. 역설적이게도 나는 일할 시간을 내려고 내 아이를 잠시 다른 사람에게 맡겼다. 나는 에글렌타인과 거의 반대되는 사람이었다. 말하자면 젭 박사와 하이드 여사였다.

나는 낭만적인 전기작가인 리처드 홈스의 신념이 적힌 글을 읽고 다소 위안을 얻었다.

'진짜 전기 집필은 이런 순진한 사랑과 동일시가 무너져 내리는…… 바로 그 순간에 시작된다. 개인적인 환상을 깨는 순간이 개인적인 생각이 개입되지 않은 객관적인 재창조의 순간이다.'

리처드 홈스는 존경받는 다른 많은 전기작가들처럼 일부러 소재를 찾아 나섰다. 첫 작품인 로버트 루이스 스티븐슨의 발자취를 따라 남부 프랑스 여기저기를 다니며 '고의로 심리적 무단 침입을 감행'했다. 나도 이제 밖으로 나가 에글렌타인을 찾아봐야겠다.

2

에글렌타인의 가족

1876 ~ 1894

그들은 금방이라도 부서질 것 같은 의자에 근엄하게 앉아서
시와 기사, 편지, 그리고 사건에 대해 이야기를 나눈다.

에글렌타인 젭, 1888년

나는 먼저 에글렌타인의 집을 찾아갔다. 잉글랜드 중서부에 있는 슈롭셔주의 아주 낭만적인 리스에 자리한 저택으로 더 리스라 불리고 있었다. 첫 인상은 딱 1880년대에 한 손님이 말한 그대로였다.

"그 집에 있으면 항상 소설 속에 들어가 있는 기분이 들어. 그곳에는 아주 흥미로운 사람들이 살았고, 아주 재미난 일이 일어나곤 했지."

에글렌타인의 외숙모 캐롤라인도 그 점에 동의했다. 캐롤라인은 더 리스를 처음 방문한 날에 대해 이렇게 적었다.

'그 집은 마치 소설 속 장소라도 되는 양 기차역에서 한참 더 들어가야 했다. 우리는 차를 타고 내가 잉글랜드에서 본 가장 아름다운 시골 길을 1킬로미터 정도 달렸다. 언덕에 둘러싸인 호수가 여기저기 눈에

그림: '베란다 모퉁이를 돌아가는 손님들. 거주자들의 탈출.' 따분한 손님들이 부르자 젭 가족의 아이들이 집에서 도망치고 있다. 1895년경.

띄었다. 우리는 웅장한 가로수 길을 따라가다가 잔디밭을 달렸다. 그러다 보니 어느새 현관 앞이었다.'

그로부터 백 년 뒤, 내가 그곳에 도착했을 때도 변한 것이 거의 없었다. 에글렌타인 조카의 아들인 라이어널 젭이 오스웨스트리 역에서 나를 친절히 맞이해 주었다. 사냥복을 입은 그의 발치에서 개들이 짖어대고 있었다. 라이어널은 우리 모두를 차에 태우고는 아름다운 길을 1킬로미터쯤 달려 엘즈미어의 더 리스로 데려다 주었다.

집은 1800년대 초에 서부 인도의 농장주가 식민지 저택 양식으로 지은 것이었다. 1838년에 슈롭셔의 지주인 에글렌타인의 친할아버지가 그 집을 샀다. 넓은 2층 집인데, 긴 앞베란다와 뒷베란다, 그리고 벽에 연이어 있는 길쭉한 창문만 봐도 이 집이 얼마나 호화로운지 알 수 있었다. 창문으로는 조경이 잘된 정원이 내다보인다. 베란다는 에글렌타인의 큰언니가 향수에 젖어 어린 시절 집에 대해 적었듯이 '클레머티스(흰색·분홍색·자주색의 큰 꽃이 피는 덩굴 식물. - 옮긴이)와 활짝 핀 장미로 장식이 되어' 있었다. 그리고 '초록색 잔디는…… 공원처럼 나무가 무성한 들판으로 뻗은 도랑식 울타리와 어우러져' 있었다. 내가 도착했을 때는 클레머티스와 장미는 없었지만 제라늄과 참나리, 키 큰 아가판투스가 베란다를 장식했고, 잘 다듬은 잔디가 여전히 공원까지 펼쳐져 있었다. 공원 너머에서는 양들이 늦은 아침의 연무 속에서 풀을 뜯어먹고 있었다. 그것은 에드워드 7세 시대의 어린 시절에 딱 어울리는 목가적인 풍경이었다. 그 시절, 상류층 소녀들은 남자 형제들과 함께 자유롭게 집과 정원을 돌아다녔지만 학교에 가는 것은 거의 허용되지 않았다.

라이어널은 나에게 집 주변을 구경시켜 주었다. 집은 화재 위험이 있었고 가족들은 거의 보이지 않았다. 그때 나는 포스트모던 풍자극 속에 등장하는 전기 소설가가 된 기분이 들기 시작했다. 여러 종류의 부엉이와 매, 그리고 왜가리 박제가 유리 상자 안에서 우리가 지나가는 모습을 바라보았다. 도금을 한 액자 속에서는 훌륭한 선조들이 우리를 내려다보았다. 아래층 화장실에 걸린 포스터 크기의 사진 속에서는 라이어널이 파티에 참여하려는 듯 1830년대의 의상을 입고 넘어질 만큼 위태롭게 상체를 울타리에 기대고 서 있었다.

마침내 우리는 높은 바깥 홀과 내부 홀을 지나 웅장한 거실로 들어왔다. 거실에는 라이어널이 쌓아둔 커다란 상자가 스무 개 정도 있었다. 상자에는 에글렌타인과 관계있는 자료가 보관되어 있었다. 벽면은 특이한 프랑스 벽지가 붙어 있었다. 벽지에는 가벼운 옷차림을 한 처녀들과 투구를 쓴 로마 귀족들이 굉장히 즐겁게 노는 장면이 손으로 찍어놓은 듯 박혀 있었다. 그 디자인은 나중에 에글렌타인이 쓴 소설 속 여자 주인공의 방 벽에 다시 등장한다. 그곳에서 나는 편지와 일기, 잡지, 사진, 그리고 신문 스크랩 같은 자료를 어마어마하게 읽으며 본격적으로 일을 시작했다.

에글렌타인은 1876년에 태어나 활동적이고 지적인 가정에서 성장했다. 에글렌타인은 어린 시절에 다섯 형제자매들 사이에서도 특별한 존재였다. 가족의 이야기꾼이었던 것이다. 이야기를 하지 않을 때는 보통 아이들이 하는 온갖 놀이를 했다. 총알을 만들겠다고 납 병정을 녹이고, 치즈를 만들겠다며 소젖을 짰다. 나비를 수집하고, 연을 날리고, 스콧의 작품을 읽고, 말을 탔다. 젭 가족의 아이들이 그린 그림에는 따분한 손님들이 부르면 아이들이 식당에서 우르르 나와 베란다로 가는 장면이 있다. 일기와 편지에는 아이들이 정원에서 전쟁놀이를 하고, 비가 오는 오후에는 저명하고 낭만적인 조상들에 대한 시를 쓰면서 몇 시간씩 보내는 광경이 묘사되어 있었다. 에글렌타인은 친구에게 이런 편지를 썼다.

'덜커덕거리며 돌아다니는 온갖 유령과 책 더미에 둘러싸여 식탁에 앉아 있는 내 모습을 네가 보면 좋을 텐데. 내가 왜 그러고 있는 줄 알아? 생쥐들 때문이야.'

에글렌타인의 말을 빌리자면 아버지인 아서 젭은 '법정 변호사이고, 수심이 가득한 지주였으며 자유통일당(아일랜드의 독립을 반대했던 19세기 영국 보수 정당. - 옮긴이)원이자 아주 오래된 토리당(영국 보수당의 전신인 잉글랜드 정당. 왕권 옹호와 지주 계층을 대변함. - 옮긴이)원'이었다. 에글렌타인의 어머니 타이는 '가내 공예산업 협회'의 설립자였다. 에글렌타인의 부모는 영국 국교회 교도로서 자녀들에게 강한 사회적 양심과 사회 공익을 위해 헌신하는 자세에 대해 교육했다. 아서는 부유한 지주의 아들이자 오스웨스트리 시장의 손자로 옥스퍼드에서 교육을 받았고, 슈롭셔의 상류층 가운데에서도 영향력 있는 사람으로 꼽혔다. 하지만 성격이 온화하고 자기를 내세우지 않는 지식인이기도 했다. 그의 큰딸이 예전에 한 표현에 따르면 아서는 '여자처럼 예민했다.' 아서의 할머니는 위대한 초상화가인 조지 롬니의 제자였다. 아서의 어머니는 자기 엄마의 예술적, 시적, 종교적인 감수성을 물려받았다. 아서의 어머니는 젊은 나이에 세상을 떴지만 아서에게 큰 영향을 미쳤다. 아서는 문학과 문화를 사랑하며 성장했다.

아서는 슈롭셔와 그의 농장이 있는 웨일스를 아꼈다. 그래서 지역의 역사와 지명, 전통 문화에 대해 평생 관심을 기울였다. 사회적 책임감이 강했던 아서는 소작인들의 생계와 지역사회의 복지를 배려하기도 했다. 흉년에는 소작료를 올리지 않았고, 소작료를 걷으러 웨일스에 갔을 때도 소작료는 걷지 않고 사냥을 해서 사냥감만 잔뜩 가지고 돌아오는 경우가 자주 있었다. 때로는 소작료 대신에 직접 시를 지으며 돌아오기도 했다.

'우리에게는 금과 은이 풍족하지 않아.'
메리가 주방에서 춤을 추며 말했네
'하지만 난 항상 그러려니 해.
이런저런 걱정이 있어도
우리는 즐거운 마음으로 살지.'

아서의 가족은 저교회파(영국 성공회교 내부의 3대 갈래 중 하나로, 의식을 경시하고 복음을 중시함. -옮긴이) 신자였다. 아서는 슈롭셔 지역사회에서 직업을 갖고 적극적으로 활동하기로 했다. 그리하여 공립학교 장학사로 일을 하고 엘즈미어 문학토론협회 설립을 돕기도 했다. 엘즈미어 문학토론협회는 국가 사회주의에서부터 주류 관세에 이르는 모든 분야에 대해 논의하는, 주로 정치적인 토론회였다. 아이들은 부모의 권유로 아버지와 함께 토론회에 가곤 했다. 그곳에서 아이들은 아서와, 더 급진적인 아서의 여동생 번이 모든 계층의 지역 시민들에게 하는 발언을 듣곤 했다. 아이들은 토론이 시들해지는 기미가 보일 때에만 입을 열라는 주의를 단단히 받았다. 아서는 또한 변호사로서 논쟁과 불만을 해결하는 일을 자진해서 양심적으로 돕고 승산 없는 일이라도 맞서 싸웠다. 엘즈미어의 호수에서 어망을 훔쳤다는 이유로 감옥에 갇힌 지역 소년 세 명을 풀어주기 위해 내무장관에게까지 호소를 한 적도 있었다. 아서는 소년들을 풀어주게 되자 무척 기뻐했고, 그 모습은 아서의 아이들에게 강한 인상을 남겼다. 자의에 의해서건 의무감에 의해서건 아서는 그런 활동을 하느라 하루하루 눈코 뜰 새 없이 바빴다. 그래서 아서는 누군가가 친절하게도 자신을 감옥에 가두면 기쁜 마음으로 책을 쓰겠다고 말하곤 했다. 하지만 그런 일은 일어나지 않았다.

아서는 1871년에 먼 사촌으로 영국계 아일랜드인인 에글렌타인 루이자 젭과 결혼을 했다. 그리고 아내와 함께 아름다운 킬라이니 베이를 떠나 더 리스로 와서 살았다. 아서와 타이(아서가 젊은 아내를 부르는 애칭)는 관심사나 성격이 모두 잘 맞았다. 타이의 아버지는 아일랜드 칙선 변호사(영국 최고 등급의 법정 변호사. ─옮긴이)였고, 할아버지는 유명한 판사였다. 저명한 조상도 꽤 있었다. 교도소 개혁가인 조슈아 젭, 리머릭의 주교이자 옥스퍼드 운동(1833년 이후 옥스퍼드대학을 중심으로 일어난 영국 국교회의 개혁 운동. ─옮긴이)의 선구자인 존 젭, 그리고 국왕 조지 3세의 주치의인 리처드 젭 경처럼 말이다. 타이네 가족은 엄청나게 잘 나가지는 않았지만 인맥이 좋고 지적이며 성품이 온화했다. 집에는 작은 도서관과 인쇄기, 아마추어 목공소, 조랑말, 하녀, 그리고 낭만적인 처녀 이모 둘이 있었다. 이모들은 연이어 청혼을 거절하기도 하고 거절을 당하기도 했다. 그녀들은 족보에 올라간 극소수의 여성에 속했다.

아서가 처음으로 타이를 만난 건 타이가 열다섯 살에 가족과 함께 더 리스를 방문했을 때였다. 타이는 그 집을 일컬어 '천상의 빛에 휩싸여 있는' 것 같다고 낭만적으로 서술했다. 이후 십 년 동안 타이는 예쁘고 재주 많은 젊은 숙녀로 성장했다. 미술 수업을 듣고 잠깐 시를 쓰기도 했다. 타이에게는 남동생 셋이 있었다. 첫째 남동생 리처드가 타이와 가장 친했고, 그 밑에 헤니지와 밥은 쌍둥이였다. 그들은 학교에서 대체로 실력이 뛰어났다. 인정이 많고 매력적이어서 함께 있으면 즐거운 타이는 곧 '킬라이니의 장미'라는 별명을 얻었고 꽤 인기가 많았다. 하지만 타이는 여러 구혼자들을 거절했다. 자신의 촌스런 성을 바꿔줄 수 있는 상대가 있다면 모를까 그렇지 않으면 연애를 할 생각은 전혀 없다며 틈을 주지 않았다. 타이가 스물다섯 살에 아서의 청혼을 주저 없이 받아들인 것으로 봐서는 진작부터 아서를 염두에 두고 그런 유쾌한 농담으로 아서를 떠본 것 같다. 아서는 자신의 신부가 될 여자에게 이미 헌신적이었다. 아서는 타이에게 다음과 같은 편지를 썼다.

'내가 원하는 건 오로지 하나야. 외딴곳에서 당신과 함께 사는 거지.'

그것은 결국 청혼이었다.

시골집을 상속받은 데다 일 년에 수입이 3천 파운드나 되는 아서는 타이에게는 탐나는 신랑감이었다. 그보다 더 중요한 건 그들이 서로 깊이 사랑하는 사이라는 사실이었다. 그런 관계 속에서 전통적인 부부의 역할은 그들의 타고난 성향에 들어맞았고 그들의 동반자 관계를 다지는 데 도움이 되었다.

'나는 굉장히 가정적인 사람이다.'

타이는 결혼을 하고 나서 얼마 뒤에 결혼 생활에 만족하여 집에서 그런 글을 적었다. 그런 그녀의 행복은 자연적인 성 역할에 대한 믿음을 더욱 공고히 해주었다. 타이는 여성의 역할과 책임에 대해 다루는 공개 토론회에 매료되었다. 사회의 어머니로서 역할을 해야 한다는 사명감에 따라, 1844년에 빈민학교 운동을 시작한 메리 카펜터에서부터 1869년에 자선조직협회를 설립하는 일을 도운 옥타비아 힐에 이르는 여성들은 여성이 사회에 영향력을 행사할 수 있는 경계를 넓혀가고 있었다. 그것이 가능했던 것은 '타고난' 어머니로서의 유능함, 보살핌과 양육, 도덕성의 가치를 한 가족을 넘어 사회 전체로 확대시킬 수 있는 그들의 능력 덕택이었다.

그러나 이러한 양상에 반발하는 사람도 있었다. 영국 최초의 전문 여성 기자인 엘리자 린 린턴이 그러한 반발을 강경하게 주도했다. 린턴은 여성이 가정 내에서 해야 할 전통적이고 이상적인 역할에서 이탈하는 것을 비난했다. 린턴은 연이은 기사와 팸플릿에 그런 내용을 실으면서 진보적인 중산층 여성들, 그리고 그녀가 '현대의 어머니들'이라고 부르는 여성들을 비판했다.

이윽고 타이는 이 논쟁에 대담하게 뛰어들었다. 중도를 표방하는 매체를 통해 가치 있는 인생을 살 '여성'의 권리를 주장했다. 또한 자신의 특별한 능력과 재능을 활용해 남자보다는 여자에게 맞는 세상의 일을 수행하면서 인간의 '만남'을 돕는 조력자로서 살겠다고 맹세했다. 타이는 그런 맹세를 가정에서부터 실천하기 시작했다.

타이와 아서는 그 다음 3년 동안 1년에 한 명씩 아이를 낳았다. 1872년 2월에 에밀리가 태어났고, 그 뒤를 이어 다음 해 여름에 루이자(릴로 알려짐)가 태어났다. 두 딸의 이름은 외가와 친가 양쪽에서 보기에 아주 특이했다. 셋째로 태어난 '리처드 젭'은 아주 평범한 이름이어서 가족사에 여러 번 등장한다. 마치 한 인물이 여러 세기에 겉모습을 달리하고 환생하는 것 같다. 그런 이유로 1874년 가을에 태어난 아이 리처드를 딕이라고 불렀다. 아서는 딕이 태어난 뒤에 누이 노니에게 다음과 같이 편지를 썼다.

'타이는 셋째 아이를 낳고도 몸이 조금도 나빠지지 않은 것 같아. 나빠지기는커녕 그 반대야. 눈만 보더라도 평소보다 좀 더 촉촉해졌어. 나한테 "여보, 기쁘지 않아요?" 하고 부드럽게 속삭이더군.'

그 다음 해에는 자녀를 출산하지 않았고, 나중에 세 아이를 더 낳았다. 그 세 자녀 역시 가문의 전통적인 이름을 따랐다. 1876년 8월 25일, 유난히 쌀쌀한 날에 에글렌타인이 가장 먼저 태어났다. 에글렌타인은 위의 세 형제, 그리고 조금 뒤에 태어난 두 동생들과 터울이 컸다. 1879년에 첫째 동생인 아서 개멀이, 마지막으로 1881년에 도로시가 태어났다. 에글렌타인과 개멀은 당시 독특한 이름이었지만, 둘 다 젭 가문에서는 전통적인 이름이었다. 에글렌타인은 타이의 이름이기도 했고, 영국계 아일랜드 젭 가계도에 반복해서 등장한다. 에글렌타인은 또한 향기롭지만 가시로 뒤덮인 들장미의 이름이기도 했다. 그러고 보니 그 이름은 새로 태어난 예쁜 딸에게 아주 잘 어울린 셈이었다. 전형적인 영국 처녀의 장밋빛 얼굴색과 금빛이 도는 빨간 머리카락, 하늘색 눈, 그리고 약간 천방지축이고 제멋대로인 행동. 에글렌타인의 친구들은 그녀를 미스 젭이라는 형식적인 이름으로 대하다가 나중에 사랑스런 에글렌타인에게 정이 푹 들어버리고 나면 그 이름이 그녀에게 정말 딱 어울린다는 것을 깨닫곤 했다.

개멀은 문중 조상의 성이었다. 가장 유명한 사람으로는 프랜시스 개멀 경이 있다. 가족에 전해지는 이야기에 따르면 프랜시스 개멀 경은 찰스 1세 옆에 서서 체스터에서의 패배(영국 청교도 혁명 당시 왕의 군대가 올리버 크롬웰의 군대에 패배한 일. ─ 옮긴이)를 바라보았다고 한다. 아름답게 수놓인 찰스 1세의 흰색 가죽 장갑은 나중에 프랜시스 경에게 하사되었다. 장갑은 아직도 더 리스의 거실에 있는, 덮개가 유리로 된 보관함에 놓여 있다. 장갑처럼 출처가 낭만적인 다른 여러 가보도 함께 보관되어 있다. 가문의 유산은 유리 밑에 보관되어 있기도 하고 가족들의 이름 속에 살아있기도 했는데, 당사자인 아이들에게 부담보다는 감화를 주었다. 나중에 에밀리는 더 리스에서 이런 글을 적었다.

'과거가 현재와 맞닿아 있고…… 미래는 우리의 손에서 만들어지고 있었다.'

타이와 아서 둘 다 헌신적인 부모였다. 아서가 아내에게 보낸 편지는 부모가 된 기쁨에 대해 이야기하며 윌리엄 워즈워스와 조지 엘리엇의 작품에서 인용한 문구로 가득했다. 아서는 아이들을 소중하고 자랑스럽게 여겼다.

아서는 여섯 아이들에게 자존감과 사회적 책임감을 심어주는 것이 부모의 역할이라고 생각했다. 그래서 '아름다운 곳에서 사는 사람들은 그만큼 책임도 많다는 점'을 아이들에게 이해시키려고 했다. 그렇다고 아서가 재미없기만 한 아버지는 아니었다. 아서는 아이들에게 큰 소리로 책을 읽어주고, 아이들이 하는 이야기를 즐겁게 잘 들어주는 다정한 아버지였다. 아서는 언어와 문학의 열렬한 애호가였고 잃어버린 사랑과 말을 탄 아름다운 여인에 관한 낭만적인 시를 자주 기고했다. 그의 시는 대부분 농담조로 씌어졌다. 아서는 집에서 멀리 떠나 있을 때는 항상 아이들이 보낸 편지에 대해 감사하는 답장을 썼다. 아서는 그들의 편지가 '설탕보다 달콤하고 호두보다 속이 꽉 찼다.'고 생각했다. 아서는 때때로 아이들을 나무라는 말조차 시로 전달했다. 그리고 나서 그냥 말로 잘 타이를 걸 하고 후회를 하곤 했다. 예를 들면 개멀이 자기 형의 자원봉사자 장비를 잃어버렸을 때가 그랬다.

> 내가 그 총검을 잊을 수 있을까
> 황야에서 총검을 칼집째 잃어버렸으니
> 나의 아버지는
> 매우 화를 내시며
> 어마어마한 액수를 지불했네!

아서는 아이들이 문학과 모든 종류의 책을 사랑하도록 장려했다. 더 리스에는 아주 큰 서재가 있었고, 매년 봄이 되면 날을 잡아 베란다에서 먼지를 털었다. 하지만 책 중에는 이해하기 힘든 신학이나 법학 교재가 많았다. 그래서 불경하게도 아이들은 과연 그들의 할아버지가 '교양 있는 사람이라면 읽어야 할 책'이라고 여겨 그런 서적을 주문했을까 미심쩍어했다. 한 나이 많은 스코틀랜드 출신 간호사는 문학을 철저히 의심했다. 그래서 아무리 결백한 책도 '그 거짓말만 잔뜩 쓰인 책을 버려!' 라고 소리쳐서 자신의 병동에 책이 발붙이지 못하게 최선을 다해 노력했다. 그럼에도 불구하고 더 리스에서는 독서를 하지 않고 성장한다는 건 불가능했다. 제인 오스틴과 샬럿 용, 그리고 찰스 디킨스 모두가 아이들의 사랑을 받기 위해 스콧의 소설과 시와 경쟁을 했다. 에밀리는 그 시절을 이렇게 회상했다.

'책, 책, 책! 책이 없는 방이 없을 지경이었죠.'

정말로 책에 끌린 아이는 에글렌타인뿐이었다. 하지만 모든 아이들이 문학을 사랑하게 되었고 나중에 각자의 분야에서 책을 출간했다.

에글렌타인은 가족 중에서 가장 글을 많이 썼다. 하지만 나머지 식구들은 에글렌타인이 훌륭한 시인이 될 거라는 생각은 추호도 하지 않았다. 에글렌타인은 상상력이 풍부한 많은 아이들처럼 가족에게서 벗어나 자신의 꿈속으로 도피하곤 했다. 행복한 가족이기는 했지만 대가족이라 정신없이 바빠서 혼자만의 시간이 간절할 때가 있었다. 타이는 자신만의 세계에 너무 깊이 빠져든다며 에글렌타인을 나무라곤 했다. 급기야 아서는 에글렌타인에게 '산만한 에글렌타인'이라는 별명을 붙여주었다.

자기 자신의 세계에 대해서는 전혀 모른 채

미지의 세계를 여기저기 돌아다니네

에글렌타인은 자신의 몽상을 이야기와 시로 종이에 적곤 했다. 어떤 이야기는 제인 오스틴 같은 어조로 시작된다.

'그 가족은 자매들이 많았다. 다들 복스럽게도 코가 길고 눈이 크며 똑똑하기까지 했다.'

하지만 에글렌타인의 이야기는 대부분 기사도 정신에 관한 내용이었다. 에글렌타인은 가족의 일화와 그녀가 무척 좋아하는 월터 스콧(19세기 초 영국의 소설가이자 시인, 역사가. ─옮긴이)에게서 영감을 얻었다. 에글렌타인은 자신을 희생하는 용감한 기사들과 외딴 성이 등장하는 이 이야기들의 여주인공에게 모두 엘리자베스 레드스팟 같은 이름을 붙여주었다. 그 이름은 낭만적인 분위기와 더불어 불타는 듯한 적갈색 머리카락을 묘사함으로써 에글렌타인 자신을 투영한 것이기도 했다. 에글렌타인의 머리카락도 같은 색깔이기 때문이다. 하지만 에글렌타인은 잘난 체를 한다는 말을 스쳐 듣기라도 하면 늘 예민하게 반응했다. 그래서 동생이 놀리면 얼른 반박을 하며 딱 부러지게 진심을 말했다.

"너는 내가 스스로를 성인인 줄 착각한다고 말하지만 사실 그렇지 않아."

에글렌타인은 아홉 살에 할아버지가 지역의 자원봉사 단체를 설립했다는 이야기를 듣고, 학교에서 테니슨의 서사시 「경기병 여단의 돌격」을 암기하더니 군대에 대해 열정을 보이기 시작했다. 가족 모두에게 군대의 직위와 그에 걸맞은 임무를 부여하기도 했다. 화분에 깃발을 꽂고 정원에서 전쟁을 했다. 전쟁이라고 해봐야 참을성 있는 정원사와 불량 소년을 공격하는 일이 전부였다. 에글렌타인은 정복할 세계에 대한 정교한 지도 여러 장을 준비하느라 몇 시간을 보내곤 했다. 지도에는 모두 헌법 초안이 작성되어 있고 획득해야 할 영토 목록과 지켜야 할 권리가 적혀 있었다.

프랑스 알자스 출신의 키가 크고 위엄 있는, 아이들의 가정교사 해디 캐스틀러는 1870년대에 자행된 독일의 알자스 로렌 침공과 만행에 속을 끓이고 있었다. 에글렌타인은 해디를 '블루랜드의 여왕'으로, 자신을 여왕의 공작으로 명명했다. 해디는 독일이 무자비하게 자신의 나라를 차지한 일에 대해 아이들에게 이야기를 한 적이 있었다. 아이들은 그 이야기를 듣고 소수민족의 고통에 대해 알게 되었다. 아마도 그것을 계기로 에글렌타인이 군대에 열정을 갖게 된 듯하다.

'나는 종군기자가 되어 언덕 꼭대기에서 전쟁을 지켜보고 싶다.'

에글렌타인은 그런 글을 적었다. 하지만 일평생 산문보다는 운문을 더 쉽게 썼다. 그녀의 시 속에는 그녀가 어린 시절 생각한 이상적인 세계를 상징하는 '펼쳐진 깃발'이 거듭 등장했다. 심지어 40년 뒤 에글렌타인이 인생의 막바지에 평화로운 세계를 꿈꾸며 쓴 「백 개의 깃발이 꽂힌 땅」에도 그 표현이 나와 있다.

에글렌타인은 개멀과 도로시를 즐겁게 해 주기 위해서 가끔 「장난을 담은 항아리」 같은 이야기를 짓기도 했다. 그 이야기는 가족 잡지인 『브라이어랜드 리코더』에 에피소드 몇 개가 실렸다. '장난을 담은 항아리'는 세상의 '착한 여자아이들과 남자아이들'이 거침없이 장난을 저지르게 하는 일종의 판도라 상자였다. 말썽꾸러기 아이들에게 자신들의 행동에 책임을 지지 않아도 되는 면죄부를 주는 것이었다. 그래서 아이들이 장난을 칠수록 상상력이 자란다는, 꼭 틀리지만은 않은 생각을 가지고 놀게 했다.

'드디어 해냈다! 해냈어!'

늙은 마법사는 기뻐서 곰팡내 나는 책을 들여다보며 나지막이 중얼댔다. 마법사는 머리를 긁적이며 초조한 듯이 말을 반복했다.

'장난이라는 혼합물을 만들려면 버릇없음 1스푼에 게으름 16눈금, 그리고 못된 상상력 1과 1/2 방울을 넣고…….'

에글렌타인은 신이 나서 다음과 같은 글을 썼다.

'아이들이 이 혼합물이 섞인 차를 마시고 나면 학교에 늦고, 입은 옷을 찢어버리고, 잉크를 쏟고, 책을 못 쓰게 만들고, 흙탕물을 찰박거려 발을 다 적시고…… 나무 울타리에 올라가 가지를 부러뜨린다. 그야말로 아이가 전과는 완전히 다른 말썽쟁이로 순식간에 바뀐다.'

그 광경은 어린 시절의 익숙하고도 혼란스런 풍경을 고스란히 보여주는 글이었다.

「브라이어랜드 리코더」의 첫 호는 1889년에 아무도 쓰지 않는 침실에서 출간되었다. 에글렌타인은 예비 회의를 운문으로 묘사했다.

> 회의실은 우중충한 데다 먼지투성이
> 청중은 웃음을 터뜨리며 버릇없이 구네
> 편집자 레드는 손가락에 잉크를 묻히고
> 영은 툭하면 낄낄거리고, 멍할 때가 자주!
> 게다가 회의실은 불편하다네
> 그래도 브라이어랜드 리코더여 영원하라
> 흔들리는 낡은 의자에 엄숙하게들 앉아서
> 시와 기사, 편지, 사건에 대해 이야기를 나눌 때
> 작가의 훌륭한 무기인 펜이여, 만세!
> 브라이어랜드 리코더가 영원하기를

다른 곳에 R.E.D. 헤어라고 적혀 있는 '편집자 레드(Editor Red)'는 물론 열세 살의 에글렌타인이고, 영은 이제는 여덟 살인 도로시였다. 3년에 걸쳐서 에글렌타인은 수많은 기사와 시, 펜과 잉크로 그린 스케치를 잡지에 기고했다. 대부분은 가족을 조롱하는 내용이었다. 개멀은 자연사에 관한 글을 썼다. 다른 모든 가족은 써 내라고 강요받은 글이라면 뭐든 적어 내야 했다. 그래서 시를 쓰기도 하고, 농장에서 '소화 불량으로 죽은' 암탉과 돼지, 그리고 거위를 애도하며 부고를 쓰기도 했다.

에글렌타인의 형제자매 중에서 막내 셋은 유독 친했다. 덕분에 믿기 힘들 정도로 근사한 어린 시절을 보냈다. 개멀과 도로시는 머리카락과 눈이 '여문 밤처럼' 짙은 갈색이었다. 에글렌타인의 눈은 꼬리풀(푸른 빛이 도는 보라색 꽃을 피우는 여러해살이풀. - 옮긴이)처럼 밝은 파란색이었고, 발그스름한 볼과 짙은 색의 머리카락으로 인해 더욱 돋보였다. 에글렌타인은 조랑말을 타지 않을 때는 어린 동생들이 할 만한 게임을 만들어 게임을 하곤 했다. 에밀리는 그때를 이렇게 기억했다.

'정원에 있는 모든 나무가 성이 되었고, 석탄기 도는 검은 웅덩이는 모두 그렌들(영국 서사시 베오울프에 나오는 반은 짐승, 반은 인간인 괴물로 밤마다 왕궁을 덮쳐 잠자는 사람을 잡아먹었으나 베오울프에게 퇴치되었다. - 옮긴이)이 자주 나타나는 곳이 되었다. 어둡고 신비로운 숲은 전부 마녀나 땅속 요정 혹은 기사가 자주 나타나는 곳이 되었다.'

개멀과 도로시는 이야기를 좋아했다. 에글렌타인은 지칠 줄 모르는 상상력으로 이야기를 만들어 아침부터 밤까지 두 동생을 즐겁게 해 주었다. 다른 가족들이 세 아이들을 일컬어 '자고새 무리' 같다고 말할 정도였다. 개멀과 도로시는 함께 웅크리고 앉아 에글렌타인이 들려주는 놀랍고도, 때로는 무시무시한 이야기를 그대로 받아들였다. 릴은 도로시가 에글렌타인에게 이렇게 애원하는 것을 들은 적이 있었다.

"아이, 그 어린애들을 다 죽이지는 마!"

하지만 에글렌타인은 성장하면서 매일 혼자만의 시간이 점점 더 필요해졌다. 에글렌타인은 열다섯 살에도 여전히 스콧의 작품을 읽었다. 하지만 이제 다른 낭만적인 소설도 접할 수 있게 되었다. 먼 친척 아주머니가 「애틀랜타」와 「더 스트랜드 매거진」 같은 잡지를 보내준 덕택이었다. 에글렌타인은 잡지를 덥석 집어 들고 주목나무로 올라가 정원에서 몰래 읽곤 했다. 말을 탈 때도 에글렌타인이 간절히 원하는 혼자만의 시간을 가질 수 있었다. 하지만 가끔 언니, 오빠와 함께 말을 타고 사냥을 하거나 경주를 하기도 했다. 경주를 할 때는 호수 둘레 엘즈미어 공원의 나무 사이에 난 비좁은 길을 달리며 서로를 뒤쫓았다. 그러다가 이웃 공원의 작은 빈터를 에워싼 낙엽송의 나지막한 가지를 피해가기도 했다. 열일곱 살의 에글렌타인은 에밀리에게 다음과 같은 편지를 썼다.

'한바탕 전속력으로 달릴 때 기분이 얼마나 짜릿한지 몰라.'

하지만 에글렌타인은 공부를 즐겁게 하지는 못했다. 에글렌타인이 공부를 시작할 무렵 위의 세 남매는 공부를 거의 마친 상태였고, 개멀과 도로시는 아직 학업을 시작하기 전이었다. 타이의 교육 철학은 전통적이고 종교적인 가르침에 확고히 뿌리를 두고 있었다. 특히 그림은 어린 숙녀가 기본적으로 갖춰야 할 소양이었다. 타이는 에글렌타인이 열여섯 살 때 그린 수채화 자화상을 보고 가볍게 칭찬을 곁들이며 비평을 한 적이 있다.

"아주 잘했어. 그런데 손하고 발이 너무 작구나. 코도 너무 길고. 그점만 빼면 나무랄 데가 없겠는걸."

불어와 독일어와 피아노는 가정교사가 가르쳤다. 젭 가족의 아이들은 피아노 치는 것을 유독 힘들어했다. 아이들이 모두 아버지를 닮아 음치였기 때문이다. 그 외 다른 과목은 아이들의 고모인 번이 맡았다. 번은 더 리스에서 젭 가족과 함께 살았다.

아서의 여동생 번은 미혼이었는데, 관습에 얽매이지 않았고 상당히 남자 같았다. 사회 규범과 친하지 않은 젭 아이들에게 그런 번은 닮고 싶은 사람이었다. 번은 꽤 예민한 데다 보수적인 오빠와 달라도 너무 달랐다. 그들 둘 다 도의에 충실한 지식인들이었고, 토론에 빠질 때 가장 행복해했다. 더 리스의 저녁은 그들이 제기하는 주장으로 흥미로운 시간이 되었을 터였다. 번은 정치적으로 열렬한 자유당(1830년경 만들어진 영국의 자유주의 정당. - 옮긴이)원이었다. 일찍부터 다윈의 열렬한 지지자인 번은 개인적으로 불가지론(인간은 신을 인식할 수 없다는 종교적 인식론. - 옮긴이)을 믿었다. 하지만 다른 사람들의 종교적 신념을 늘 존중했다. 번은 여성의 권리를 적극적으로 지지하기도 했다. 또한 여성에게 더 높은 교육을 받을 수 있는 폭넓은 기회와 선거권을 주어야 한다고 생각했다. 번은 1870년대에 케임브리지에 새로 생긴 뉴넘 여자대학교에서 시대를 앞서간 학생 중 한 명이었다. 나중에는 더블린에 있는 알렉산드라대학의 학장에 지원하라는 권유를 받기까지 했다. 하지만 그렇게 하기에 번은 너무 정직했다. 그 대학의 학장이 되면 종교 교리에 동의해야 하는데 번은 도저히 그렇게 못하겠다고 생각했다. 소설가 존 애시코프는 번을 이렇게 묘사했다.

'결단력 있어 보이는 잘생긴 이목구비, 재치있는 말을 거침없이 내뱉는 입, 약점이 무엇이든 꿰뚫어볼 줄 아는 냉철한 눈.'

번은 분명 눈에 띄게 당당하고 아름다웠으며 풍채가 위엄이 있었다. 다부진 얼굴을 감싼, 짧고 구불구불한 흰 머리카락, 남성용 린넨 셔츠 위에 걸친 겹여밈 자켓, 유행과 상관없이 발목 위로 한참 쑥 올라간 실용적인 치마. 그런 수수한 복장에 가끔 은색 브로치를 달면 그나마 좀 더 세련돼 보였다. 브로치는 아버지로부터 물려받은 그레이하운드(이집 트산의 수렵견 및 애완견. - 옮긴이)의 머리 모양으로 되어 있었다. 젭 가 문의 다른 가족들처럼 번도 말을 타고 사냥하는 것을 무척 좋아했다. 번은 외모에서 확고한 이성주의와 독립적인 성격이 잘 드러났다. 그 모 습은 여성다움을 굉장히 중시하고 강조하는 빅토리아 시대의 기준과는 맞지 않았다. 그 마을에서 통하는 번의 애정 어린 별명은 '남자 젭'이었 다.

번은 장기 근무하는 직원 열두 명과 함께 더 리스와 농경지를 관리했 다. 그러는 중에 타이가 왔고, 번은 그 뒤에도 계속 그곳에서 지냈다. 번과 타이는 여러 면에서 많이 달랐지만 금세 친해졌고 서로 기꺼이 도 움을 주고받았다. 번은 목공에서부터 금속 다루는 일까지 뭐든 실용적 인 일에 능숙해서 이윽고 타이에게 든든한 자산이 되었다. 그 무렵 미 술과 디자인에 관심이 있던 번은 자신의 능력을 발산할 출구를 찾아냈 다. 바로 사회사업(빈민구제, 아동보호, 실업보호, 의료보호 사업 등 한 개인 이나 사회가 행하는 공익사업. - 옮긴이)이었다. 그때까지 번은 조카들 육 아에 아주 열심이었다. 아기들이 태어나면 어디 잘못된 곳은 없는지 손 가락과 발가락을 세었다. 또한 아기들이 성장하는 동안 여러 면에서 아 이들에게 두 번째 엄마 역할을 했다. 훗날 타이는 시누이 번에게 다음 과 같이 따뜻한 내용의 편지를 썼다.

'그때가 참 좋았어요. 우리가 함께 여섯 아이들을 돌보던 그 시절 말 이에요. 아이들이 참 복도 많았죠. 엄마가 둘이나 있었으니까요. 저한 테는 가장 사랑스럽고 훌륭한 친구가 있는 셈이었고요.'

타이와 번은 아주 훌륭한 팀이었다. 태생적으로 보수적인 타이는 아이들에게 전통적인 도덕규범과 성공회 교리를 가르쳐야 할 책임을 느꼈다. 번은 훌륭한 양육에 관한 남다른 생각을 거리낌 없이 적용했다. 어떤 면에서는 번이 타이보다 더 엄격했다. 특히 여자아이들의 수업 출석에 대해서는 더욱 철저했다. 번은 교실 밖에서의 교육도 중요하게 여겼다. 그래서 아이들에게 새 자전거를 사주어 건전한 자립정신을 키우도록 했다. 또한 쉴 새 없이 아이들을 데리고 로마 시대의 유적과 성, 그리고 공장을 답사했다. 에밀리는 훗날 번에 대해 다음과 같이 회상했다.

고모는 우리랑 장난을 치는 친구이기도 했고 꿈을 불어넣어 주는 교사이기도 했다. 많은 생각을 불어넣어 주었으며 이런저런 활동을 하게 했다. 그리하여 각자 개성이 아주 뚜렷한 우리 여섯을 이끌고 끊임없이 모험을 하게 하고 성취감을 느끼게 했다. 고모는 아무도 사용하지 않는 뒷방을 작업실로 썼다. 거기에서 목공을 배우고 싶어 하는 아이들에게 목재와 금속 깎기, 유리 자르기, 유리 끼우기를 가르쳐 주었다. 그 외에도 부메랑과 연, 장난감 총, 활과 화살, 눈썰매…… 죽마, 고기잡이 그물 같은 물건을 만드는 법을 우리에게 가르쳐 주었다. 그리고 너무 위험해서 더욱 재미있었던 건 납을 녹여 총알을 만드는 일이었다.

번의 목표는 아이들에게 세상에 대한 건전한 호기심과 그들 자신의 판단을 믿는 자신감을 불어넣는 것이었다. 그래서 아이들이 어릴 때는 여름에 호수로 아이들을 데려가서 수영을 함께 하기도 했다. 겨울에는 스케이트를 타고, 심지어 학교에 있어야 할 딕을 데리고 유명한 송어 낚시터를 무단침입하기도 했다. 아이들이 자라고 나서는 대학에 가거나 세계 여행을 하려는 계획을 지지해 주었다. 아이들의 포부가 아무리 관례에 어긋나거나 위험해 보여도 그런 건 개의치 않았다.

어린 친구들이 다소 외진 집까지 찾아오는 일은 거의 없지만 여섯 명의 아이들은 형제자매가 있어서, 그리고 고모 번이 있어서 즐겁게 지낼 수 있었다. 가정부를 두고 호화로운 생활을 하기는 했지만 더 리스에서의 생활은 소박한 편이었다. 비가 오는 날이면 홀 안쪽에 있는 둥그런 천창에서 비가 샜다. 그러면 어김없이 가족들은 반신욕조와 우유 양동이, 푸딩 그릇을 가져와야 했다. 헐거운 창문을 통해 바람이 술술 들어오기도 했다. 주방과 다락에는 쥐가 들끓어서 밤낮으로 찍찍 소리가 들렸다. 아이들은 보통 세면대에 얼어붙은 얼음을 깨는 일로 하루를 시작하곤 했다. 그런 다음 세수를 하고는 7시 30분에 기도와 아침식사를 했다. 그러고 나면 수업이 시작되었다. 아이들은 공부보다 암탉에게 먹이를 준다든지 하는, 농장의 허드렛일을 더 좋아했다. 일단 열세 살이 되면 여자아이들과 학교에서 돌아온 모든 남자아이들은 정장을 입고 만찬에 참여했다. 그래도 10시면 잠자리에 들어갔다.

주말에는 주중과는 아주 다른 활동을 했다. 에글렌타인을 포함해서 큰 아이들은 아서와 함께 사냥을 가거나 번과 함께 낚시를 가곤 했다. 개멀은 열세 살이 되자 동식물에 크게 관심을 보였다. 그래서 수업이 끝나면 아버지와 함께 그물로 나비를 잡았다. 혹은 번이 화석을 찾으러

자갈 채취장에 갈 때 따라갔다. 또 에글렌타인을 설득해서 개구리와 도롱뇽을 위한 연못 만드는 일을 함께 했다. 개멀은 그 세 가지 일을 할 때 가장 행복해했다. 그러더니 개멀은 끈기 있게 에밀리와 릴의 도움을 구해서 더 리스에 자연사 박물관을 세우고 자신이 발견한 동식물을 전시했다. 그 당시 에밀리는 막 식물학에 관심을 가지던 참이었고, 릴은 농장에 관련된 모든 것은 물론이고 지질학에도 흥미를 느끼고 있었다. 개멀을 숭배하다시피 한 도로시는 개멀을 졸졸 따라다니더니 이윽고 개멀처럼 자연의 모든 것을 사랑하게 되었다. 도로시는 새를 불러들일 정도로 새 소리를 금세 잘 따라 할 수 있게 되었다. 급기야 새와 들쥐를 더 리스에 데리고 와서 연구를 하기에 이르렀다. 에글렌타인은 그런 도로시가 귀여웠는지 이런 글을 적었다.

'도로시는 재미있는 아이이다. 들판에서 쥐 일곱 마리를 잡아와 유리 상자에 넣어 키우는가 하면 주머니에 닭을 넣고 돌아다니기도 한다.'

2년 뒤에 개멀은 지질 탐험을 하러 온 손님들과 함께 나방을 분류했다. 에글렌타인은 이제 진력이 날 만도 한데 그러기는커녕 '자연사에 더욱 깊이 빠진' 개멀과 도로시를 바라보며 신기해했다.

에글렌타인은 그 지역 변두리의 시골 저택에서 열리는 셰익스피어 낭독회에 더 관심이 있었다. 작은 배역은 아이들에게 주어졌다. 간혹 집에서 연극을 하기도 했다. 연극 공연에서 에글렌타인이 인기를 독차지하기도 했다. 한번은 엘리자베스 여왕 1세 역할을 맡은 적이 있었다. 그때 에섹스 역할을 맡은 큰오빠 딕의 따귀를 때리는 장면이 있었는데, 에글렌타인은 두 번 다시 없을 기회를 만끽했다. 젭 가족은 시골 저택에서 열리는 파티에 가서 카드리유와 랜서즈, 왈츠, 폴카 춤을 추었다. 모두가 함께 출 수 있는 점잖은 컨트리댄스를 추기도 했다. 에글렌타인은 1889년 열세 살에 처음으로 파티에 가서 춤이란 춤은 거의 다 추었다. 자정이 되어 집으로 갈 무렵에는 속이 너무 메슥거려서 마차 창문 밖으로 머리를 내밀어야 했다. 오랫동안 에글렌타인은 춤과 승마를 가장 즐거워했다. 춤을 추거나 승마를 하며 날아갈 듯한 자유를 느끼고 주변 세상과 교감하며 행복해했다.

저택 더 리스의 겨울은 매섭게 추웠다. 아서는 1890년에 이렇게 적었다.

'예전과 다를 바 없는 크리스마스이다. 방에 있는 주전자 물에 살얼음이 끼고 땅은 눈으로 덮여 있다.'

그 당시 더 리스에서는 반세기가 넘도록 크리스마스를 기념하며 즐기고 있었다. 일꾼과 그들의 가족은 하인 방에서 소고기와 거위 고기, 자두 푸딩, 민스파이(건과일, 향신료, 쇠기름으로 만든 민스미트를 넣고 달콤한 맛을 낸 영국의 파이. ─옮긴이)가 차려진 식사를 대접받았다. 그런 다음에는 저녁 내내 바이올린 연주에 맞춰 노래하고 춤을 추었다. 그러다가 어느 때가 되면 '젭 가족'이 들어오곤 했다. 아서는 연설을 하고, 아이들은 선물을 나눠주었다. 선물은 대부분 고친 장난감과 집에서 만든 옷이었다. 금빛이 감도는 붉은 머리카락의 에글렌타인은 도움을 주는 크리스마스 요정으로 차려 입곤 했다. 하지만 나중에 에글렌타인은 그 역할이 늘 민망했다고 털어놓았다. 더 재미있는 것은 하인 방에서 공연되는 크리스마스 연극이었다. 어찌된 일인지 에글렌타인은 그

공연에서 늘 사악한 역할을 맡았다. 에글렌타인은 합법적으로 나쁜 짓을 할 수 있는 그 기회를 즐겼다. 에글렌타인은 1892년에는 '거인을 죽인 잭'에서 마녀 역할을 했다. 뾰족한 모자와 숄, 그리고 '철커덕거리는 묵직한 사슬과 팔찌'로 완벽하게 마녀 복장을 하고 거인이 꼬마들을 어떻게 잡아먹는지 얘기를 해서 연극을 관람하는 아이들 여러 명을 울리기까지 했다. 마지막으로는 종이 울렸다. 그 소리는 다음 날 아침에 양말이 선물로 가득 찰 것이라고 알려주는 신호였다. 장난감 병정 세트는 단골 선물이었다. 장난감 병정을 선물로 받은 아이들은 저택의 놀이방에서 신나게 군대 놀이를 했다.

에글렌타인은 더 리스를 사랑했다. 수업을 마치고 밖으로 나가면 자유롭게 시간을 보낼 수 있기 때문이었다. 하지만 슈롭셔는 비가 오거나 바람이 불고, 햇빛이 구름에 가려질 때면 다소 우울해 보였다. 비록 그 회색빛 풍경이 연둣빛 들판과 잘 어울렸지만 말이다. 에글렌타인은 자신의 형제자매들처럼 자연 그대로의 풍경이 그대로 남아 있는 웨일스를 더 좋아했다. 그래서 꽤 추운 웨일스에서 휴가를 보낼 때가 많았다. 웨일스에는 웨일스 초기의 별장 양식으로 지어진 젭 가족 소유의 석조 농가가 있었는데, 에글렌타인은 그 집을 '초록 잔디 너머에 있는 파란 언덕'으로 묘사했다. 젭 가족은 그곳에서 낭만적이고 소박한 생활에 푹 빠져 지냈다. 식품 저장실에는 산토끼와 꿩, 자고새 고기가 잘 갖춰져 있지만 '푸딩은 없었고' 가정부는 겨우 두 명이었다.

타이는 자녀가 많았지만 아이들에게만 신경을 쓰지는 않았다. 다정하고 헌신적인 어머니였지만 혼자 도맡아서 아이들을 돌보지는 않았다. 간호사와 여자 가정교사들이 더 리스를 들락거리며 아이들을 돌보고 가르쳤다. 막내 도로시가 태어나자 타이는 자신의 삶에 더 큰 의미를 부여할 자신만의 계획을 세웠다. 타이는 더 리스에 온 지 몇 년 안 되어 힘들고 절망에 빠져 우는 사내아이를 우연히 본 적이 있었다. 그 아이는 일주일에 엿새 동안 밭에서 돌을 치우는 일을 했다. 이 따분한 일이 지난 몇 년간 사내아이의 직업이었고, 앞으로 직업이 바뀔 전망도 없었다. 타이는 이런 황폐한 삶에 충격을 받고 오두막에 사는 사람들에게 더 많은 기회를 제공하기로 결심했다.

타이는 필라델피아에서 지역 전통 공예를 부활시키고 있는 찰스 릴런드의 사례에서 영감을 얻어 하인 방에 무료 목공소를 마련했다. 사람들은 이곳에서 바구니와 등나무 의자뿐 아니라 다양한 목공예품을 만들었다. 그 위에 모자이크를 붙이고 색을 칠하기도 했다. 쩹 가족의 큰 아이들도 공예 활동을 함께 했다. 아이들은 창조적인 일을 즐기면서 새로운 사실에 눈을 떴다. 자신들은 특권을 누리며 살지만 밖의 삶은 굉장히 다르다는 사실을 깨달은 것이다. 그리고 한 번 품은 연민의 감정이 거기서 그치지 않고 사회적 가치가 있는 운동으로 조직되어 현실을 개선할 수도 있다는 것을 지켜보았다.

타이의 계획은 웨일스, 월트셔, 그리고 그녀의 고향 킬라이니로 급속히 뻗어 나갔다. 타이는 1885년에 유명한 영국 작가이자 역사학자인 월터 베전트를 명예 간사로, 엘즈미어의 지역 고위관리인 브라운로 경을 후원자로 끌어들였다. 타이는 그 모임을 '가내 공예산업 협회'라고 이름 짓고 첫 전시회를 칼턴하우스테라스(런던 웨스트민스터에 있는 거리 이름. - 옮긴이)에 위치한, 부유층이 애용하는 브라운로의 집에서 열었다. 타이는 '얼굴이 창백한 런던 사내아이 몇 명'이 '그들이 스스로 만든 작품을 자랑스럽게 손가락으로 가리키며' 전시회장을 두루 관람하는 모습을 눈여겨보며 흡족해했다.

사실상 타이는 이익 창출 기회를 활용해 사회적 자본을 형성하는 초기의 사회적 기업가였다. 공예 수업은 누구나 들을 수 있었다. 하지만 타이가 정말로 중점을 둔 대상은 젊은 세대였다. 밭에서 일하던 사내아이가 마침내 고급 가구 전문 제작자가 된 사례도 있었다. 타이는 모성애에서 시작된 이 운동이 여성이 직접 '여성이 지닌 믿음, 사랑, 희망을 발휘하는 조직적인 사업으로 성장하여 해외의 모든 아이들을 품을 수 있는 조직망이 되기'를 바랐다. 무엇보다도 타이는 자기 개발을 통해 더 좋은 사회가 조성되기를 바랐다. '사회 구석구석까지 더 행복한 삶, 더 밝은 마음, 더 말끔한 아이들, 더 깨끗한 집, 더 나은 도덕 풍조가 있는 사회' 말이다. 이처럼 가내 공예는 시민의 자질과 고용, 그리고 가난한 사람들의 기술을 증진하는 데 기여한 문화 자선사업 수단이었다. 타이에게는 자신의 사회적 임무를 이행하고 개인과 여성의 시민권을 확보해 나가는 방법이었다.

타이는 1887년까지 팸플릿으로, 지역의 언론을 통해, 그리고 전국 곳곳의 회의에서 활발하게 협회를 홍보했다. 3년 뒤에 '가내 공예산업 협회'가 실질적으로 전국에 설립되어 500개에 달하는 공예 교실이 전국에 생겼다. 그리고 윌리엄 모리스(영국의 화가이자 공예가, 건축가, 시인, 정치가, 사회운동가 등 다양한 활동을 함. - 옮긴이)와 조지 프레드릭 와츠

(영국의 화가이자 조각가. - 옮긴이) 같은 유명 인사들의 지원을 끌어냈다. 윌리엄 모리스는 베스널그린에서 열린 전시회에 날염한 천 한 필을 보내주었다. 조지 프레드릭 와츠는 「타임스」와의 인터뷰에서 그 운동을 호평했다. 이윽고 가내 공예산업 협회는 상설 사무실을 두고 로열앨버트홀(영국 런던의 켄싱턴에 있는 연주회장. - 옮긴이)에서 매년 전시회를 열었다. 전시회에는 여왕의 맏딸인 빅토리아 공주와 알렉산드라 공주가 참석했고, 그들은 샌드링엄에서 사업을 시작했다.

타이는 건강이 나빠지자 협회 일을 그만두었다. 하지만 엘즈미어와 타이드로에 무료로 공예 교실을 개설하는 일은 계속했고, 오후 시간을 전부 할애해 어두워질 때까지 수업을 했다. 타이는 촛불을 켜고 가르치지는 않기로 했다. 아서는 가벼운 감기와 질병을 대수롭지 않게 여겼다. 하지만 타이는 자라온 환경이 달라서인지 자신과 가족의 건강을 거의 강박적으로 걱정했다. 타이의 오빠 리처드와 결혼을 한, 체력 좋은 미국인 캐롤라인 슬레머는 시댁 식구들의 특성을 두고 종종 남편을 놀렸다. 캐롤라인은 다음과 같은 글을 썼다.

'건강에 대해 그렇게 과민한 사람들은 평생 처음 봤다. 시댁 식구들이 군인 가족이 아닌 건 분명하다. 시댁 식구들은 조금만 아파도 무척 유난스럽게 굴어서 누가 아프다고 하면 그 말을 믿어야 할지 말아야 할지 알 수 없을 정도이다.'

당시 타이는 겨우 마흔두 살이었는데 결국 여든 살까지 살았다. 하지만 십 년 동안 출산을 하고 그 뒤에 전국적으로 사회 운동을 홍보하는 일에 전념하고 나자 체력이 더 이상 버티지 못했다. 그래서 여생을 조

용히 보내고 싶어 했다. 타이는 정말로 소파에서 자주 쉬면서 성공을
향해 달려가는 자녀들을 돕기도 하고 자녀들의 도움을 받기도 했다. 에
글렌타인과 도로시의 기억에 또렷하게 남은 타이의 모습은 이러했다.

'어머니는 자주 아프셨지만 항상 다정하고 호의적이었으며 자녀들이
잘되기를 끊임없이 바라셨다.'

에글렌타인은 나중에 타이처럼 무한한 야망을 펼치다가 그만 탈진해
버리곤 했다. 하지만 무엇보다도 중요한 것은 부모로부터 강한 정의감
과 사회적 책임 의식을 물려받았다는 사실이었다. 에글렌타인은 겨우
여덟 살 때부터 사회적 불평등을 인식하고 불편해했다. 아직은 주로 놀
이방과 교실이라는 한정된 세계에서 살고 있었지만, 어린 나이에 다소
이해하기 힘든 경험을 하고는 그 경험을 가리켜 '행복한 고통'이라고 했
다. 에글렌타인은 큰언니 에밀리에게 이렇게 말했다.

"내가 품고 있는 불평에 대해 다는 모르겠지만…… 딱 한 가지 불만
은 그것 때문에 모든 게 망가진다는 거야. 세상이 잘못됐어."

이렇게 일찍부터 세상이 불평등하다고 느낀 에글렌타인은 십대 때
지역사회를 예리한 눈으로 관찰했고 그 느낌이 사실이라는 것을 확인
했다. 말을 타고 지나는 에글렌타인을 피해 생울타리로 들어가야 했던
일하는 여인의 분노에 찬 눈빛을 보았던 것이다. 한 지역 유지는 자기
네 개집까지는 수도관을 깔아주면서도 하인들의 집까지는 굳이 수도관
을 연장해 주지 않았다.

에글렌타인은 사회 소설을 쓰기 시작했다. 나중에 여러 권을 썼지만
한 편도 출간되지 못했고, 안타깝게도 원고조차 거의 남아 있지 않다.

에글렌타인은 「반역자 *The Rebel*」라는 작품을 썼는데 사회 편견에 노골적으로 이의를 제기하는 내용이었다. 에글렌타인의 맏언니 에밀리는 그런 에글렌타인을 보며 '나이도 어린데 벌써부터 그런 연민을 가지고 있다'며 놀라워했다. 도로시 역시 에글렌타인과 비슷한 생각을 하고 있었다. 명확하게 뭘 어떻게 바꿔야 하는지는 몰라도 뭔가 바뀌어야 한다는 느낌을 갖고 있었다. 열여섯 살의 도로시는 릴에게 말했다.

"인생의 목표를 정했어. 뭐였더라. 생각이 안 나네. 하지만 적어 놨으니까 괜찮아."

도로시는 주머니에 있는 종이 뭉치를 더듬었다.

"이런, 맙소사. 연필로 적어놨는데 다 지워졌네. 다시 잘 생각해봐야겠어."

사회사업을 하는 분위기의 더 리스에서 성장하는 아이들이 있었으니 사회를 개척해 나갈 에드워드 7세 시대의 여성이 배출되는 건 시간 문제였다. 하지만 그러한 완벽한 환경은 끝까지 지속되지 못했다. 1894년 12월 초의 어느 안개 낀 추운 날, 아서 젭이 겨우 쉰다섯 살에 폐렴으로 느닷없이 죽었기 때문이다. 타이와 온 가족은 큰 충격에 휩싸였다. 아서가 연설을 하기로 되어 있던 엘즈미어 회의에서 아서의 대학 친구인 스탠리 레이튼 하원의원은 이렇게 말했다.

"아서의 유산은 어려운 문제를 솔직하게 의논하고 논쟁을 할 때 동료들에게 예의를 갖추는 방법을 다른 사람들에게 가르쳐준 것입니다."

그 유산은 아서의 모든 자녀들이 더욱 현명하게 사회생활을 하게 한 수단이 되었다. 그들의 어머니가 실질적인 사회사업을 일으켜 성공한 모습, 그리고 고모가 주변의 세상에 대해 지적인 의문을 품도록 교육시킨 것 역시 그들에게 긍정적인 영향을 주었다. 젭 가족의 아이들은 급진적인 정치를 하지는 않았지만 훗날 하나같이 더욱 공정한 사회를 만들 자신만의 방법을 찾아낸다. 인정이 많은 가정에서 성장한 아이들이었으니 놀랄 일도 아닐 것이다. 하지만 에글렌타인만큼 효과적인 기여를 한 자녀는 없었다.

3
주변의 문제 풀기
1895 ~ 1898

도로시는…… '해충'을 연구하고 있다.
도로시는 그 조사를 '주변의 문제 풀기'라고 부른다.
보아하니 내가 인간 세계에서 하려고 애쓰지만 결실을 맺지 못하는 일을
도로시가 자연 세계에서 하고 있다.
에글렌타인 젭, 1896년

아서가 죽자 19세기의 마지막 몇 년 동안 젭 가족에게는 커다란 변화가 일어났다. 자녀들은 성장해서 하나둘 집을 떠났다. 아이들과 이야기, 나비채와 승마화가 돌아다니던 행복하고 활기 넘치는 더 리스는 향수를 불러일으키는 추억으로 묻히기 시작했다. 스물두 살이 된 에밀리는 드레스덴에서 초상화를 공부하고, 독일어 실력을 쌓더니 6개월 뒤에 집에 돌아왔다. 릴은 1893년에 케임브리지에 있는 두 군데의 여자대학 중 뉴넘칼리지에서 개척 농업 과정을 밟기 위해 집을 떠난 상태였다. 딕은 고전학을 공부하러 옥스퍼드대학에 갔다. 열여덟 살인 에글렌타인은 아직 집에 있었지만 역사를 공부하기 위해 레이디마거릿홀(옥스

그림 : 에글렌타인이 1896년에 레이디마거릿홀에서 운동회 날에 끼적댄 그림으로 대학 친구인 도로시 켐페를 따라가는 자신의 모습을 그린 것이다. 레이디마거릿홀의 총장과 선임연구원들이 친절하게도 허락을 해 준 덕택에 실을 수 있었다.

퍼드대학에 소속된 가장 오래된 여자 대학. – 옮긴이)로 달아날 궁리를 하고 있었다. 에글렌타인은 그럴 만한 자격이 충분히 있었다. 조기교육을 받았기 때문이기도 하지만 부모의 사회적 지위 덕분이기도 했다. 개멀은 이미 딕과 같은 길을 걷고 있었다. 윌트셔에 있는 진보적인 남자 학교인 말버러칼리지에서 기숙사 생활을 하고 있었다. 그 학교는 장학금을 잘 주기로 유명했다. 한편 아버지가 죽었을 때 겨우 열세 살이었던 도로시만이 여전히 집에서 공부를 하고 있었다. 언어와 미술, 음악을 충실히 배우고 자신과 개멀이 모은 새와 나비, 딱정벌레 수집 목록을 늘려갔다.

에글렌타인은 1895년 가을에 옥스퍼드대학에 갔다. 열아홉 번째 생일 직후였다. 에글렌타인은 새 친구들에게 자신이 '유전적으로 독서광'이고 대학에 온 건 단지 집에 있는 책을 다 읽었기 때문이라고 말했다. 사실 에글렌타인은 자신의 계획을 실행에 옮기기 전에 부모의 심한 반대에 부딪혔다. 아서는 딸들 중 어느 누구도 대학에 보내지 않으려 했다. 특히 에글렌타인이 학위 과정을 밟고 싶어 하는 것을 못마땅하게 여겼다. 아서는 '윤기나는 붉은색 머리카락과 우아한 얼굴'을 지닌 아름다운 십대 딸 에글렌타인이 자칫 결혼 상대로 인기가 없는 블루스타킹(전통적으로 여자가 하는 일보다 사상과 학문에 더 관심이 많은 여자. – 옮긴이)이 될까봐 걱정을 했다. 아마 아서는 에글렌타인이 자신의 누이 번처럼 될까봐 걱정을 한 모양이었다. 번은 뉴넘칼리지에서 성공적으로 공부를 마치고 나자 자신이 미혼이라는 사실을 부끄러워하지 않았다. 아서는 타이에게 이렇게 말했다.

"여자가 케임브리지를 입에 올려야 할 경우는 이런 경우야. 얼굴에 천연두 자국이 있는데 능력이 좋은 경우, 안경을 끼지 않으면 안 될 정도로 근시인데 상식이 아주 풍부한 경우, 부득이하게 지루한 신학대학에서 교사 노릇을 해서 생계를 유지해야 할 경우 말이야. 그런 경우가 아닌데 여자 대학교를 운운하는 건 나한텐 인생 망치는 길로 가겠다는 걸로밖에 안 보여."

아서가 그런 걱정을 하는 것이 유난스러운 건 아니었다. 딸을 비싼 대학에 보내고 싶어 하는 부모는 거의 없었다. 그 당시 부모들에게 대학은 굳이 갈 필요가 없는 곳으로 보였고, 최악의 경우에는 얌전한 딸을 독립적인 신여성으로 바꿔놓을 수도 있는 곳이었다. 하지만 아서가 죽은 뒤에 번이 열성적으로 설득을 하자 타이는 생각을 바꾸었다. 번은 이미 에밀리가 드레스덴에서 6개월 동안 학업을 할 수 있도록 길을 마련해 놓았고, 릴이 더 리스로 돌아와서 집의 농장과 낙농장을 운영한다는 조건하에 릴의 농업 과정에 들어가는 학비를 대주고 있었다. 번은 또한 딕이 정치에 입문하라는 제안을 받자 그 일에 대비해 딕의 세계 여행 경비를 대는데 힘을 보태겠다고 제안을 하기도 했다. 에글렌타인은 학위 과정에 착수하고 싶어 한 첫 번째 딸이었는데, 번은 에글렌타인의 입장을 옹호해주고 학위 과정을 밟을 수 있게 학비를 대주었다. 에글렌타인은 번에게 평생 고마워했다.

옥스퍼드 레이디마거릿홀은 1878년에 낭만주의 시인 윌리엄 워즈워스의 조카딸인 엘리자베스 워즈워스가 설립한 대학이다. 그 교명은 헨리 7세의 독실하고 학구적인 어머니 레이디 마거릿 보퍼트에서 딴 것이었다. 그로부터 1년 뒤에 선구적인 과학자이자 수학자인 메리 소머빌의 이름을 따서 소머빌 홀이 설립되었다. 후원자들의 이름을 따서 지은 두 대학은 후원자들의 성향을 뚜렷이 드러내고 있었다. 레이디마거릿 홀은 대중적으로 알려져 있듯이 전통적이고 종교적이었다. 그에 못지않게 소머빌은 진보적이고 정치적이었다. 에글렌타인이 케임브리지보다는 옥스퍼드에 가기 원했을 때, 전통적인 영국 성공회교도의 집안에서 성장한 에글렌타인이 두 곳 중 어느 대학으로 갈 것인지는 불 보듯 빤한 일이었다.

에글렌타인이 1895년에 레이디마거릿홀에 왔을 때 여전히 총장은 미스 워즈워스였다. 미스 워즈워스는 여성이 고등교육을 받을 수 있도록 개척한 인물이기는 하지만 사회적 관계에 혁명을 일으키는 것은 그녀의 목표가 아니었다. 오히려 '가정을 행복하게 꾸려갈 여성들을 배출하는 것'이 목표였다. 미스 워즈워스는 타이처럼 걱정이 많은 부모들을 크게 안심시키며 상류층의 대가족처럼 대학을 운영했다. 그럼에도 불구하고 미스 워즈워스는 여성들이 무엇을 성취할 수 있는가를 몸소 보여준 고무적인 인물이었다. 신앙심이 깊은 미스 워즈워스는 지적이고 재치 있고 단호하고 다른 사람에게 휘둘리는 법이 없어서 약간 독특해 보였다. 미스 워즈워스가 워낙 독립적인 정신을 중요시하다 보니 에글렌타인은 곧 미스 워즈워스가 가장 좋아하는 여학생 중 한 명이 되었다. 에글렌타인 역시 총장에게 매력을 느꼈다. 에글렌타인은 총장과 함께 시인 로버트 브라우닝과 소설가 제인 오스틴에 대해 토론을 하고, 옥스퍼드의 여러 권위자들을 찾아가기도 했다. 에글렌타인은 친구들에게 이렇게 말했다.

"미스 워즈워스는 생각을 안 한다고 하시더라. 느닷없이 어떤 생각이 머릿속에 확 떠오른대. 천재들은 그런가봐."

하지만 에글렌타인이 그 대학의 부총장이자 전형적인 블루스타킹인 미스 피어슨에게 더 깊은 인상을 받았을 가능성도 있다. 미스 피어슨은 키가 작고, 체격이 다부지고, 발을 약간 절었으며 유행과는 동떨어진 남자 옷을 입었다. 또한 굉장히 똑똑하고 책도 많이 읽었다. 미스 피어슨은 젊은 학생들에게 상당히 관심이 많았고, 역사와 문학, 그리고 그날의 사회적 쟁점에 대해서 에글렌타인과 그녀의 친구들과 함께 밤 늦게까지 토론을 하곤 했다. 아주 멋진 저녁이었다. 훗날 에글렌타인은 인생을 통틀어 그 시간에 그 누구보다도 미스 피어슨이 많은 것을 가르쳐주었다고 말했다.

레이디마거릿홀은 엘리자베스 워즈워스의 지휘 아래 급속히 발전했다. 결과적으로 총장이 원했던 것보다도 더 급속히 성장했다. 엘리자베스 워즈워스가 관리할 수 있을 만큼 학생들을 받아 가족처럼 여기며 이끌어 주고 싶어 했기 때문이었다.

에글렌타인이 레이디마거릿홀에 다닐 때에는 학생이 40명가량 있었다. 학생들은 올드 홀에서 우르르 쏟아져 나와 길 건너에 있는 '워즈워스 호스텔'로 들어갔다. 에글렌타인은 크릭로드 3번지에 있는 평범한 북쪽 옥스퍼드 저택을 다른 1학년 여학생과 함께 썼다. 에글렌타인은 처음에는 방을 같이 쓰는 친구들을 무시했다. 그 친구들은 스스로를 가리켜 '귀뚜라미'라고 불렀는데, 정말로 귀뚜라미들 같았다. 에글렌타인은 번에게 이런 편지를 썼다.

'애들이 전부 맹해 보이는데 한 아이가 유독 더 그래 보여.'

하지만 에글렌타인은 얼마 후 그 아이들과 친해졌다. 특히 도로시 켐페와는 금세 절친한 친구가 되었고, 총장의 조카인 루스 워즈워스와도 친해졌다. 두 친구는 에글렌타인과 수백 통의 편지를 주고받았다. 그 '귀뚜라미들'은 모두 사회적 양심이 강한 교수이자 5년 전에 레이디마거릿홀을 떠난 거트루드 벨의 친구인 메리 탤봇의 지도를 받았다. 탤봇 교수는 인정이 많았고, 덕분에 에글렌타인과 친구들은 캠퍼스에 있는 다른 학생들보다 개인적인 자유를 더 많이 누렸다. 하지만 그 여학생들 중 누구도 남학생과 동일한 독립과 기회를 즐기지는 못했다.

에글렌타인이 레이디마거릿홀에 오기 겨우 2년 전만 해도 여자들은 보호자를 동반하고 강의를 들어야 했고, 대학 동아리에 가입하거나 일요일에 자전거를 탈 수 없었다. 여자들은 아직도 대학 교정을 혼자 거닐 수 없었고, 특별히 허락을 받지 않으면 밤 10시까지는 들어가야 했다. 우등 졸업 시험은 1881년 이후에야 옥스퍼드 여학생들도 볼 수 있게 되었고, 여학생들은 아직도 공인된 학위 대신에 특별 수료증을 수여받았다. 에글렌타인은 여자들이 대학 학위를 받아야 하는지 확신이 서지 않았다. '학위를 받으면 혹시나 독립적이고 어쩌면 더 훌륭한 우리 여자들만의 시스템이 발전할 수 있는 여지가 영원히 막히지 않을까…….' 걱정을 했기 때문이었다. 하지만 에글렌타인은 그 논쟁에 매료되었다. 에글렌타인은 울분을 토하며 도로시 켐페에게 말했다.

"사람들은 마치 우리가 남자들을 쫓아내고 있는 것처럼 말해. 아니면

오로지 남자들을 흉내내려고 강의를 들으러 가는 것처럼 말하기도 하고. 정말이지 화가 나. 우리의 존재가 남학생들에게 조금도 영향을 미치지도, 미칠 수도 없잖아. 그러니까 우리가 교육적인 혜택을 함께 받는다고 해서 남학생들이 '심술을 부릴' 필요는 없다고. 우리는 그 혜택을 다른 데서 받을 수도 없는데 말이야. 우리에게는 아주 큰 의미가 있는 혜택이라고."

하지만 19세기 말에 대학은 상류층 가정의 젊은 여성들에게 전례 없는 자유를 제공한 셈이었다. 당시 상류층 여성들 대부분은 공공장소에 혼자 가는 일은 결코 꿈도 못 꾸고 보호자를 동반해 외출을 한다든지 저녁 귀가 시간을 지켜야 했기 때문이다. 레이디마거릿홀에서 여학생들은 수준 높은 강의와 장서와 지도 교수들을 접했다. 일정을 직접 관리하고, 개인적인 시간을 마음 놓고 즐길 수도 있었다. 집안일이나 자선활동, 그밖에 다른 지루한 사회활동으로 바빠 보일 필요가 더 이상 없었다.

하지만 에글렌타인은 더 리스에서 비교적 자유로운 삶에 익숙해 있던 터라 그다지 큰 감흥을 받지는 못했다. 에글렌타인은 학교에 도착해서 규정이 적힌 종이를 받자 트렁크에 앉아서 그 길로 집으로 돌아가 버릴까 아니면 '학교를 다니는 동안 모든 규정을 어겨서 쫓겨나면 그때 돌아갈까' 생각했다. 결국 에글렌타인은 학교를 다니기는 했지만 조용히 지내지는 않았다.

에글렌타인은 레이디마거릿홀이 제공하는 모든 기회를 최대한으로 활용하기로 결심했다. 에글렌타인은 무엇보다도 배우고 싶었다.

'똑똑하다는 건 좋은 거야.'

에글렌타인은 여동생 도로시를 안심시켰다. 당시 열다섯 살 먹은 도로시는 케임브리지 뉴넘칼리지에 가고 싶은 자신의 포부가 허영에 들떠서 그런 건 아닌지 고민하고 있었다. 에글렌타인은 도로시에게 이렇게 조언을 해주었다.

"그런 포부를 갖는 건 잘못된 게 아니야. 이런 좋은 재능이 우리에게 부여된 건 하나님의 뜻에 따라 이 세상에 봉사하라는 의미일 거야. 우리가 최선을 다해서 똑똑해지려고 노력하는 건 신성한 의무라고."

그럴듯한 말이었지만 에글렌타인도 실천하기 힘들 때가 간혹 있었다. 에글렌타인은 그동안 집에서 제한된 교육을 받았기 때문에 대학 공부, 특히 수학을 매우 어려워했다. 그래서 가끔 친구들에게 투덜거렸다.

"수학 공부를 할 때면 마치 펑크난 자전거를 타고 돌 더미 위를 지나가는 것 같은 기분이 들어."

아래의 시는 에글렌타인이 공부를 하다가 끄적인 시로 보인다. 에글렌타인이 문제가 잘 안 풀리자 마음을 추스르며 집중해서 공부를 하려는 노력이 엿보인다.

붉은 빛을 내는 램프가 켜져 있다
유클리드가 펼쳐져 있다
나는 말한다
"난 정말 열심히 공부해야 해."

시간을 낭비해서는 안 된다

왜냐하면 무방비한 내 머리 위로

칼 한 자루가 매일 대롱거리고 있으니까

예비시험이 아주 위험한 각도로

나를 위협한다

나는 유클리드가 어딘가에서 자신의 사악한 행위를

뉘우치고 있기를 바란다!

그렇다. 그는 먼지와 재로 돌아가 마땅하다

각과 네모라는 생생한 고문을 받는 자나

아직 태어나지 않은 자는

이등분을 잘할 수 없다

부글부글 화가 끓어오를 뿐

그래도 예비시험은 점점 더 가까이 다가온다

그 발걸음은 멈출 줄 모른다

옥스퍼드 역사 과정은 커리큘럼이 광범위했다. 그리스·로마 고전, 그리스와 스토아 철학, 건축학, 고고학, 인류학, 심리학, 형이상학, 정치학, 경제학 등을 공부했다. 에글렌타인은 순수 역사 과목을 '세상 사람들의 경험담'이라고 하며 가장 좋아했다. 그래서 에글렌타인은 볼테르와 루소를 탐독했고, 토머스 칼라일(영국의 평론가이자 사상가, 역사가. —옮긴이)에게 '크게 분노했다.' 에글렌타인은 들뜬 나머지 대학의 경치를 바라보며 낭만적인 생각에 빠졌다. 에글렌타인은 도로시에게 이런 편지를 썼다.

'내가 알고 싶은 것들을 그 옛날부터 수세기에 걸쳐 알고 있던 사람들의 터전⋯⋯ 그들이 밟고 지난 인도를 밟고 있으니 마음이 편해져. 그들이 바라보았던, 일몰을 배경으로 하는 대학의 탑을 바라보고, 그들이 부드러운 햇볕을 쬐며 살았던 대학을 바라보고 있으면 위로가 되더라. 그러고 있으면 가끔 꿈을 꾸는 듯한 기분이 들어. 그들이 내 옆을 걸어가는 것이 느껴지고, 그들의 목소리가 들리는 듯하고, 내 손으로 그들의 손을 잡고 있는 것만 같아.'

에글렌타인은 물 만난 물고기 같았다. 역사적으로 유명한 대학과 지식을 알려주는 유령들, 그리고 무엇보다도 책에 둘러싸여 있었기 때문이다.

'아는 것, 아는 것, 아는 것이 힘이다! 나는 마치 교회에 들어가듯 보들리 도서관에 들어가⋯⋯.'

에글렌타인은 여동생에게 보내는 편지에 계속 그렇게 적었다. 한편 새로운 대학 친구들에게는 '나는 책이 단지 책이라는 이유로 열정적으로 읽는다.'고 자랑을 했다. 휴일에도 중심은 책이었다. 에글렌타인은 시장이 들어선 오래된 도시 타비스톡과 도킹에 마련된 '독서 파티'에 갔다. 거기서 오전 내내 독서를 하고, 오후에는 걷고 말을 타면서 친구들과 어울렸다.

에글렌타인은 옥스퍼드에서 특별활동도 열심히 했다. 특히 대학 토론에 열성적이었다. 옥스퍼드 여자대학 대항 토론협회는 설립된 지 십 년이 채 안 되었지만, 이미 몇몇 여자 졸업생이 소속돼 있는 안정적인 조직이었다. 마거리 프라이와 엘리너 래스본, 모드 로이덴 등이 활동 중이었다. 에글렌타인은 엘즈미어 토론협회에서 몇 년 동안 토론을 지켜본 경험이 있었다. 그런 에글렌타인에게 이 명망 있는 옥스퍼드 토론협회는 실력을 발휘할 기회였다. 토론협회 첫 연설에서 에글렌타인은 역사 연구가 인간 본성에 대한 우리의 신뢰를 무너뜨린다는 발의에 반대했다. 에글렌타인의 연설은 호응을 얻었고, 이윽고 에글렌타인은 협회의 급진적 성향을 띤 회장으로 선출되었다. 에글렌타인은 무미건조한 학문적인 토론이 지루하게 느껴지자 연사들에게 '더 가볍게' 연설을 해달라고 간청했다. 에글렌타인은 자신의 뜻대로 되지 않자 협회의 규정을 '아주 무질서하게 바꾸자고' 제안하고 그것을 실행했다.

"토론협회에서 폭탄이 터졌다."

에글렌타인은 자랑스럽게 주장했다. 하지만 일부 학생들이 에글렌타인에 대한 불신임 투표를 모의해서 성공하자 에글렌타인이 주장한 수정조항 중 많은 조항이 나중에 파기되었다.

에글렌타인은 레이디마거릿홀에서 공부와 대학의 여러 협회 활동 외에도 연극과 춤, 하키 경기, 강의를 중심으로 생활했다. 에글렌타인은 그 모든 활동을 열정적으로 했다. 을씨년스러운 레이디마거릿홀의 기록보관소에는 에글렌타인의 수업 활동이나 논문이 하나도 보관되어 있지 않다. 하지만 펜으로 재빨리 스케치한 그림은 많이 남아 있다. 그중에는 크릭로드에 살던 학생들이 저녁에 즐긴 다양한 오락 프로그램을 그린 그림도 있다. 학생들이 변장을 하고 춤을 추는 모습과 연극을 하는 모습, 그리고 레이디마거릿홀 운동회 날의 광경을 그린 스케치가 있다. 에글렌타인은·야외 운동을 무척 좋아했다. 펜싱과 하키를 배우기 시작했는데 잘한다기보다는 열정적으로 했다. 에글렌타인은 물에서 하는 운동에 더 능숙했다. 뉴칼리지에 다니면서도 자주 집에 오던 오빠 딕한테서 노 젓는 법을 배웠기 때문이었다. 에글렌타인은 레이디마거릿홀 보트 동아리의 회원이 되었다.

대학 생활에서 벗어나고 싶을 때면 에글렌타인은 혼자서 자전거를 타고 교외를 달리곤 했다. 때로는 친한 친구들과 함께였다. 1888년에 존 던롭은 자신의 아들이 자전거를 타고 학교에 가다가 엉덩이에 상처가 나지 않도록 공기가 가득한 자전거 고무 타이어를 발명했다. 덕분에 자전거에 대대적인 혁신이 일어났다. 하지만 자전거는 여전히 다루기 쉽지 않은 기구였다. 그래서 에글렌타인은 자전거를 타다가 작은 사고를 내곤 했다. 이따금씩 '평소 속도로 내리막길을 달리다가' 자전거에서 떨어지기도 했다. 에글렌타인의 말처럼 이런 일도 있었다.

"길을 중간에 두고 나는 이쪽에, 자전거는 길 건너편에 있더라니까."

한번은 에글렌타인과 도로시 켐페가 밤에 자전거 등을 켜지 않고 자전거를 타다가 경찰에 잡혀서 소환장을 발부하겠다는 위협을 받은 적도 있었다. 하지만 에글렌타인은 혼자 자전거를 타고 나가서 32킬로미터나 그 이상을 달릴 때가 더 많았다. 어떤 때는 아침식사를 하기도 전에 나갔다. 프리 휠 장치(페달을 움직이지 않고 자전거를 관성으로 움직이는 장치. ─옮긴이)가 없는 자전거를 타야 했으니 굉장한 지구력을 발휘했을 것이다.

딕은 에글렌타인을 자기가 다니는 대학에 초대하기도 했다. 에글렌타인은 딕의 방에서 저녁을 먹으면서 사람들의 관심을 한 몸에 받았다. 그리고 뉴칼리지 무도회에서 아침까지 밤새도록 춤을 추곤 했다. 에글렌타인은 웃으며 이렇게 말했다.

"대학 무도회는 다른 무도회와는 다른 것 같아. 젊은이들이 많아서 분위기가 아주 흥겨워."

에글렌타인은 가장무도회에서 '집시 학자' 차림을 하거나 더욱 격식을 갖춘 홀 행사에서는 '검정색 드레스를 입은 아주 눈부신 모습으로' 나타나서 사람들을 홀렸다. 루스 워즈워스는 에글렌타인에 대해 이런 글을 남겼다.

'에글렌타인은 마음을 먹고 차려 입으면 눈부시게 아름다웠다.'

에글렌타인은 대학 첫 학기에 눈부신 외모로 이목을 끌었다. 별 다른 노력을 하지 않아도 활발하고 재치 있는 성격, 그리고 전형적인 에드워드 7세 시대의 외모로 사람들의 호감을 샀다. 루스는 키가 크고 날씬하며 이목구비는 섬세하고 머리카락은 붉은 에글렌타인을 바라보며 감탄했다. 에글렌타인은 '바로 번 존스(19세기의 영국 화가. - 옮긴이)가 이상적으로 여기는 미인상'이었다. 이윽고 레이디마거릿홀에 다니는 학생 중 절반이 에글렌타인의 매력에 빠져들었다.

"에글렌타인처럼 매력적인 여자는 처음 봤어요."

릴리어스 밀로이가 캠퍼스를 거니는 에글렌타인을 떠올리며 흥분해서 말했다. 루스는 배에서 나오는 에글렌타인의 모습을 다음과 같이 묘사했다.

'초록색 옷차림, 금빛 나는 붉은 곱슬머리, 소설 속에나 나올 법한

얼굴빛.'

에글렌타인은 대체로 외모에 관심이 없었고 허영에 들뜨는 것을 몸서리치게 싫어했다. 그래도 어떻게 해야 자신이 가장 매력적으로 보이는지 잘 알았다. 하지만 친구들이 에글렌타인의 옷차림을 지적하면 에글렌타인은 어김없이 '얼굴을 시뻘겋게 붉히곤' 했다. 사실 에글렌타인의 옷차림을 보면 전혀 신경을 쓰지 않았다고는 볼 수 없었다. 유일하게 남아 있는 당시 에글렌타인의 사진을 보면 실제로 에글렌타인은 남의 시선을 많이 의식한 듯하다.

2학기 중반이 되자 날벼락 같은 일이 일어났다. 1896년 3월에 에글렌타인은 남동생 개멀이 말버러 기숙학교에서 폐렴에 걸렸다는 소식을 들었다. 열여섯 살인 개멀은 명석한 두뇌와 자연 과학에 대한 열렬한 관심으로 이미 유명한 학생이었다. 개멀을 가르치던 교사들은 개멀의 '열정적인 학습 태도와 독특한 독립적 사고'를 칭찬하면서 개멀이 옥스브리지(옥스퍼드대학과 케임브리지대학을 함께 일컫는 말. - 옮긴이)에서 장학금을 받으며 의학을 공부할 것이라고 기대했다. 그리고 다들 개멀이 의사로 크게 성공할 거라고 믿었다.

3월에 개멀의 사감이 타이에게 그녀의 아들이 감기에 걸렸다고 편지를 보냈다. 타이와 번은 몸값이 비싼 런던 의사를 데리고 곧장 말버러로 출발했다. 며칠 안에 의사는 개멀이 '희망이 없는 건 아니지만' '굉장히 위험한 상태'로 악화되었다고 진단했다. 3월 10일에 타이는 최악의 상황을 우려했던 것 같다. 타이는 다른 자녀들에게 편지를 써서 마음의 준비를 하도록 했다.

'나는 너희 모두가 개멀이 자비로우신 하나님의 손에 맡겨져 있다는 점을 잊지 않았으면 한다. 하나님이 개멀을 데리고 가시든 이곳에 남겨 놓으시든 사랑과 자비로 하시는 일이라는 걸 굳게 믿고 차분히 마음의 준비를 해주기 바란다.'

나이나 관심사로 볼 때 개멀과 가장 친한 누이인 도로시는 개멀이 아프다는 사실을 알았지만 그 상황을 심각하게 받아들이지 않았다. 얼마 전까지만 해도 온 가족이 더 리스에 모여 크리스마스를 보냈고, 도로시와 개멀은 텃밭에서 구스베리 나무와 까치밥나무 덤불의 가지를 치며 새해를 맞이했기 때문이었다. 그래서 도로시는 평소와 다름없이 일상적인 생활을 계속했다. 타이가 말버러에 가 있던 어느 날, 도로시는 엘즈미어 우체국에서 우표를 사다가 젊은 우체국 직원으로부터 타이가 보낸 뜻밖의 비보를 들었다.

'다 끝났음. 장례식 장소 타이드로.'

에글렌타인은 같은 날 레이디마거릿홀에서 전보를 통해 그 소식을 듣고는 즉시 고향으로 출발했다.

개멀의 장례식은 3월 14일에 타이드로 근처에 있는 리워스 교회에서 치러졌다. 그곳은 불과 2년 전에 개멀의 아버지 아서가 묻힌 곳이었다. 날씨는 화창했고, 타이는 애써 마음을 다잡으려고 했다.

'사랑하는 아들도 이렇게 좋은 날에 가게 되어 좋아하고 있을 거야.'

타이는 왜 하나님이 개멀을 '데려 갔는지' 납득할 수 없었지만, 또 다른 생애에서 개멀과 재회할 것이라고 믿으며 위안을 얻었다.

젭 가족의 아이들 중 가장 맏이인 에밀리는 자상하게 어머니와 가족을 보살피기 시작했다. 심지어 아서의 누나인 노니에게 매일 편지를 보내기도 했다. 노니의 남편은 개멀이 다니던 학교의 수학 교수였다. 에밀리는 이런 내용의 편지를 적었다.

'저는 지금 고모와 우리 사이가 이렇게 멀리 떨어져 있다는 게 못 마땅해요. 하지만 떨어져 있는 건 육체일 뿐이지 마음은 아니지요.'

에밀리는 타이처럼 개멀의 삶을 기리고 싶어 했다. 에밀리는 고모에게 이렇게 말했다.

'개멀과 함께 했던 추억을 간직하고 그 추억을 떠올리면 평생 힘을 낼 수 있을 것 같아요. 그나마 다행이에요. 시간이 지나면 점점 더 그럴 수 있겠지요. 지금 당장은 정신이 너무 멍해서 바보가 된 기분이지만……. 다른 식구들은 정말 용감해요. 특히 도로시가요.'

슬픔에 잠긴 도로시는 개멀의 갑작스런 죽음을 받아들이기 가장 힘들어했다. 도로시는 이 말도 안 되는 상황을 이해하려고 필사적으로 노력하면서도 개멀에게 불길한 이름을 지어 준 부모를 원망했다. 나중에 도로시는 다음과 같은 신랄한 글을 썼다.

'개멀은 과거에 성으로 쓰였고, 공교롭게도 개멀이라고 이름을 지은 사내아이들은 어릴 때 죽었다. 하지만 우리 부모님은 두 분 다 미신을 믿지 않으셔서 아무 걱정도 하지 않으셨다.'

하지만 사실은 그렇지 않았다. 1888년에 개멀이 여덟 살일 때 스코틀랜드에 간 아서는 개멀(Gamul)이라는 이름이 '나이 든'이라는 뜻의 아이슬란드 어인 개멀(Gamall)이라는 단어에서 나왔다는 사실을 알게 되었다. 그리고 아서는 '사랑하는 나이 든 사내아이에게'라고 장난삼아 편지를 쓰곤 했다. 하지만 이제 개멀은 결코 나이를 먹지 않을 터였다. 사실, 도로시는 다른 누구보다도 자신을 원망했다. 도로시만 알고 있는 사실이 있었기 때문이었다. 개멀은 여름에 셔츠 하나만 입곤 했다. 그런데 개멀이 그 습관을 겨울에도 버리지 않았던 것 같다. 도로시는 이제야 그것이 '얼마나 위험한 습관'이었는지 알았다. 도로시는 개멀에게 잔소리를 하지 않은 것을 평생 동안 깊이 후회했다. 적어도 말버러의 양호 교사에게 알렸다면 조끼라도 걸치라고 일러주었을 터였다.

에글렌타인은 대학을 떠나 고향에서 지내는 동안 도로시를 데리고 오랫동안 산책을 했다. 둘은 시골에 봄이 다가오는 첫 징후를 보고 함께 위안을 얻었다.

'자연에는 우리 모두가 이해하지 못하는 철학이 있다.'

에글렌타인은 그런 글을 적으며 마음을 추슬렀다. 하지만 저녁이 되면 친구인 도로시 켐페에게 머릿속이 여러 가지 생각으로 혼란스럽다는 내용의 편지를 썼다.

'아무도 만나지 않는 게 좋을 것 같다는 생각이 들어. 앞으로 살아가야 할 날이 많고, 이겨내려면 마음을 강하게 먹어야 하니까. 내 일로 너무 많이 슬퍼하지 마. 우리 하나님을 믿어보자. 나를 통해서 우리 가족이 더 강해질 수 있다고 기도하자. 특히 내 여동생을 위해 기도하자. 그러면 상황이 나아질 거야.'

이윽고 타이는 도로시를 아일랜드에 있는 도로시의 삼촌 헤니지의 집으로 보냈다. 도로시는 그곳에서 이끼 공부에 몰두했다. 그런 다음 집에 돌아올 때는 어린 사촌인 밀리를 데리고 왔다. 밀리는 1년을 더 리스에서 지내며 도로시가 시키는 대로 다 하는 친구가 되어주었다. 도로시는 이제 개멀의 취미 생활을 이어가는 데 전념했다. 도로시는 가엾은 밀리를 데리고 주로 개멀이 채집해 놓은 딱정벌레에 계속 수를 보탰다. 타이는 도로시를 버킹엄셔(영국 잉글랜드 중남부의 주. - 옮긴이)에 있는, 명망 있는 와이콤애비학교에 보낼까 생각했다. 하지만 딸이 점점 더 걱정이 되고 그 학교의 상황이 불안하기도 했다.

'학교가 계곡 밑에 있고…… 작은 빈민 도시가 정문에서 너무 가까워. 게다가 근처에는 넓은 강까지 있고.'

타이는 그런 사실이 마음에 걸려서 도로시를 보내지 않기로 했다. 자녀를 또 잃는 위험을 감수할 수는 없었다. 대신 엉어를 가르칠 가정교사를 고용해서 도로시를 집에서 계속 교육시켰다.

에글렌타인도 도로시처럼 슬픔을 내색하지 않았다. 자신의 생각과 감정을 이해하기 위해서 자연스럽게 시를 쓰기 시작했다. 하지만 개멀에 대해 남몰래 시를 써도 개멀의 죽음으로 인한 고통은 줄어들 기미가 보이지 않았다.

시간이 흘렀다. 타이는 조용히 정원을 가꾸었고, 릴은 케임브리지로, 딕과 에글렌타인은 각각 옥스퍼드대학으로 돌아갔다. 타이는 개멀의 묘지에 간 일과 식물들이 얼마나 잘 자라는지 가끔 이야기하곤 했다. 가족끼리 편지를 자주 하기는 했지만 편지에 개멀의 이름이 등장하는 일은 없었다. 산 사람은 계속 살아야 했다. 하지만 식구들이 개멀을 잊은 건 아니었다.

나는 이 전기를 쓰기 위해 자료 조사차 여기저기 다니다 예상치 못한 곳에서 개멀의 이름을 발견하곤 했다. 나는 정기적으로 중고책 서점에 가서 책을 훑어보곤 하는데 언젠가 『식물 생장에 관한 관찰 수업 : 선생님들을 위한 안내서 *Obeservation Lessons on Plant Life : A Guide to Teachers* 』라는 제목의 책을 우연히 발견했다. 그 책은 도로시와 에밀리가 공동으로 쓴 것이었고 1903년에 출간되었다. 앞표지 안쪽에는 연필로 '1904년 9월 23일, 저자 중 한 명으로부터. 읽고 표시하고 배우고 마음속으로 소화하세요!' 라고 적혀 있었다. 글은 두 저자의 공동 의견일 수도 있지만 필체를 보아하니 에밀리의 글씨 같았다. 하지만 그 책에는 또 다른 은밀한 내용이 담겨 있었다. 바로 개멀을 추억하는 헌사였다.

햇살이 비치는 자연을 사랑한 동생아, 네가 우리를 떠난 지 몇 년이 흘렀구나. 그 후로 우리는 들판에서 너를 얼마나 그리워했는지 모른다. 숲은 예전보다 더 조용해졌어. 우리는 이 소박한 조사를 하면서 위안을 얻었단다. 그리고 다른 사람들이 우리가 조사한 내용을 접하고 우리처럼 시골을 사랑하게 될 거라고 믿어. 이제야 이 책을 너의 밝은 영혼에 바친다.

몇 달 뒤에 1962년도 것으로 추정되는, 작은 초록색 공책이 도로시의 문서 더미에서 나타났다. 공책에는 '초자연적인 경험'이라는 제목이 적혀 있고 이야기가 손글씨로 쓰여 있었다. 이 이야기의 중심 내용은 개멀이 죽은 뒤에 자신이 하루하루를 어떻게 보냈는지에 대한 것이었다. 도로시는 오빠가 살아 있었다면 의사가 되어 이 세상에 봉사했을 텐데 그러지 못한 것을 안타깝게 여겨 개멀 대신 사회에 공헌하기로 결심했다.

'어느 날 밤 나는 그런 결심을 염두에 두고 아주 열정적으로 기도를 하고 있었다. 그러다가 내가 몸에서 빠져나오는 듯한 기분을 느꼈다. 안타깝게도 나는 소심한 아이였고…… 그래서 나는 안간힘을 써서 제정신으로 돌아왔다.'

도로시는 60년 이상이 흐른 뒤에도 놀랄 만큼 명확하게 옛날 일을 떠올렸다. 도로시는 영적 체험을 했다고 확신했다. 어떤 의미에서 개멀은 도로시 곁에 평생 남아 끊임없이 영감을 주었다.

'난 개멀을 위해 그 모든 일을 했다.'

도로시는 죽기 직전에 자신이 평생 한 일에 대해 그와 같은 글을 적었다.

어쩌면 도로시는 자신의 '초자연적 체험'을 에글렌타인에게 말했을 수도 있다. 어쨌든 에글렌타인은 개멀이 죽은 직후에, 그리고 20년 뒤에 제1차 세계대전이 일어나 수많은 젊은이들이 생명을 잃고 있을 때 다시 한 번 개멀이 자신의 꿈에 나타났다고 믿었다. 에글렌타인이 그렇게 믿은 것도 이상한 일은 아니었다. 전쟁이 계속된 몇 년 동안 영국에서는 심령론이 강세였기 때문이다. 에글렌타인은 더 리스에 있는 가족 신문에 자신의 '꿈과 심령 체험'에 대해 이런 글을 남겼다.

'1918년 6월에 아침 일찍 잠에서 깨어났다. 개멀이 꿈에 나왔는데 어떤 꿈이었는지 잘 생각이 나지 않았다. 나는 개멀이 죽었는지 안 죽었는지 떠올리려고 애썼다. 하지만 기억이 나지 않았다. 개멀이 죽지 않았다면 나

는 당장 말버러로 출발했을 것이다. 개멀의 건강과 관련해서 도울 수 있는 일이 있는지 확인하러……'

에글렌타인은 도로시처럼 자신이 개멀에게 아무 도움도 주지 못했다고 생각했다. 하지만 '이런 자책을 하게 된 건 분명 개멀이 죽은 뒤에 일어난 일과 관련이 있다.'고 에글렌타인은 뒤늦게 밝혔다.

개멀이 살아 있었을 때 나와 개멀의 관계에 대해서는 자책할 게 없기 때문이다. 하지만 이제 생각해 보니 좀 이상하다. 나는 개멀이 동시대 사람들로부터 멀어져서 어딘가 구석에 웅크리고 앉아 잊힌 사람으로 나오는 꿈을 자주 꾸었다. 그 꿈을 꾸고 나서는 좀 충격을 받곤 했다.
'정신 차려! 그 아이는 내 남동생이라고!'
나는 나에게 남동생이 있었다는 사실을 잊고 살다시피 했다. 게다가 남동생에게 아무것도 해 주지 않았다. 너무 늦은 걸까? 잠에서 깨어나 남동생이 죽었다는 사실을 떠올리면서 든 생각은 이제는 내가 그를 위해 아무것도 해줄 수 없다는 사실이었다.

에글렌타인은 다음과 같이 결론을 내렸다.
'아무튼 어젯밤에 잠을 자는 동안 동생을 위해 봉사를 하면 좋겠다는 욕망이 강렬하게 솟구친 건 분명한 사실이다.'
그로부터 긴 세월이 흐른 뒤에 에글렌타인은 이따금씩 개멀이 자기 옆에 서서, 사회봉사를 하겠다는 자신의 맹세를 상기시키는 듯한 기분이 든다고 에밀리에게 말했다.

영원히 늙지 않을 개멀은 에글렌타인과 도로시의 비극적인 피터 팬이 되었다. 에글렌타인과 도로시에게 개멀은 젊은이의 잠재력과 생명의 소중함, 그리고 사회적으로 가치가 있는 삶을 살기 위한 그들의 헌신을 상징했다. 에글렌타인은 대학으로 돌아와서 곰곰이 생각했다.

'나는 나의 모든 포부와 욕망을 만족시키는 가장 쉬운 방법이 독서라고 생각했다. 그런데 그것이 잘못된 생각이라는 것을 너무 늦게 깨달았다. 그 이상의 것…… 자신의 인생을 살아야만 얻을 수 있는 어떤 것이 있을 것 같은데…….'

도서관에서 책을 읽고 파티에 참석해도 마음이 공허했다. 에글렌타인은 어떤 유용한 목적을 위해 전념해야 했다.

에글렌타인의 대학 친구들은 에글렌타인이 전과 달라졌다는 사실을 즉시 알아챘다. 에글렌타인은 꼭 차갑다고는 할 수 없지만 집중력이 훨씬 더 커졌고 활발했던 모습은 보이지 않고 차분해졌다. 에글렌타인은 여전히 별다른 노력 없이도 사람들의 이목을 끌었지만 그런 시선을 더 이상 즐기지 않았다. 이제는 종종 혼자서 공부를 하거나 그저 걸으며 시간을 보내곤 했다.

"그럼에도 불구하고 뭔가 약간 신비스럽고 고집스런 면이 계속 친구들의 관심을 끌었어요. 하지만 솔직히 에글렌타인한테는…… 친구가 거의 필요 없었어요."

도로시 켐페는 그런 사실을 깨달았지만, 릴리어스 밀로이는 다음과 같은 말을 했다.

"에글렌타인이 친구를 사귀었다고는 말 못 하겠지만 친구들의 사랑은 기꺼이 받아들였어요. 에글렌타인은 항상 말이 거의 없었죠. 가끔 인정사정없이 굴 때도 있었어요."

자꾸 몰아붙이자 에글렌타인의 충실한 친구인 루스 워즈워스도 비슷한 사실을 인정했다. 에글렌타인은 불행한 사람들이나 다루기 곤란한 사람들에게 늘 친절했지만 무자비하게 모욕을 줄 때도 있었다는 것이다. 갑작스럽게 바뀌어버린 에글렌타인의 모습을 받아들일 수밖에 없었던 밀드러드 프레스턴도 같은 의견을 내놓았다.

"에글렌타인은 속을 알 수 없는 사람이었어요. 아이디어를 얻는다며 이런저런 의견을 재촉하고 그 의견에 대해 곰곰이 생각을 하는 습관이 있었어요. 상대방이 제시한 의견을 충분히 이해한 뒤에는 그 의견의 불합리성과 약점을 찾아내서 상대방에게 그 점을 지적했어요. 자칫하면 우정이 깨질 정도로요. 에글렌타인이 그렇게 따지고 드는 자신의 모습이 어처구니가 없어서 웃음을 터뜨리고 덩달아 상대방도 웃었으니 다행이지 그렇지 않았다면 우정이 지속되지 않았겠죠."

릴리어스는 에글렌타인이 나쁜 뜻으로 그러는 것이 아니라며 에글렌타인을 두둔했다.

"에글렌타인은 근본적으로 마음이 굉장히 여려요."

에글렌타인은 개멀이 죽은 뒤로 인생이 덧없지만 소중하다는 사실을 깨달았다. 또한 언제 깨질지 모를 개인적인 관계에 투자를 하는 것보다는 일반적인 사람들 즉 그들 모두의 생각과 통찰력에 초점을 맞추는 편이 더 낫다는 생각을 하기도 했다. 도로시 켐페는 다음과 같은 사실을 인정했다.

"에글렌타인은 어떤 사사로운 우정에도…… 만족하거나 빠져들지 못했어요."

이와 비슷한 맥락에서 릴리어스는 '개인보다는 전체 인류가 에글렌타인의 상상력에 더 불을 지핀다.'고 생각했다. 그 결과 에글렌타인은 총명함, 아름다움과 더불어 '냉담함'으로 금세 명성을 얻었다. 에글렌타인의 지도교수인 메리 탤봇은 에글렌타인에 대해 두 가지 걱정을 했다. 에글렌타인이 자신을 따르는 친구들에게 너무 많은 영향을 끼치고 있으며, 어쩌면 '은자의 정신세계' 때문에 은둔자가 될지도 모른다고 말이다.

아마 부분적으로는 이런 이유로 2학년이 시작될 즈음에 에글렌타인은 다른 친구들과 함께 레이디마거릿홀의 기숙사에 있는 빈 방으로 거처를 옮기게 되었다. 에글렌타인은 물질적인 가치를 노골적으로 거부하며 카펫을 포함해서 방에 있는 모든 가구를 버렸다. 레이디마거릿홀의 회계 담당자 모드 홀게이트는 그것이 사실은 반갑지 않은 손님들이 오는 것을 차단하려는 의도적인 전략이라고 넌지시 말했다.

"나는 책을 읽고 싶어. 방문객들보다는 윌리엄 3세에게 훨씬 더 관심이 있어. 나는 손님이 오기도 전에 손님한테 싫증이 나."

에글렌타인은 도로시 켐페에게 대놓고 투덜거렸다. 아무튼 그런 노골적인 표현으로 인해 에글렌타인은 레이디마거릿홀에서 금세 유명인사가 되었다. 나중에 에글렌타인의 친구들 중 한 명은 에글렌타인의 그런 표현을 일컬어 '제정신이 아니면 할 수 없는 공격'이라고 했다. 그리고 또 다른 친구는 에글렌타인이 '사회주의자가 되었다'고 말했다. 개멀이 죽은 뒤로 덧없고 불필요해 보이는 것을 보면서 생겨난 에글렌타인의 금욕주의는 헨리 소로우의 유명한 책 『월든』을 읽고 나서 더욱 고취되었다. 에글렌타인은 소박한 생활의 미덕을 찬양하는 『월든』의 내용에 크게 감탄했다.

'릴은 내가 읽으라고 하도 성화를 부리니까 월든을 읽더니 이제는 숲속 오두막에서 살고 싶대. 하인도 가구도 없고, 불필요한 건 두지 않고 살고 싶대. 하지만 비가 올 경우에 대비해서 치마는 두 개 정도 있어야 되겠다고 하네. 사실 나도 릴과 똑같은 생각을 하고 있었어.'

에글렌타인은 도로시 켐페에게 보내는 편지에 그렇게 적었다. 하지만 비평가들은 헨리 소로우에 대해 냉소적으로 평했다.

'헨리 소로우는 소박하기보다는 게으르다. 헨리 소로우를 소박하다고 인정하지 않는 건 헨리 소로우가 늘 사람들의 시선과 존경을 바랐기 때문이다.'

커져가는 도덕적 양심을 대놓고 드러낸 에글렌타인에게도 이와 비슷한 잣대를 댈 수 있을 터였다. 이윽고 에글렌타인은 미적인 이유로 가구를 다시 옮기라는 설득을 받았다. 물질만능주의를 지양하는 공평한 사회에서도 미는 중요한 역할을 하기 때문이었다.

"사치나 지출과 관련된 문제는 정말 어려워."

에글렌타인은 한숨을 내쉬며 말했다.

레이디마거릿홀의 학생들은 모두 목사관이나 더 리스 같은 특권층 가정 출신이었다. 그리고 거의 모두가 에글렌타인처럼 뼛속부터 토리당을 지지하는 가문 출신이었다.

옥스퍼드대학에 다니는 여학생들 대부분은 새로운 사상과 대안 철학에 처음으로 노출되었다. 에글렌타인은 과거를 소중히 여겼지만 과거에 머물고 싶어 하지 않았다. 에글렌타인은 지도교수가 자신의 글을 '18세기' 글이라고 하자 상당히 언짢아했다.

"교수님은 그 말을 칭찬의 뜻으로 했지만 왜 18세기일까?"

에글렌타인은 멈칫하더니 말을 이었다.

"차라리 19세기라고 하는 게 낫겠어. 20세기라고 하면 더 좋고."

에글렌타인은 '봉사할 준비를 하기로' 결심하고 나서 당대의 도덕 철학과 정치 철학, 특히 헨리 시지윅과 알프레드 마셜의 이론을 더 배우기로 했다. 에글렌타인은 어느 휴일에 도로시 켐페에게 자랑스럽게 이런 내용의 편지를 썼다.

'난 시지윅의 『윤리학의 역사』를 원문 그대로 읽고 있어. 그건 내게는 전혀 생소한 주제야. 그래도 그 책을 읽으면서 나 혼자 이런저런 생각을 하니까 마음이 무척 편안해져.'

헨리 시지윅은 제레미 벤담과 존 스튜어트 밀의 공리주의 이론을 발전시켰다. 최대 다수의 최대 행복을 지지하는 그 사상은 에글렌타인의 마음을 강하게 끌었다. 알프레드 마셜은 영국이 농업 사회에서 산업 도시 사회로 변화하면서 일어난 사회 문제와 경제 문제에 관심을 두었다. 이윽고 에글렌타인은 고모 노니에게 정치학이 '인문학 수업 중에서 가장 멋진 분야!'라고 편지를 썼다. 그해 말에는 '정치경제학이 점점 좋아진다.'고 말하기도 했다.

에글렌타인은 대학 행사로 열린 옥스퍼드 사회주의자 창립총회에서 캐논 고어와 헨리 스콧 홀랜드, 윌리엄 모리스가 하는 연설을 들었다. 그 내용은 대학에서 들은 강의를 보완해 주었다. 하지만 에글렌타인은 주변의 문제를 풀어나가려는 노력을 대학 내에서만 하지 않았다. 에글렌타인은 내켜하지 않는 친구들을 가끔 따라가서 옥스퍼드에서 비교적 부유하지 않은 지역을 다니곤 했다. 가령 운하 옆에 있는 골목길을 다니면서 사람들이 부족한 대로 사는 모습을 조용히 보았다. 휴일에는 노동자 계급의 아이들이 다니는 국립학교와 슈롭셔에 있는 '죽어가는 아기들을 위한 형편없는 작은 병원'을 둘러보았다. 그리고 2학년 때 맞이한 부활절 휴가 때는 런던의 베스널그린에 있는 〈대학생 사회 체험의 집〉에서 일주일을 지냈다.

〈대학생 사회 체험의 집〉은 사회적 양심이 있는 대학생들에게 노동자 계층의 주거 지역에서 살며 일할 기회를 제공하기 위해 사들인 집이었다. 그것은 표면적으로는 청년 모임과 직업 훈련 과정을 운영함으로써 실질적인 지원을 하는 것은 물론이고, 그 존재만으로 노동자 계층을 고무하기 위한 것이기도 했다. 처음에는 남학생들이 주도하는 프로젝트였는데, 얼마 후 여자 졸업생들이 그들만의 근거지를 세웠다. 1890년대에는 런던의 〈대학생 사회 체험의 집〉에서 단기간 지내는 것이 옥스퍼드 여학생들 사이에서 유행이 되다시피 했다. 에글렌타인은 런던의 베스널그린에서 노동자 모임을 운영했고, 저녁에는 이스트엔드 공장에 다니는 여자아이들과 춤을 추러 나갔다. 에글렌타인은 베스널그린에서 지낸 시간이 인생에서 가장 행복한 시간이었다고 분명히 말했다. 나중에는 워즈워스에 〈레이디마거릿홀 대학생 사회 체험의 집〉을 세우려는 도로시 켐페의 계획을 지지하기까지 했다. 하지만 정작 〈대학생 사회 체험의 집〉에서 거주하며 하는 일에는 끌리지 않았다. 에글렌타인이 완성한 유일한 사회 소설인 『울타리 The ring Fence』를 보면 그녀에게는 가난이나 〈대학생 사회 체험의 집〉에서 지내며 하는 일에 대해 낭만적인 환상이 전혀 없었다는 걸 알 수 있다. 그 소설 속에 등장하는 에글렌타인 자신의 또 다른 자아이자 여주인공 프리다 존스는 런던 〈대학생 사회 체험의 집〉에서 건강을 해칠 정도로 장시간 일하게 된다. 그리고 '슬럼가를 추하고 음울한 곳'으로 묘사한다.

'그곳에서는 힘들고 단조로운 일에서 행복을 찾으라고 부추긴다. 그것이 얼마나 고통스러운 노력이며 아무 소용없는 노력인가.'

에글렌타인은 프리다의 〈대학생 사회 체험의 집〉 생활에 대해 그런 글을 썼다. 그럼에도 불구하고 에글렌타인은 〈대학생 사회 체험의 집〉 운동에 깊은 인상을 받았고, 1906년 사회 보고서에 이렇게 평했다.

'대학생 사회 체험의 집은 부유한 지식인들의 주거지를 가난한 사람들 속에 마련하고, 이웃으로서 그들과 친밀하고 자연스러운 관계를 형성하도록 하는 발상이다. 이것은 문제의 근원을 파고드는 것이고, 앞으로도 지속되어야 할 이상적인 방안이다.'

에글렌타인은 〈대학생 사회 체험의 집〉을 계기로 '계층 장벽을 허무는' 발상을 하게 되고, 적극적인 사회 참여가 얼마나 중요한지 더 절실히 깨달았다. 그런 깨달음은 훗날 에글렌타인의 사회 철학에 중요한 부분이 되었다.

에글렌타인은 2학년 말에 대학을 그만두고 현실 세계에서 뭔가 실질적인 일에 뛰어들려 했다. 하지만 지도교수들이 학업을 마치라고 설득했다. 에글렌타인은 마지막 해가 서서히 다가오자 화가 나서 도로시 켐페에게 이런 편지를 썼다.

'이제 대학에서는 아무런 희망도 찾을 수 없어. 그래서 신입생들에게 희망을 걸어보려고. 만약 벽난로 선반에 배우들의 사진을 붙여놓고 번존스의 그림에 푹 빠진, 드레스와 티파티를 즐기는 신입생이 여전히 많다면, 다음 학기에는 예배실에 폭탄을 설치하겠어.'

하지만 새로 입학한 신입생의 수는 많지 않았다. 그러자 에글렌타인은 '원대한 이상을 품지 않고 현실에 안주하는' 영국 여자의 속성을 비난했다. 에글렌타인은 일기에 다음과 같이 좌절감을 분출했다.

'사람들은 다양한 유형의 남자들을 좋아하는 것 같다. 남자들은 쓸모가 많으니까. 여자들은 최근까지도 딱 한 가지에만 쓸모가 있었다. 모든 여성의 이상적인 유형은 현모양처였다. 거실의 아담한 장식물이라고나 할까.'

에글렌타인은 자신의 방에서 코코아 파티를 열어 신입생들의 독창적인 생각과 대답을 끌어내려고 최선을 다했다. 하지만 기대가 무너지자 다음과 같은 글을 썼다.

'아무 소득이 없다. 톡톡 튀는 생각이 없다.'

에글렌타인은 실망감을 겉으로 표출하지는 않았지만 그때 느낀 큰 좌절감을 쉽게 떨쳐내지 못했다. 나중에는 자신의 소설 속 인물인 프리다 존스를 그녀의 보수적인 애인의 입을 빌어 그런 남자가 혐오하는 유형의 여자로 묘사했다.

'프리다 존스는 아주 다정하고 조용한 체한다. 그런데 당신은 그 이면에 숨은 프리다 존스의 모습을 잘 알고 있다. 프리다 존스가 성바울 대성당에 폭탄을 들고 가고도 남을 극심한 미치광이라는 사실을.'

그런데도 레이디마거릿홀 예배실에서 에글렌타인을 기념할 수 있도록 한 것은 아이러니한 일이다.

이제 에글렌타인은 정해진 역사 과정에서 벗어나 가난을 둘러싼 문제를 탐구하기 시작했고, 자신의 믿음을 더욱 비평적인 시각으로 살펴보기 시작했다. 특히 믿음과 가난이 만나는 지점을 중심으로 조사를 했다. 그래서 기독교 사회학 회의 같은 행사에 참여했다. 그러고 나서 에글렌타인은 자신이 무지하다는 것을 깨달았고, 그런 깨달음이 유익하다고 생각했다. 에글렌타인은 다양한 기독교 사회주의자 회의에도 갔고, 진상 조사차 처치 캉그리스(국교회의 평신도와 성직자의 연례 모임. – 옮긴이)와 구세군 집회에 가기도 했다. 에글렌타인은 구세군 집회에 대해 '난생 처음 본 가장 특이한 광경'이라고 노골적으로 말했다.

에글렌타인은 교회 집단이나 교리가 조직화되어 있을수록 더욱 흥미를 느끼지 못했다. 타이의 신앙은 에글렌타인보다 더 심각한 고비를 겪고 있었다. 개멀이 죽은 뒤로 타이는 가톨릭 사도 교회를 다녔다. 가톨릭 사도 교회는 제자들이 부활과 예수의 재림이 임박했다고 믿지만 개인의 영성을 존중하기도 하는 작은 종파였다. 타이는 영국 국교회의 의례에서는 찾지 못한 위안을 가톨릭 사도 교회에서 얻었다. 에밀리는 타이의 개종을 '재앙'이라고 말했다. 하지만 지극히 현실적인 릴은 그런 신비주의에 감정적으로 이끌리는 것을 이해했다. 그리고 에글렌타인은 훨씬 더 열린 마음으로 받아들였다. 엄마가 가엾다는 생각이 들어서 대학에서 다음과 같은 편지를 써서 보냈다.

'우리가 공통의 목적지에 이르기 위해 꼭 같은 길을 걸어야 할 필요는 없는 것 같아요. 엄마가 새로운 종교에서 위안을 찾으셨다니 저는 아주 기뻐요. 그것을 통해 엄마가 큰 평화를 얻기를 바라요.'

얼마 지나지 않아 에글렌타인은 신비주의에 굉장히 매료되었다. 사람들이 영적 진실을 바로 깨닫고 신과 개인적인 관계를 맺는 유동적인 사상에 끌렸다. 그래서 에글렌타인은 기독교 해외 선교에 관한 대학의 강의를 듣지 않았다. 대신 신비주의의 관점과 실천을 중심으로 다른 여러 종교에 대해 공부를 했다. 그러려면 베다(고대 인도의 신화를 집대성한 힌두교의 성전. – 옮긴이)를 자세히 공부해야 했다. 베다는 불교와 자이나교, 시크교에도 영향을 미친 힌두교의 주요 경전이었다. 또한 베다는 그리스 스토아 학파의 철학자 에픽테토스의 철학과 17세기 독일의 신비주의자 야코프 뵈메의 예지력에도 스며들었다. 이윽고 에글렌타인은 이 세상 사람들이 영적으로 하나라는 생각을 하기 시작했다. 에글렌타인은 1897년 10월의 휴가 기간에 도로시 켐페에게 다음과 같은 편지를 썼다.

'세상이 온통 황금빛으로 춤을 추고 있어. 나는 그 광경을 보고 혼란스러웠고 꿈속에 있는 듯 몽롱해졌지. 길을 걷다가 어디로 꺾어져도 곧장 무한한 존재와 이어질 것 같았어! 모든 것이 바뀌었어.'

나중에 에글렌타인은 영적 깨달음에 대한 초월적 경험을 다음과 같이 설명했다.

'캄캄한 작은 방에서 들어올려져 어떤 광활한 공간에 놓이는 기분…… 장애물 같은 개인의 한계가…… 무너져…… 인류와…… 인류의 신비한 힘과 합일이 되고…….'

에글렌타인은 남동생을 잃은 슬픔을 여전히 떨쳐내지 못하고 있었는데, 세상과 인간이 영적으로 하나라는 사상은 굉장히 위로가 되었다. 그 사상은 또한 큰 해방감을 주었다. 에글렌타인은 늘 계층과 성 차별로 마음이 불편했다. 그러한 '개인의 한계'가 일시적인 제약일 뿐이고 훗날 오게 될 영적인 삶에서는 존재하지 않거나 아무 상관이 없을 것이라는 사상은 에글렌타인의 심금을 깊이 울렸다.

에글렌타인은 지도교수들의 조언을 듣지 않고 마지막 학기의 특별 주제로 인도를 선택했다.

'세계사는…… 한 나라의 역사보다 훨씬 더 흥미롭다. 게다가 전체 역사를 알면 각 나라의 개별 역사를 훨씬 더 상세하게 알 수 있다.'

에글렌타인은 비록 인도에 갈 기회는 얻지 못했지만 1897년 12월에 번과 타이의 후원으로 유럽 대륙 순회여행(17세기 중반부터 19세기 초반까지 유럽, 특히 영국 상류층 자제들 사이에서 유행한 유럽 여행. -옮긴이)을 하던 딕과 함께 이집트로 몇 주 동안 여행을 갔다. 에글렌타인은 갑갑한 대학 생활에서 벗어나 카이로 주변에 펼쳐진 광활한 사막을 바라보면서 날아갈 듯한 기분을 느꼈다.

'오 하늘이여, 밖으로 걸어 나와 하늘로 들어가는 기분이 든다. 나와 알제(알제리의 수도. -옮긴이) 사이에 다른 건 아무것도 없고 오직 하늘

이 있을 뿐이다.'

에글렌타인은 도취된 나머지 위와 같은 글을 썼다. 피라미드와 '반은 냉소적이고 반은 다정하면서 굉장히 의기양양한 미소를 띤' 스핑크스 역시 에글렌타인에게 굉장한 인상을 남겼다. 에글렌타인은 매력적인 가이드 한 명에게 이성적으로 상당히 끌리기도 했다.

에글렌타인은 '인류가 하나'라고 생각했지만 막상 현실은 달랐다. 그런 한계는 이집트를 여행하면서 명확히 드러났다. 에글렌타인은 부유한 여행객이었으므로 에글렌타인의 말을 빌리자면 '원주민들…… 갈색 피부의 종족들이 주위에 마구 모여들어 자기네들 물건을 팔아달라고 하고 팁을 달라고 아우성쳤다'. 그런 현지인들에게 에글렌타인이 보인 반응에서 한계가 드러났다. 물론 에글렌타인은 전에 영국 밖으로 여행을 한 적이 한 번도 없었으므로 카이로의 넓은 지역들을 다니다가 귀찮고 시끌벅적한 분위기에 준비가 되어 있을 성 싶지는 않다. 그리고 에글렌타인의 언어와 태도는 지금 들으면 거북하겠지만 그 당시에는 꽤 일반적인 것이었다.

하지만 빅토리아 시대 후반의 여행객들이 전부 다 그렇게 정신없다는 반응을 보인 건 아니었다. 거트루드 벨 역시 1897년에 이집트를 방문했다. 그리고 에글렌타인처럼 이집트의 경치와 고대 역사, '흰색 옷과 검은색 망토를 걸친 아랍인들'에게 매료되었다. 거트루드 벨의 이야기를 보면 아주 명백하게 인종차별주의적인 발언은 없었던 것 같다.

이집트의 역사와 더위, 그리고 에너지 모두가 에글렌타인에게 남긴 인상은 오래도록 지워지지 않았다. 에글레타인은 여행을 버거워했고,

조용하고 차분한 슈롭셔로 돌아오고 나서야 마음을 놓았다. 나중에 인도와 페르시아, 중국을 방문할 계획을 세우기는 했지만 유럽 밖으로 다시 여행을 갈 기회는 결코 주어지지 않았다.

에글렌타인은 1898년에 2등급 우등 학위를 받고 옥스퍼드를 졸업했다. 자신의 성적에 실망했지만 냉정하게 생각하기로 했다. 역사 우등 코스의 정해진 강좌를 계속 들었다면 아마 더 잘했을 터였다. 하지만 책을 읽겠다는 선택을 한 것에 대해서는 후회하지 않았다. 단순히 좋은 성적만을 위해 공부하는 것보다는 자신의 소양을 쌓는 것이 더 중요했기 때문이었다. 그래서 에글렌타인은 다음과 같은 말로 종종 시험을 비웃었다.

"시험을 보고 나서 마음이 괴로운 건 당연한 것 같아. 왜냐하면 시험은 원래 그런 거니까."

늘 친구의 장점만을 보는 루스 워즈워스는 나중에 이렇게 말했다.

"에글렌타인은 실용주의를 지향한 이상주의자였어요. 배움을 통해서 살아갈 힘을 얻으려고 하지 않는 모든 것을 경멸했거든요."

옥스퍼드는 에글렌타인을 그리워할 터였다. 레이디마거릿홀의 회계 담당자인 모드 홀게이트는 타이에게 다음과 같이 말했다.

"에글렌타인을 떠나보내는 것은 이곳에 있는 우리에게는 아주 큰 손실이에요. 개인적으로 저에게도 그래요……. 에글렌타인처럼 흥미롭고 함께 있으면 기분이 상쾌해지는 사람은 없으니까요. 에글렌타인의 됨됨이를 알게 되면 깊은 정이 들지 않을 수가 없지요."

하지만 몇 년 동안의 대학 생활을 돌아보면서 에글렌타인은 생각이 복잡했다. 어떤 면에서 대학 생활은 멋진 안식 기간이었다. '원 없이 책을 읽을 수 있는, 더없이 행복한 책의 낙원'이었다. 그러나 막상 졸업을 하니 옥스퍼드에서 받은 교육으로 무슨 일을 할 수 있을지 확신이 서지 않았다. 에글렌타인은 개멀과의 약속대로 이제부터 사회에 직접 헌신하고 싶은 열의에 차 있었다. 하지만 특정한 자격을 가지고 있지도, 금방 취직을 하지도 못해서 좌절한 상태였다. 한동안 낙담을 하기도 하고 세상과 자신에게 화가 나기도 했다.

하지만 에글렌타인은 하나님의 계획이 간혹 아무리 모호해 보일지라도 개멀의 죽음을 떠올리며 그 계획에 믿음을 잃지 않았다. 에글렌타인은 '같은 인간에게 기꺼이 봉사를 하려고 하는 자에게는 하늘이 수단과 기회를 줄 것이다.' 라고 믿으며 마음을 다잡았다.

에글렌타인은 잠깐 이런저런 일을 했다. '목가적인 낙원에서' 타이와 함께 화단 여기저기를 거닐고, 건초 베는 법을 배우고, 릴을 도와 낙농 일을 했다. 혼자 호수에서 배를 타기도 했다. '시간을 허비하는 아주 호화로운 방법'이었다. 얼마 뒤에 에글렌타인은 능숙하지는 않지만 힘든 일을 열심히 할 터였다. 그때까지 에글렌타인은 영감이 떠오르기를 즐거운 마음으로 기다리기로 결심했다. 그러한 결심은 에글렌타인이 1898년에 쓴 시 「대답」에 적혀 있다.

> 골치 아픈 질문은 모두 미뤄두자
> 인간이 아무리 생각을 해도 떠오르지 않는 답을
> 굳이 알려고 하지 말자

나는 잿빛 바다 위로 부드럽게 반짝이며

말없이 그 답을 내게 가져다주는

불빛을 보고 싶다

맞든 틀리든 질문에 대해 휴전

이것은 언젠가 드러날 진실을 위한 것

조용히 귀를 기울이고 앉아

산울타리 사이사이로 어스름이 깔리는 것을 느끼며

오늘 밤 하나님이 들려주실 수도 있는

답에 귀를 기울여보자

4

모성애 시험하기

1898 ~ 1900

나는 아이들을 좋아하지 않는다.
에글렌타인 젭, 1900년

둘째 딸이 태어난 지 6개월이 되었을 때 나는 누가 봐도 좋은 엄마는 아니었다. 나는 내 아이들을 열렬히 사랑하고, 자랑스러워했지만 하루 종일 집에서 아이를 키우는 일은 그다지 즐겁지 않았다. 욕구 불만이 점점 커졌다. 딸들이 드디어 2층에서 잠을 자고, 나는 깨어서 딸들의 사진을 바라볼 때가 내가 딸들에게 가장 큰 애정을 느끼는 시간이 아닌가 하는 생각이 가끔 들었다. 딸들이 아래층에 있으면 어느 새 딸들에게 낮잠을 재우려 수를 쓰는 내 모습을 종종 발견하곤 했다. 몇 시간 동안 에글렌타인에 관한 책을 읽고 싶어서였다. 아기가 태어난 지 2주 하고도 이틀 되었을 때 우리는 첫 외출을 했다. 나는 아기 띠를 메고 런던을 가로질러 여자도서관으로 갔다. 기록보관소 도서관에서 에글렌타인을 응시하는 일, 그것은 나의 설렘이자 기쁨이었다. 하지만 그것이 내 생활에 실질적으로 어떤 도움이 되는 건 분명 아닐 터였다. 나는 영국 국립도서관에서 도서 대출증을 신청했다. 내 아이들이 아주 어리고 엄마의 사랑과 관심을 한창 받아야 하는 시기에 왜 나는 또 다른 여자의 삶에 대해 조사하며 시간을 보내려 한 걸까? 정작 내 아이는 제대로 챙겨주지 못하면서 어린이 복지를 위해 싸운 여자의 삶에 대해 알려고 하다니 이 얼마나 모순인가? 그리고 그렇게 많은 아이들에게 그토록 많은 것을 해주려고 했던 에글렌타인은 왜 자녀를 두지 않은 걸까? 에글렌타인은 아이들을 사랑한 걸까 아니면 그 반대일까? 에글렌타인은 아이들을 위해 살려고 했던 걸까 아니면 그냥 지식 차원에서 아이들에 대해 알려고 했던 걸까? 멀찌감치 떨어져 아이들을 사랑한다는 건 어떤 의미일까?

에글렌타인은 1899년에 매일 아이들을 상대하는 일을 하기 시작했다. 노동자 계층의 여학생들이 다니는 가난한 학교에서 아이들을 가르치게 된 것이다. 평범한 선택은 아니었지만 에글렌타인과 같은 계층과 배경을 가진 여자가 그런 일을 하는 건 드문 일은 아니었다. 1870년에 초등교육 관련 법령이 제정된 이후로 초등교육을 받는 아이들이 급속히 늘었다. 잉글랜드와 웨일스에서 5세에서 13세 사이의 모든 아이들이 학교 교육을 받을 수 있는 체계를 정한 법령이었다. 새 학교가 설립되고, 점차 많은 여성들이 인건비가 싼 교사로 고용되었다. 에글렌타인의 아버지 아서는 교육 법령에 의해 설립된 새 기숙학교의 장학사로 임명되었다. 그래서 에글렌타인은 그 체계의 장점과 애로 사항을 아주 잘 알았다. 1880년 이후로 12세까지의 아이들은 학교에 다니는 것이 의무가 되었다. 미혼 여성들에게는 새로운 직업을 얻을 수 있는 기회였다. 그녀들은 자신과 같은 계층의 여학생들을 가르쳤다. 고위층의 여성들에게 교사라는 일은 여전히 모성애를 발휘하는 봉사활동으로 간주되었다. 그러니까 그것은 상류층과 중산층 여성들의 타고난 양육 능력과 도덕적 감성을 상대적으로 더 운이 좋지 않은 계층으로 전하는 일이었다. 말하자면 예전에 했던 '사회적 어머니 역할'의 유물이었다. 어머니로서의 책임을 가정으로만 국한하는 것이 아니라 사회적으로 더욱 확산해야 한다는 주장은 미혼 여성들에게 시민으로서 독립하고 권한을 얻을 수 있는 길이 돼주었다. 에글렌타인은 어떤 의도로 교사가 되기로 결심한 걸까? '아이들을 구할' 구상을 짜놓고 자신의 사회적 충동은 물론이고 모성애적 충동을 실험하려고 한 걸까?

에글렌타인은 1895년에 타이에게 조심스럽게 다음과 같은 편지를 썼다.

'지난번에 엄마를 뵌 이후로 앞으로 어떤 일을 할지 마음을 정했어요. 그러니까 전 국립학교 교사가 되고 싶어요. 그 일이 하고 싶기도 하고 저에게 맞을 것도 같아요.'

아마 에글렌타인이 교육에 관심을 갖게 된 건 부모의 영향이 컸을 것이다. 어릴 때 어머니가 가내 공예를 통해서 가난한 가족들이 직업 훈련을 받고 먹고 살 길을 마련해 주고, 아버지가 장학사로서 한 역할을 직접 보면서 컸기 때문이다. 아무튼 에글렌타인이 처음으로 교사가 되겠다는 계획을 품은 것은 레이디마거릿홀에 간 직후였다. 그 계획이 바꿔기도 했지만, 에글렌타인은 몇 년 동안 대학을 다니는 내내 교육 이론에 적극적으로 관심을 보였다.

에글렌타인은 1897년에 다음과 같이 골똘히 생각을 했다.

'교육에 관한 아리스토텔레스의 이론이 굉장히 흥미로워. 진작 깨달았어야 했는데 이제야 깨닫다니. 아테네 사람들은 아이들을 마치 인격을 요리하듯 교육시켰어. 우리의 교육 체계에서 인격의 형성은…… 간접적인 목적에 불과해.'

이윽고 에글렌타인은 국립학교 교육에 대해 혁신적인 방안을 내놓았다. 인격 형성을 중요하게 생각하는 '아테네인들의' 교육관을 채택하고, 책으로만 지식을 습득하는 것이 아니라 실습을 병행하는 그녀 자신만의 방안을 몇 가지 추가했다.

에글렌타인은 1898년에 도로시 켐페에게 편지를 썼다.

'교육에 관한 내 생각이 좋은 호응을 얻을 것 같아.'

사실 그 무렵 많은 신자유주의자(정부 간섭을 최소화하자는 자유주의의 단점을 보완하여 사회복지의 측면을 강화하자는 이론을 지지하는 사람. - 옮긴이)들은 여러 정치 철학가들 중에서도 아리스토텔레스에게 주목하고 있었다. 교육과 시민의식에 대한 영감을 얻기 위해서였다. 그러니까 에글렌타인은 무의식적으로 정치적 시대정신에 발맞춰 가고 있는 셈이었다.

교육에 대한 토론은 1890년대에 활발히 진행되었다. 선거권의 확대, 그리고 국제무역에서 영국의 지위가 기울어가고 있다는 우려 그 두 가지가 토론을 부채질했다. 대중 교육은 놀랄 정도로 논란을 불러일으켰다. 현명하게 투표를 하고 지혜롭게 일하기 위해 시민이 교육을 받아야 한다고 주장하는 사람들이 있는가 하면, 교육을 받은 노동자 계층이 삶에 만족하지 못하고 더욱 반발할 것이라고 걱정하는 사람들도 있었다.

에글렌타인의 삼촌 리처드는 저명한 케임브리지 고전학 학자이자 보수당 하원의원으로서 이 공개적인 토론에 뛰어들어 열변을 토했다. 리처드는 초등교육과 중등교육의 확대를 지지하고 교사를 교육해야 할 필요성을 강조했다. 무엇보다도 리처드는 인간성의 함양을 지지했고, 그런 교육을 통해 '정신의 지평선을 확장하여 훌륭한 시민의 자질을 양성할 수 있다.'고 주장했다. 에글렌타인은 시민의 자질이라는 말에 크게 공감을 했지만 그 주장에 대해서는 중립적인 태도를 취했다. 에글렌타인은 타이처럼 교육이 무엇보다도 '실용적이고 능동적'이어야 하고, 육체 노동이 문학과 고전학 못지않게 존중되어야 한다고 믿었다.

에글렌타인은 문학과 학업에 노력을 기울여 왔지만 그럼에도 불구하고 그녀가 그토록 열망했던, 글을 쓰며 살아가는 삶이 정당화될 수 없다는 것을 잘 알았다. 그리고 학업이 끝나갈 무렵에는 에글렌타인 역시 어떤 '실용적이고 적극적인' 일을 해야 한다는 것을 깨달았다. 에글렌타인은 옥스퍼드에서 계급 차별과 사회적 불평등에 대한 혐오감이 점점 커졌고 사회적으로 가치 있는 삶을 살겠다고 결심을 했다. 그래서 에글렌타인은 샬럿 토인비에게 이끌렸다. 루스 워즈워스는 샬럿 토인비를 '옥스퍼드에서 사실상 가장 훌륭하고 현명한 사회사업가 중 한 명'이라고 설명했다. 샬럿은 이제는 고인이 된 아놀드 토인비의 아내였다. 옥스퍼드대학 베일리얼칼리지의 경제학 강사였던 아놀드 토인비는 사회 계층을 통합하는 것이 가치가 있다고 믿었고, 그러한 믿음은 〈대학생 사회 체험의 집〉 운동을 부추겼다. 샬럿은 남편이 겨우 서른한 살의 나이에 죽은 뒤에, 그리고 에글렌타인이 옥스퍼드에 오기 3년 전에 두 가지 프로젝트에 몸을 던졌다. 그 두 가지는 바로 레이디마거릿홀의 재정 관리와 국립학교 아이들의 복지였다. 루스 워즈워스는 다음과 같은 기억을 떠올렸다.

"샬럿 부인의 늘씬하고 작은 체구는 아침마다 보는 풍경 중 하나였어요. 궂은 날씨에 수수한 옷을 차려 입고 자세는 상당히 뻣뻣하고 꼿꼿했고요. 자신을 위해서는 허투루 돈을 쓰는 분이 아니었어요. 하지만 어느 날 샬럿 부인을 보니 예리한 눈과 단정하게 다문 입에 장난기 어린 미소를 띠고 있어서 전에 알던 엄격한 샬럿 부인이 맞나 내 눈이 의심스럽더군요. 그렇게 뻣뻣한 사람이 에글렌타인의 매력에 넘어가 에글렌타인을 얼마나 살갑게 대했는지 몰라요."

샬럿은 사회 계층을 통합하는 〈대학생 사회 체험의 집〉을 본보기 삼아 좋은 집안 출신의 여성들을 국립학교 교사로 배치하는 것을 지지했다. 그래서 샬럿은 에글렌타인을 데리고 빈민 구제법 학교를 가보기도 하면서 에글렌타인을 격려했다. 교육 이론과 사회 개혁에 관심이 많은 에글렌타인에게 누군가를 가르치는 일은 이상적인 직업으로 보였다.

에글렌타인은 교사가 되려는 계획을 타이에게 계속 납득시켰다.

'국립학교에 여선생이 많이 부족한 상황이에요. 아이들이 여선생과 친밀하게 교감하면서 얻는 것이 많거든요.'

에글렌타인은 조금만 더 설득하면 타이의 허락을 받을 수 있을 것 같앗다. 몇 년 전만 해도 '상류층의 여성들이 그런 교직에 대거 고용되는 것이 유익할 수도 있다'는 생각에 타이가 공공연하게 찬성했기 때문이었다. 하지만 아이들을 가르치는 일이 상호 관계를 바탕으로 한 일이고, 아이들과 함께 일을 하는 것 자체가 매력적일 수도 있다는 생각은 두 사람 중 어느 누구도 거론하지 않았다. 오히려 에글렌타인은 가르치는 일이 아주 쓴 알약이기는 하지만 언젠가 삼켜야 할 약이라고 생각하는 것 같았다. 에글렌타인은 그 일에 대해 결론을 내렸다.

'나는 가르치는 일이 내 마음에 맞고 즐겁기만 할 것이라고는 절대 생각하지 않는다. 하지만 나에게 적합한 일이라고 생각한다.'

에글렌타인은 나중에 사촌 젬에게 '자기가 너무 어리석어서 다른 일은 못 할 거라는 생각이 들어서' 그 일에 뛰어들었다고 말했다.

에글렌타인은 샬럿 토인비의 도움으로 1898년 가을에 매력이 없는 건 분명하지만 진보적인 스톡웰 교원대학에 들어갔다. 에글렌타인은 동료 수습교원들과 자연스럽게 어울리기를 바라는 마음에서 금빛이 나는 붉은 곱슬머리를 묶고 '가장 오래되고 수수한 치마에 초록색 외투를 걸치고' 수줍어하며 대학에 들어갔다. 에글렌타인은 대학의 환경과 새 동료들이 질병을 앓는 모습을 보고 충격을 받았다. 동료 수습교원들은 대부분 하층 중산 계급 출신이었다. 에글렌타인 자신이 상류층의 특권을 누리는 것이 다행스럽게 여겨질 정도였다. 에글렌타인은 더 리스에 돌아와 있는 여동생 도로시에게 다음과 같은 편지를 썼다.

'이곳은 정말 희한해. 마치 거대한 막사 같아. 내 방이 있으니 얼마나 감사한 일이야. 기숙사가 꼭 거대한 벌집 같아. 보기만 해도 소름이 끼

처.'

에글렌타인은 처음에 동료들에 대해 우월의식을 느꼈다. 에글렌타인이 사회적 불평등을 혐오한다는 점을 고려할 때 그것은 놀라운 사실이 아닐 수 없다. 동료들은 에글렌타인이 옥스퍼드대학에서 사귀었던 학우들과는 많이 달랐다. 스톡웰대학에서 학생 잡지가 출간되고 문학 동아리 활동이 아주 활발했지만 에글렌타인은 그 활동에 참여하지 않았다. 에글렌타인은 착잡한 심정으로 다음과 같은 글을 적었다.

'그 여자들은…… 나를 상냥한 바보로만 여긴다. 감히 나를 무시할 수 있는 사람들이 있다는 이 엄청나게 놀라운 사실에 나는 처음으로 충격을 받았다. 하지만 자주 무시를 당하고 보니 그것이 우주의 질서라고 체념하게 되었다.'

이윽고 에글렌타인은 자신의 편견에 대해 되돌아보고 다음의 사실을 인정했다.

'내가 대수롭지 않게 생각했던 이 사람들이 이제 보니 인격이 있고 살아온 역사와 관심 분야가 있을 뿐 아니라 아주 유능하기도 하다. 그들은 내가 말로 표현할 수 없을 정도로 많은 것을 나에게 가르쳐주고 있다.'

그럼에도 불구하고 에글렌타인이 스톡웰대학에서 친구를 거의 사귀지 못한 것은 놀라운 일도 아니었다. 그로부터 몇 주도 안 돼 에글렌타인의 편지에는 과하게 효율적이어서 거의 인간성을 말살시키는 대학의 운영 방식을 한탄하는 내용이 적혔다.

"정말로 조직이 너무 많아서 한번 만들어진 조직은 절대 없어지지 않는 건가 궁금해진다니까요."

에글렌타인이 한숨을 내쉬며 말했다. 여건이 될 때마다 에글렌타인은 대학을 벗어나 친구들과 함께 런던을 답사하고, 일요일마다 교회에 갔다. 그렇지 않을 때는 대학 도서관에 갔다. 에글렌타인은 대학 도서관이 '사람이 거의 없는 적이 많아 정말 훌륭하다'는 사실을 발견하고 다행으로 여겼다.

에글렌타인은 교원 과정을 일 년 정도 밟으라는 제안을 감사히 받아들였다. 보통 교육 과정은 3년이 걸리지만 에글렌타인이 옥스퍼드대학에서 교육을 받았다는 점을 배려한 처사였다. 하지만 부작용도 있었다. 에글렌타인은 낮은 계층의 동료들과는 달리 대학 이외에는 학교에 다닌 경험이 없었고, 그녀가 가르쳐야 할 가사 운영과 바느질, 영양 같은 많은 과목에 대한 지식이 없었다. 그러니 한시도 수업 걱정을 안 할 수가 없었다. 그런 상황에서 에글렌타인이 가르치는 학생 수가 스무 명에서 예순 명으로 늘자 에글렌타인은 수업하는 것을 '고문을 당하는 것'에 비유했다. 긴장한 나머지 에글렌타인은 식욕이 떨어졌고, 이윽고 체중이 줄고 빨리 전염되는 유행성 질병은 전부 걸리기 시작했다. 무엇보다도 실망스러운 것은 가르치는 일에 타고난 재능이 없다는 사실이었다. 에글렌타인은 자신의 수업을 가리켜 '형편없다'고 딱 잘라 말했다. 에글렌타인은 자기연민에 빠져 다음과 같은 글을 썼다.

'어제 수업을 했는데, 학생들이 내 수업이 "아주" 형편없었다고 했다. 인정이라고는 눈곱만큼도 없는, 두뇌가 아주 명석한 보조교사는 내 영혼이 빠져나가 육체만 남을 정도로 나를 비난했다.'

에글렌타인은 스톡웰대학에서 힘겨운 나날을 보냈다.

그러던 어느 날 탈출구가 나타났다. 정부 산하 교육부의 존 고스트 경이 캐서린 배스허스트라는 선구적인 여성 부학장과의 식사 자리에 에글렌타인을 초대한 것이다. 그러고 나서 에글렌타인은 금세 새로운 중학교의 여성 부학장 세 명 중 한 명이 되어 달라는 초청을 받았다. 에글렌타인은 오로지 자신의 사회적 지위 때문에 그런 제안이 들어왔다는 사실을 깨닫고 그 제안을 거절했다. 대신 마음을 추슬러 주어진 일을 '더 잘하기로' 결심했다. 학생들의 상상력을 자극할 창조적인 방법을 찾아볼 생각이었다.

이윽고 에글렌타인은 이야기를 가미하고 런던탑을 방문해가며 역사를 생생하게 가르치기 시작했다. 토끼에 관한 수업을 할 때면 죽은 토끼를 가지고 와서 직접 껍질을 벗기고 해부하는 방법을 가르쳐주었다. 에글렌타인은 또한 어떻게 하면 학생들의 마음을 움직일 수 있는지 파악하기 시작했다. 학생들은 색다른 에글렌타인의 수업 방식에 반응을 보이기 시작했다. 그해 말쯤 되자 많은 학생들이 에글렌타인의 수업에 호응을 했다.

에글렌타인은 자신이 교직에 대해 잘못 생각하고 있었다는 것을 깨달았다. 가르치는 일은 도덕적인 모범을 보이는 일이 아니라 공감을 하고 열정과 노고를 쏟는 일이었다. 에글렌타인은 '초등 교사라는 직업!'이라는 제목이 적힌 팸플릿을 받는 것에 신물이 나서 '초등 교사라는 노역!' 이라는 제목으로 직접 팸플릿을 쓰겠다고 맹세했다.

에글렌타인은 여교사들을 노동자 계층의 학교에 배치하는 것이 가치가 있을까 미심쩍었지만 자신의 미래가 교실에 있다는 것을 확신했다. 그런 생각이 든 것은 '자선을 베풀고 싶어서도' 아니고 '그 일을 아주 좋아해서도' 아니었다. 사실 에글렌타인은 자신이 교직에 재능이 없다는 것을 아주 잘 알았다. 에글렌타인은 다음과 같이 비관적인 글을 썼다.

"처음부터 내 일을 잘할 수는 없을 것 같다. 재능이 없으니 어쩔 수 없다. 아마 몇 년은 그럴 것이다."

에글렌타인은 도로시에게 교사가 자신의 운명이라고 늘 생각했다고 말했다.

"그건 열정이라기보다는 충동에 가까워. 한결같이 그 충동에 따라야 할 것 같은 느낌이 들어. 나는 절대로 거지처럼 받기만 하며 살고 싶지는 않아. 이제 기독교인처럼 베푸는 삶을 살고 싶어. 받기만 하는 건 내 의지와는 상관없이 저절로 되는데, 베푸는 건 아주 불가능할 정도로 어렵다는 게 참 이상해."

에글렌타인은 사회적 책임감이 굉장히 높고 거기에 신앙심까지 깊어서 자신이 선택한 천직을 계속할 수밖에 없었다. 더욱이 계획을 저버리면 두 번 다시 그럴 기회가 생기지 않거나 다시 그 일을 할 용기가 나지 않을까봐 걱정했다. 에글렌타인은 좌절감에 빠져 이런 글을 적었다.

'내 소망은 아주 단순하다. 약소한 일이라도 해서 같은 인간들에게 최소한 내가 해야 할 의무를 이행하는 것이다.'

그 소망에 정작 어린이는 포함되어 있지 않았다.

에글렌타인은 교육이 끝나자 런던 부두와 가장 열악한 도시의 빈민가에 있는 여러 학교에 지원했다. 하지만 실망스럽게도 에글렌타인은 번번이 퇴짜를 맞았다. 여자 교장들은 옥스퍼드대학에서 교육받은 여성이 오래 근무할 확률이 현실적으로 적다고 생각했기 때문이었다. 에글렌타인은 침울해서 이렇게 끄적였다.

'어떻게 하면 사람들이 나에 대해 진지하게 생각할까? 여자 교장이 대놓고 내 면전에서 나를 비웃네.'

마침내 1899년 9월에 에글렌타인의 고모부 제임스가 에글렌타인이 말버러에서 낮은 노동자 계층이 사는 지역에 위치한 세인트피터스여학교에서 교편을 잡을 수 있도록 도와주었다. 제임스는 명망 있는 말버러 칼리지의 수학 교수로 일하다 이제는 은퇴해 5킬로미터 떨어진 오그본에서 살았다. 최근에는 아내를 잃었다.

에글렌타인은 일요일마다 건강이 좋지 않은 고모부를 찾아가 활기를 불어넣곤 했다. 고모부 입장에서는 자유분방한 조카를 눈여겨보기 좋은 시간이기도 했다. 집에서 꽃꽂이를 해야 할 조카가 노동자 계층의 아이들이 다니는 학교에서 일을 하겠다고 했으니 걱정이 되는 것은 당연했다. 편지에는 한 줄도 적혀 있지 않지만 타이와 에글렌타인은 말버러칼리지가 개멀이 3년 전에 기숙사에서 지내며 다녔던 학교라는 사실을 종종 떠올리곤 했을 것이다.

에글렌타인이 말버러에서 살려고 왔을 때 가장 신이 났던 것은 드디어 스물네 살에 자기 집이 생겼다는 사실이었다. 비싸지 않은 작은 집이었지만 늘 갈망했던 혼자만의 시간을 이제야 비로소 즐길 수 있게 되었다. 에글렌타인은 저녁때마다 집에서부터 에이브버리까지 수월하게 자전거를 타고 갈 수 있었다. 주말이면 도로시와 루스, 샬럿 토인비, 그리고 다른 손님들과 함께 멋진 시장이 있는 월트셔다운스를 가로질러 터벅터벅 걸어갈 수도 있었다. 에글렌타인은 여전히 소박한 삶을 추구했고 자신의 월급으로 생활하겠다고 고집을 피워서 삼촌을 화나게 했다. 삼촌이 젊고 매력적인 에글렌타인에게 어울릴 법한 예쁜 새 옷을 사 주었지만 에글렌타인은 받지 않겠다고 거절했다. 어쨌든 에글렌타인은 삼촌이 사주는 예쁜 옷이 전혀 필요하지 않았다. 그도 그럴 것이 에글렌타인은 완전히 자립해서 생활하고 있었기 때문이었다. 새로운 역사 소설을 쓰면서 월트셔의 역사와 고고학에 대해 조사하고, 새로 발견한 자유를 만끽하는 호사를 누리느라 여념이 없었다. 이런 상황에 대해 에글렌타인은 거침없이 이런 표현을 했다.

'달과 홀로 반짝이는 별이 내 친구가 된 것 같다. 다른 사람들은 아무도 없이 우리끼리만 있어서 기쁘다. 아, 그 속에 흐르는 고요의 깊이. 아무 목소리도 들리지 않지만 아주 많은 의미로 가득하다.'

어린이들은 고요와는 거리가 멀다. 에글렌타인이 시끌벅적하고 어수선한 학교 교실에서 오랜 세월을 보내면서 혼자만의 시간을 더욱 간절히 갈망하게 되었는지도 모른다. 하지만 에글렌타인이 런던에서 가르쳤던 학생들과 비교하면 말버러의 학생들은 적어도 '생기가 넘치고 예쁘고…… 착실하고 소박했다.' 에글렌타인은 그 사실을 첫 가을 학기에 알아챘다. 날씨가 좋은 날에는 학교가 일찍 문을 닫았다. 학생들이 블랙베리를 따러 갈 수 있도록 하기 위해서였다. 하지만 날씨가 좋지 않은 날 특히 겨울이 오면 상황이 에글렌타인이 예상했던 것보다 더 나빴다. 교육 환경이 아주 열악했다. 책이나 분필, 바늘이나 연료가 충분하지 않았다. 봄에도 에글렌타인은 추위에 떠는 아이들에게 몇 분에 한 번씩 박수를 치게 하고 발을 구르게 해서 몸에 열이 나게 했다. 에글렌타인은 이렇게 불평을 했다.

'박수를 치는 소리에 교실 지붕이 무너지고, 발을 쿵쿵 구르는 소리에 바닥이 꺼진다.'

에글렌타인은 어린 학생들과 점점 관계가 돈독해지자 그런 환경이 힘들어도 조금이나마 더 잘 견딜 수 있었다.

에글렌타인은 자신의 학급을 감상에 빠지지 않고 인간적인 관심을 갖고 바라보았다. 처음에는 아이들이 '우둔하고 멍청한 얼굴' 혹은 '동물처럼 귀여운 표정으로 불쌍한 얼굴'을 하고 있다고 상당히 냉정하게 묘사했다. 에글렌타인은 아이들의 관심과 재능을 키워주었고, 종종 가정 방문을 했다. 아이들의 집에 가서 끔찍한 생활환경을 보고 격분했다. 그럼에도 아이들이 보이는 애정에는 어리벙벙해지기도 했다. 에글렌타인은 이런 글을 적었다.

'아이들은 종종 내 집 앞에서 기다렸다가 내가 나오면 꺅 소리를 지르고 너무 요란해서 알아들을 수 없는 소리를 내며 내게 달려든다. 그 소리가 마치 먹을 걸 보고 달려드는 돼지들 소리 같다. 아이들은 학교에 가는 동안 내내 나를 보고 환하게 웃는다. 마치 내가 하루 종일 자기들을 괴롭힐 거라는 사실을 모르는 것처럼.'

에글렌타인은 자신의 수업이 부족할까봐 걱정하던 차에 어디에선가 다음과 같은 글을 읽고 위안을 얻었다.

'어떤 선생님이든 성품이 진실하다면 아무리 서툴다고 해도 아이들에

게 심각한 혹은 지속적인 해를 미치는 경우는 없다.'

에글렌타인은 다른 많은 사람을 대할 때처럼 감정에 치우치지 않고 활발하고 유쾌하게 학생들을 대했다. 어쩌면 에글렌타인은 학생들과 감정적인 유대 관계를 맺을 수 없거나 그리고 싶지 않아서 아이들을 하나의 인격체로 더욱 존중했을지도 모른다. 에글렌타인의 사촌 동생들은 나중에 이렇게 말했다.

"에글렌타인은 아이들의 지적 수준에 맞춰 말을 하는 법이 결코 없었어요."

대신 에글렌타인은 아이들이 스스로 생각하게끔 도와주려고 노력했다. 교장 선생님인 미스 풀린은 에글렌타인의 학생들이 시험에서 특별히 우수한 성적을 거두지는 않았지만 '결단력과 기지는 월등하다'고 기록했다. 어쩌면 에글렌타인은 자신이 알고 있는 것보다 더 훌륭한 선생님이었는지도 모른다.

에글렌타인은 어느 정도 감정적인 거리를 유지한 덕택에 자기 학생들을 더 잘 관찰할 수 있었다. 에글렌타인은 어린이의 냉혹함을 다룬 「스펙테이터」의 논설에 매료되었다. 그 논설은 어린이가 냉혹한 이유는 사람이 '어릴 때는 동물적 특성이 강하게 나타나고 나중에야 인간적 특성이 더욱 뚜렷이 발현되기' 때문이라고 주장했다. 에글렌타인은 학생들이 운동장에서 당시 남아프리카에서 벌어진 보어전쟁의 폭력적 장면을 재현하거나 누이와 부모의 죽음에 대해 침착하게 이야기하는 모습을 지켜보고 아이들이 참 몰인정하다고 생각했다. 하지만 그 원인이 다른 데 있다고 보았다. 에글렌타인은 다음과 같은 글을 남겼다.

'어린이는 그 순간의 고통을 느낄 뿐 고통에 대한 기억을 회상하거나 앞으로 올 고통을 예상하지 않는다. 그런 이유 때문에 어떤 아이는 주체할 수 없을 정도로 명랑할 수밖에 없고 고통에 공감하지 못한다. 그래서 아이가 냉혹해 보이는 것이다.'

에글렌타인은 감정적으로 글을 맺었다.

'그 냉혹함에 나는 혀를 내두르지 않을 수 없다.'

에글렌타인은 말버러의 아이들에게 정이 들 수밖에 없었다는 것을 인정하며 다음과 같은 글을 덧붙였다.

'내 아이들에 대한 애정이 점점 커지는 것 같다.'

에글렌타인은 부활절 휴가를 보내면서 활기를 되찾았지만 새 학기가 시작되자 다시 우울해졌다. 에글렌타인은 자신의 심정을 일기에 다음과 같이 적었다.

'내일 학교에 돌아가야 한다는 생각을 하니 몸까지 안 좋아진다. 몸과 마음이 다 아프다.'

교장 선생님의 아내가 에글렌타인에게 병가를 내주고 타이에게 에글렌타인을 걱정하는 편지를 써 보냈다.

'에글렌타인은 참 사랑스러운 여자예요. 순교자에 버금갈 정도로 자기를 희생해가며 일을 하려고 해요. 하지만 평범한 일상을 사는 우리가 봤을 때는 에글렌타인의 건강 때문에 그런 희생정신이 무척 걱정스러워요.'

한편 에글렌타인은 도로시에게 편지를 썼다.

'난 잠시 달아나 있으려고 그동안 앓던 병을 모조리 불러들였어!'

그 뒤에 봄이 왔을 때 에글렌타인은 의욕이 푹 꺾여 있었다. 에글렌타인은 비참한 심정으로 이런 글을 적었다.

'내 일의 가치? 전혀 없어. 그 아이들은 배운 게 아무것도 없어. 그러니까 매일매일 백지 상태가 된다고나 할까. 아이들이 눈앞에 없는 건 감사할 일이지만 다시 볼 수 없다고 생각하면 아쉽기도 해.'

에글렌타인은 가족과 떨어져 지내는 것, 육체적 피로, 교직이 '돌을 깨는 일보다 힘든' 데다 장점보다는 단점이 더 많다는 사실이 너무 벅찼다. 게다가 그런 상황이 평생 계속될 수도 있다고 생각하니 감당하기가 힘들었다.

'생계에 대한 부담과 책임감에서 벗어나고 싶은 욕구가 다시 생겼다.'

에글렌타인은 자신의 일기에 그런 심정을 털어놓았다.

에글렌타인은 번과 함께 조랑말이 끄는 2륜 마차를 타고 화이트호스 계곡과 솔즈베리, 스톤헨지를 답사하며 짧은 휴가를 보냈다. 그러는 동안 고모에게 잔다르크에서부터 다윗에 이르기까지 혼자 양을 지키는 양치기들이 왜 환영을 보는지 알겠다고 말했다. 나중에 에글렌타인은 자신도 그해 봄에 그런 경험을 했다고 적었다.

'내가 힘들어할 때 내 앞에 그리스도의 얼굴이 나타났다.'

에글렌타인의 환영은 아주 소박하게, 말 그대로 그녀의 교실 벽에 걸린 '싸구려 인쇄물'의 형태로 나타났다. 하지만 그것은 에글렌타인에게는 큰 의미가 있는 중요한 사건이었고 절박한 순간에 신으로부터 직접 받은 메시지였다. 이제 에글렌타인은 자신이 신의 일을 하도록 선택받았다고 확신했다. 에글렌타인은 흥분해서 자신의 일기에, 여동생과 몇

몇 친구들에게 보내는 글을 적었다.

'우리가 신을 선택한 것이 아니고, 신이 우리를 선택했다.'

에글렌타인은 깊이 안도하며 신으로부터 부여받은 일이 교직이 아닐 수도 있다는 사실을 이제야 슬슬 받아들일 수 있었다. 그리고 짧은 감사의 시를 썼다.

감사한 마음을 말로 다 표현할 수 없네
그저 아무 말 없이 당신의 왕좌 앞에서 내 마음을 보일 뿐

에글렌타인은 해방감을 느꼈고, 그런 기분은 그 다음 몇 달 동안 점점 커졌다. 7월 말에 에글렌타인은 허심탄회하게 일기를 썼다.

'나는 천성적으로 교사의 자질이 전혀 없다. 아이들을 좋아하지 않고 가르치는 것도 좋아하지 않으니까.'

에글렌타인은 10월경에 교직이 자신이 꼭 해야 할 일은 아니라는 생각을 하기 시작했다. 열네 살 때 가족이 함께 휴가를 보내던 날이 떠올랐다. 에글렌타인은 특별히 놀 거리가 없어서 모래언덕 뒤에 숨어서 학교에서 나오는 아이들을 내려다보며 시간을 보냈다.

'돌이켜 보니 뭐가 재미있다고 불쌍한 작은 아이들을 지켜보았을까. 아이들과 더 친해져야겠다는 끔찍한 생각을 나는 한 번도 한 적이 없었는데……'

결국 12월에 타이가 건강이 나빠지고 있으니 일을 그만두라고 다그쳤을 때 에글렌타인은 아무 반박도 하지 않았다. 열심히 하던 일을 갑자기 저버리는 건 잘못이라는 생각은 여전히 변함없었다. 하지만 그 책임에서 벗어나고 싶기는 했다. 일부분은 어머니의 권유 때문에, 일부분은 새로 깨어난 믿음 때문이었다.

그러나 에글렌타인은 교육에 대한 관심은 절대 잃지 않았다. 그해 봄에 에글렌타인은 논란이 컸던 새로운 교육 법안을 지지했다. 중등교육을 무상으로 모두에게 확대시키자는 법안이었다. 에글렌타인은 2년 뒤에 어린 아일랜드인 사촌 두 명의 개인 교습을 맡게 되었다. 젬과 에글렌타인이라는 아이였는데, 역사와 문학을 가르쳤다.

에글렌타인은 또한 나중에 케임브리지 교육위원회에 소속되어 도시에 있는 학교의 발전을 감독했다. 에글렌타인은 1906년에 교육은 '단지 똑똑한 소수를 위한 것이어서는 안 되며 모든 수업의 수준을 높여야 한다.'고 주장했다. 그런 다음 안타까워하며 이렇게 덧붙였다.

'교사들에게는 특별한 자질이 있어야 한다. 우리는 교사의 자질을 특별한 재능으로 인정해야 한다.'

에글렌타인은 교육을 그 다음 세대에게 적극적인 시민의식을 불어넣는 핵심 수단으로 점점 중요시하기 시작했다. 그리하여 다음과 같은 주장을 했다.

'모든 아이들이 지역사회에 대한 의무를 인지하도록 양육해야 한다.'

결국 교육은 훗날 세이브더칠드런의 중요한 프로그램이 된다. 에글렌타인은 항상 교육에 깊은 관심을 보이기는 했지만 1900년 말에 이르자 자신이 앞으로 할 일은 교직이 아니라고 확신했다.

도로시 켐페는 나중에 다음과 같이 말했다.

"초등학교에서 일하는 것이 괴로울 수밖에 없었죠. 에글렌타인은 아이들을 정말로 이해한다거나 좋아하지 않았으니까요. 만일 에글렌타인이 아이들에게 빠져들 만큼 매력을 느꼈다면 계속 교직에 머물렀을 수도 있죠."

루스도 같은 생각이었다. 그녀는 이렇게 말했다.

"에글렌타인은 정말로 '아이들을 좋아하지는 않았어요.' 보통 모성애가 있는 여자들과는 달랐어요. 에글렌타인은 다정하고 인내심이 있으며 이타적이었어요. 아이들에게 매력적인 선생님이었고 아이들을 행복하게 해주었죠. 하지만 에글렌타인은 아이들과 시간을 보내고 나면 진이 빠졌어요. 에글렌타인은 대체로 아이들이 주위에 없을 때 더 행복해했어요. 만일 에글렌타인이 보통 여자들처럼 아이들 자체를 좋아했더라면 자신의 천직을 찾지 못했을 테죠."

에글렌타인이 '빠져들 정도로 매력을 느낀' 것이 아이들 자체가 아니라는 도로시 켐페의 지적은 옳았다. 에글렌타인은 가르치는 일을 즐기거나 아이들을 직접 돌보는 것을 좋아하지 않았다. 겪어보니 아이들이 시끄럽고 사람을 지치게 하고 스트레스를 주었기 때문이었다. 에글렌타인은 조카들을 돌봐줘야 할 일이 있을 때도 마지못해 돌봐주곤 했다. 십대인 두 사촌을 제외하고 더 어린 친척이나 친구의 아이에게는 거의 관심을 보이지 않았다. 편지에도 그 아이들에 대해서는 거의 언급도 하지 않았다. 또 다른 대학 친구가 회상했다.

"에글렌타인은 아이들에게 매력을 못 느낀 것 같아요. 어떤 아이를 돌볼 때면 지쳐있는 듯한 인상을 받았고, 어떤 아이에 대해서는 혐오스러워 한다는 느낌까지 받았어요."

나중에 에글렌타인과 가장 가까운 조카인 도로시의 딸이 그와 비슷한 이야기를 기억해냈다.

"이모는 '어린이를 좋아하는 사람이' 아니었어요. 이모는 어린아이들을 직접 돌보는 일을 평생 단 한 번도 좋아한 적이 없었어요."

에글렌타인은 자신의 아이를 결코 낳으려 하지 않았고, 그 점에 대해 후회를 하지도 않았을 뿐더러 아예 그런 생각조차 하지 않은 것 같았다.

"모든 아이들이 다 제 아이죠."

교육학자 마거릿 맥밀런은 종종 그렇게 말했지만 자신의 가족이 없어서 가슴 한 구석이 허전하다는 것을 은근히 내비쳤다. 에글렌타인은 마거릿 맥밀런처럼 자신이 가르치거나 함께 일한 아이들에게 자기 자신을 투영하지 않았다. 에글렌타인은 그럴 필요가 전혀 없었다. 에글렌타인은 많은 아이들의 생명을 구하기 위해 자신의 아이를 낳을 기회를 희생한 것이 아니었다. 자신의 가정을 꾸릴 마음이 전혀 없었기 때문이다.

'내가 아이를 좋아하지 않는다는 평판 때문에 아이에 대한 보편적인 인류애에 대해 자꾸 말하게 되는 것 같아.'

에글렌타인은 1919년에 세이브더칠드런을 설립한 뒤에 시큰둥한 어투로 친한 친구에게 그런 내용의 편지를 쓰곤 했다. 에글렌타인은 모성애의 힘을 깨달았고, 그것을 이용해 세이브더칠드런에 대한 지지를 얻어서 꽤 기뻤다. 하지만 에글렌타인이 평생의 천직에 관심과 열정을 보인 것은 다른 동기에서 비롯되었다.

모성애 때문에 에글렌타인이 뜻밖에도 어린이의 옹호자가 된 걸까? 어린이 복지 분야에서 일하는 여자와 어머니, 그리고 그 외 다른 사람들에게는 넘치는 모성애가 동기가 된 걸까? 아니면 모성애는 공공 분야에서 정말로 훌륭한 일을 이루고자 하는 여자라면 무시해야 할 방해 요소일까? 여자들은 19세기 전반에 걸쳐 의식적으로든 무의식적으로든, 그리고 개인적이든 공적이든, 사회활동을 정당화하는 수단으로 모성애를 이용했다.

"아, 가엾은 나의 아들들이여! 크림 반도의 묘지에 내 아들들을 두고 고국으로 오다니 난 참으로 나쁜 엄마로구나."

플로렌스 나이팅게일은 죽어가거나 죽은 영국 군인들에게 정신적인 어머니 역할을 하다가 1857년에 육군성을 개혁하기 위해 스쿠타리에서 돌아올 때 공개적으로 탄식했다.

"같은 엄마로서 여러분에게 이 말을 하고 싶습니다. 어린이를 위한 제 말에 귀를 기울여 주세요."

조세핀 버틀러는 자신의 딸이 집에서 비극적인 사고로 죽은 뒤 1881년에 어린 매춘부들의 복지를 위한 운동을 벌였다.

그런 발언이 진심어린 애정에서 혹은 전략적인 가식에서 나온 것인지는 중요하지 않다. 중요한 것은 모성애로 호소함으로써 도덕적 권위를 얻고 여성들의 공적인 사회활동이 승인되었다는 점이다. 하지만 20세기가 시작되자 가난에 대한 이해와 여성의 권리에 대한 전제가 바뀌기 시작했고, 사회사업이 점점 직업화되었다. 여성들이 새로운 직업을 얻게 되자 어머니라는 사실과 모성애가 사회활동을 가능하게 해주는 다리보다는 장애물로 다시 인식되기 시작했다.

'오로라 리(영국의 시인 엘리자베스 배럿 브라우닝의 서사시 「오로라 리」의 제목이자 여주인공 이름. – 옮긴이)가 사랑한 '열이 나서 아픈 한 명의 아이'보다는 천 명의 아이들이 자기희생적 헌신을 받을 가치가 더 있는 것 같다.'

슬하에 자녀가 없는 베아트리체 웹이 위와 같은 글을 적었다. 특정한 개인의 복지에 중점을 두는 것과 보편적인 복지를 위해 일하는 것, 이 두 가지 중 하나를 선택해야 한다는 것을 암시하는 글이었다.

나는 가족을 돌보기 위해 세이브더칠드런을 그만두었다. 그 당시에는 특정한 내 가족과 그들의 필요와 나의 필요를 우선시하기로 했다. 하지만 얼마 후 아이를 키우는 일만 하다 보면 내가 더 좋은 엄마가 되지 못할 것 같았다. 나는 한창 젊을 때의 에너지와 열정을 아이들과 늘 함께 나누고 싶었다. 다른 한편으로는 가족을 무척 사랑면서도 더 넓은 세상에서 어느 정도는 자기만의 삶을 사는 엄마의 모습을 아이들에게 보여주고 싶기도 했다. 그런데도 자녀를 돌봐야 하는 내 책임에서 잠시 벗어나 에글렌타인이 어린이 복지에 기울인 노력을 조사한다는 것이 아이러니하다는 생각은 떨칠 수가 없었다. 에글렌타인 스스로가 결코 아이를 낳지도 않았고 아이들을 그다지 좋아하지 않았음에도 불구하고 세이브더칠드런이 설립되고 나서 자신의 짧은 인생이 끝날 때까지 세이브더칠드런에 헌신했다는 사실 역시 머릿속에서 떠나지 않았다. 나는 에글렌타인에게 점점 깊이 공감하다가도 이내 시들해졌다. 나와는 달리 에글렌타인은 특정한 것 대신에 보편적인 것을 선택했다. 에글렌타인은 사적으로 잘 아는 어린이가 아니라 사회의 잠재력을 상징하는, 잘 알지 못하는 어린이에게 초점을 맞췄다.

'세상의 미래는 어린이에게 있다.'

에글렌타인은 죽기 전 해에 그런 글을 적었다. 하지만 에글렌타인은 막연히 이 세상의 어린이를 걱정한 것이 아니었다. 살면서 실제로 만난 어린이들의 열악한 현실을 보면서 걱정했다.

'어른은 어느 정도 적응을 할 수 있다. 하지만 어린이는 그냥 발달을 멈춰버린다. 한번 설 곳을 잃어버리면 그 자리를 되찾을 수 있을지 의심스럽다.'

에글렌타인은 심각한 결핍이 어린아이에게 미치는 영향을 눈으로 직접 본 뒤에 위와 같은 글을 적었다. 모성애에서 우러난 연민이 있어야만 그런 인간적인 걱정과 지각을 하는 것은 아니다. 루스는 에글렌타인이 자신의 인생을 어린이에게 바치게 된 것은 어린이에 대한 모성적 사랑보다는 모성적 충동이 부족한 것에 대한 에글렌타인의 죄책감 때문이라고 생각했다.

"에글렌타인이 '죄책감을 느끼고 싶지 않은데 죄책감이 들어서' 아이들에게 빚을 졌다는 생각을 한 것 같아요."

분명한 사실은 엄마 노릇을 할 때도 죄책감을 많이 느낀다는 것이다. 그네를 밀 때나 서재 문을 닫을 때도 그 생각이 내 머릿속에 맴돈다. 그러면서 우리 시대가 직면한 현실에 의문을 품게 된다. 하지만 에글렌타인은 그 의문에 대해 그다지 신경 쓰지 않았을 것 같다. 나중에 에글렌타인이 하는 많은 고민을 보면 모성애나 자신이 모성애가 없다는 사실에 대해 결코 깊이 생각하지 않는 듯 보이기 때문이다. 반면 친구들에 대한 사랑이나 딸로서 의무를 다하는 일에는 마음을 많이 썼다. 20세기 초기에 아내나 어머니로서 살라는 사회적 압박이 여성에게 상당히 컸던 것은 분명하다. 하지만 에글렌타인은 여러 면에서 시대를 앞서가는 여성의 길을 선택했고 만족스러워했다.

에글렌타인은 말버러를 떠난 지 얼마되지 않은 1900년 크리스마스 날에 '평범한' 여자아이들에 관해 가슴 아파하며 글을 적었다. 여전히 약간 냉정하기는 하지만 감동적인 그 글을 보면 에글렌타인이 학생들을 이성적으로만 대하지 않았다는 것을 알 수 있다. 에글렌타인이 학생들에게 느낀 감정은 모성애는 결코 아니었고 인간적인 연민이었다.

에글렌타인은 매티 와일드라는 학생을 행복해질 수 있는 능력이 어마어마한 아이로 기억했다. 친절하고 온화한 매티 와일드는 공작부인으로 태어났으면 딱 어울리는 아이였지만 결국 세탁부로 살다가 '흉측한 쭈그렁 할머니'가 되어 죽을 것 같았다. 매티 와일드는 나중에 출간되지 않은 에글렌타인의 소설에서 제시 와일드로 감동적으로 재탄생한다. 제인 러셀은 '창의력도 상상력도 없지만' 아버지 가게에 있는 책을 읽으며 성장했고 '책에서 지식을 흡수한 것 같았다.' 애니 하웰은 똑똑한 학생이었지만 벌써부터 건강이 좋지 않아 오래 못 살 것 같았다. 에글렌타인은 다음과 같은 편지를 썼다.

'애니, 브리태니커 백과사전을 통독하고 싶다고 했지. 하지만 읽을 시간이 많이 있을까 걱정스럽구나.'

베시 그레이의 어머니는 아이를 낳다가 죽었고, 그 바람에 베시는 어린 남동생과 여동생 다섯 명을 키워야만 했다.

'긴 검은 드레스 속 그녀의 체구는 작았다. 창백한 얼굴과 슬픈 표정, 볼품없는 이목구비, 그리고 앙상한 팔……'

베아트리체 럭은 '결코 똑바로 서지 못했다. 하지만 항상 느긋하게 앉아서 철사 줄이 느슨해진 꼭두각시 인형처럼 주위를 바라보고 있었다.'

마지막으로 헬렌 윌리스에 대해 에글렌타인은 다음과 같이 적었다.

'나는 헬렌이 너무 착해서 이 세상에 없는 게 낫겠다는 생각까지 할 뻔했다. 세상이 헬렌을 망가뜨릴 게 뻔하기 때문이다. 그럴 바엔 차라리 헬렌이 죽었으면 하는 마음이 들었다.'

에글렌타인은 마지막으로 학교에 대한 글을 썼다. 아이들 한 명 한 명을 길가에 있는 꽃에 비유하며 전과는 달리 친근한 단어를 사용해 서문을 적었다.

'정원 화분에 있는 꽃들. 비옥하지 못한 토양에서 전지를 하지 않고 손질하지도 않았으며 보살피지도 않았지만 있는 힘을 다해 꿋꿋이 자라서 이곳에서 풍성하게 꽃을 피웠다. 이리저리 치여서 성장을 방해받았지만 태양을 향해 여기저기로 얼굴을 내밀었다.'

나의 아이들은 그런 식물이었다.
나의 아이들은 이제 더 이상 그런 대우를 받지 않을 것이다!
나는 나의 꽃인 너희를 이 책의 페이지 사이사이에 하나씩 둘 것이다.
너희는 시들지도 죽지도 않을 것이다.

내가 아무리 돌봐줘도 너희의 색은 바랠 것이고 향기는 없어질 것이며 싱싱함은 사라질 것이다.

하지만 나를 위해 너희는 이곳 내 상상의 정원에 살아있을 것이다.

에글렌타인은 그 글과 함께 공책을 덮고 평범한 커튼 리본으로 공책을 묶은 다음 조심스럽게 치웠다.

5

행복한 나날들

1901 ~ 1902

아무리 생각해도
요즘처럼 행복한 적이 없었던 것 같아.
에글렌타인 젭, 1901년

에글렌타인은 의사의 처방도 있었고 타이가 걱정을 하기도 해서 힘든 교직 생활을 그만두고 1901년에 더 리스로 돌아왔다. 더 리스에서 에글렌타인이 푹 쉬면서 몸을 회복시키려 애쓰는 동안 에글렌타인과 타이는 서로 조심스럽게 행동했다. 에글렌타인은 스물다섯 살이었지만 기운이 없었고 깊은 패배감에 젖어 있었다. 타이는 정원에서 책을 읽는 아름다운 딸의 모습을 보고는 에글렌타인을 다음과 같이 묘사했다.

'굴 속의 진주를 보는 듯하다. 키가 크고 피부가 희며 머리카락은 황금빛인 사랑스러운 아가씨. 이상적인 공주의 모습이다. 인간적인 미소가 참으로 매력적이다.'

에글렌타인은 성가신 일도 거의 없고 사랑과 관심이 충만한 분위기

그림 : 에글렌타인과 릴이 말을 타는 장면으로 에글렌타인이 1891년에 고모 노니에게 보낸 편지 여백에 실려 있었다.

에서 지냈다. 하지만 머지 않아 더 리스를 답답하게 느끼기 시작했다. 그럴 때면 집에서 벗어나 탁 트인 슈롭셔의 시골길을 한참 걸었고 '광활한 땅과 하늘' 덕택에 에글렌타인의 기분은 상쾌해졌다. 그해 봄에 에글렌타인은 자매들과 함께 짤막한 휴가를 연이어 다녀왔다. 5월 초에는 릴과 함께 영국 해안에 가서 노를 저으며 배를 탔다. 그리고 그달 말에는 도로시와 함께 라인강 상류의 바이에른에 있는 온천 도시로 갔다. 그곳에서 강을 따라 걷고 야생화가 자라는 야트막한 산에 오르고 교회에 자주 갔다. 드디어 에글렌타인은 아무 책무도 없는 홀가분한 생활을 즐기기 시작했다.

'아무것도 할 필요가 없다고 생각하니 너무 좋아.'

에글렌타인은 도로시 켐페에게 위와 같은 편지글을 쓰고는 자신 없는 어투로 끝에 다음과 같이 덧붙였다.

'인간사가 얽혀 있는 진저리나고 지저분하며 시끄럽고 한심한 세상. 어휴, 두 번 다시 세상 근처에는 얼씬도 하지 않고 세상과 접촉하지도 않고 그 안에 들어갈 일도 없으면 좋겠어. 시끌벅적하고 삐걱대고 사람을 고통스럽게 하는 세상! 사회 조직 안에서 쓸 만한 사람이 되기 위해 부질없는 노력을 할 필요가 없으니 얼마나 좋아!'

딕이 해외여행차 더 리스를 떠나자 타이는 슈롭셔에 남아 있을 이유가 없다고 생각했다. 변화를 주는 것이 자신과 에글렌타인에게 좋다고 결론을 내렸다. 맏딸 에밀리는 이미 결혼을 해서 아일랜드에 살고 있었다. 1897년에 농업 과정을 마친 릴은 그 시험을 치른 최초의 여성이었고 한동안 아주 유능한 농장 관리인으로 일했다. 막내인 도로시는 집에서 멀리 떠나 기숙학교에서 1년을 보내고 있었다. 그해 가을에 뉴넘칼리지에서 사회경제학 공부를 시작할 준비를 하기 위해서였다. 그래서 늘 아낌없는 번의 지원에 힘입어 타이는 집에 세를 놓고 에글렌타인과 함께 케임브리지에 가서 살기로 했다. 케임브리지에 타이가 사랑하는 오빠 리처드 클레이버하우스 젭 경과 가까운 곳에 거처를 마련했다. 번은 더 리스와 그곳의 유령, 그리고 그곳과 관련된 모든 것을 떠나게 되어 슬펐다. 하지만 에글렌타인은 홀가분했다. 에글렌타인은 도로시 켐페에게 은밀히 다음과 같은 편지를 썼다.

'내가 살았던 곳과 이별을 하게 되니까 갑자기 걷잡을 수 없는 기쁨이 밀려들었어. 나는 겉으로는 점잖고 엄숙하게 작별 인사를 하고 있지만 내 발은 요동치는 심장과 함께 금방이라도 춤을 출 기세야. 실패와 어리석음, 실수…… 내가 짊어진 짐 중에서 가장 무거운 그런 부분은 모두 혐오스럽고 감옥 같은 집에 남겨 두었어. 아름다운 세상이 앞에 펼쳐져 있어. 이제 태양과 공기가 내 상처를 치유할 거야.'

더 리스에서 상당히 멋진 유년기를 보낸 사람치고는 거친 표현이기는 했지만 에글렌타인은 과거에 머물지 않고 다시 미래를 향해 하루바삐 나아가고 싶어 했다.

20세기가 시작되는 시점에 케임브리지에 온 것은 굉장히 신선한 변화였다. 잉글랜드에서 케임브리지는 그 어느 지역보다도 안정적이고 뿌리 깊은 전통주의와 활기찬 진보주의가 어우러진 곳이었다. 케임브리지의 진보주의는 자연과학과 엄청나게 발달한 사회과학에 힘입은 것이었다. 타이의 오빠 리처드는 그 도시에서 일어나는 도덕적, 사회적 개혁 토론에 참여하는 여러 저명한 교수 중 하나였다. 리처드는 케임브리지 교수들 가운데 대단히 재미있는 사람이었다. 수줍음을 타는 성격에 '재단사가 내민 청구서를 보고 걸핏하면 깜짝 놀랄 정도로' 허영심이 많았다.

'리처드는 자신의 외모를 꾸미느라 의무를 게을리하는 경향이 있다.'

리처드가 1860년대에 선임연구원으로 일하던 트리니티칼리지의 학장이 그렇게 신랄하게 비판할 정도였다.

하지만 리처드는 학문적으로는 뛰어났다. 엘리트 모임인 '케임브리지 사도회(1820년대에 케임브리지 대학생 열두 명이 지적 탐구를 위해 처음 만든 모임. 이후 토론과 사교 모임으로 존속되고 있음. ─옮긴이)'의 한 명이었으며 서양고전학에서 최고의 명예상을 받았다. 또한 그 시대의 선두적인 그리스어 학자로 국제적인 존경을 얻었으며 대학에서는 그리스어 학과장으로 임명되었다. 1891년에는 그 대학의 보수당 하원의원으로 선출되었다. 리처드는 그 자리를 3선 연임했고 그 덕택에 여성의 고등 교육과 참정권에 대한 지지를 끌어낼 수 있었다. 그 뒤 1900년에 기사 작위를 받았다.

왕립위원회가 1870년대에 교수들에게 결혼할 자유를 준 직후에 리처드는 미국인 망명자인 교양 있고 쾌활한 캐롤라인 슬레머와 결혼했다. 아서 젭은 검은 눈과 적갈색 머리, 붉은 벨벳 같은 목소리의 건강미 넘치는 미인 캐롤라인에 대해 다음과 같은 편지를 쓴 적이 있었다. 타이에게는 정말 눈치 없는 일이었다.

'캐롤라인은 어떤 남자라도 자부심을 가질 만한 여자야. 캐롤라인의

미국적인 정신은 결코 흙이 아니라 바다의 미풍만큼 신선해.'

캐롤라인은 케임브리지 사교계에서 꽤 인기가 높았다. 캐롤라인은 한 번은 다과회에서 다음과 같은 질문을 받은 적이 있었다.

"바로 이 집 안에서 청혼을 하루저녁에 세 번 받았다면서요?"

그 질문에 캐롤라인은 이렇게 대답했다.

"어휴, 그런 일이 가능하겠어요? 그중 두 번은 정원에서였는걸요."

캐롤라인과 리처드는 40년 동안 케임브리지 스프링필드에 있는 그들의 '그림 같은 저택'에서 많은 친구들을 대접했다. 대부분의 친구들은 트리니티칼리지의 선임연구원들이었다. 그중에는 찰스 다윈의 아들인 조지 다윈도 있었다. 조지 다윈의 아내 모드는 캐롤라인의 조카딸이었고, 에글렌타인은 그의 딸 그웬과 마거릿이랑 금세 친구가 되었다. 그들은 또한 벤저민 디즈레일리, 토머스 칼라일 같은 정치가와 사회평론가뿐 아니라 그 시대의 여러 선두적인 예술가와 문학가를 접대했다. 윌리엄 모리스와 로버트 브라우닝, 알프레드 로드 테니슨과 그의 아들 할람, 엘런 테리, 윌리엄 새커리 등이었다. 캐롤라인은 윌리엄 새커리의 소설 『허영의 시장』의 주인공인 베키 샤프를 무척 좋아했다. 자신들의 친구인 어밀리아와 조지 엘리엇보다 훨씬 더 좋아했다. 마크 트웨인과 브렛 하트도 영국을 방문할 때마다 이들 집에 들르곤 했다.

타이와 에글렌타인이 1901년에 도착했을 무렵 리처드와 캐롤라인은 케임브리지 사교계에서 가장 높은 지위에 확실히 자리를 잡은 상태였다. 도로시가 뉴넘칼리지로 공부하러 왔을 때 캐롤라인은 도로시를 보고 감탄했지만 에글렌타인을 보고는 완전히 매료되었다. 캐롤라인에게 아름다운 외모와 지적 능력, 그리고 재치를 갖춘 에글렌타인은 눈부시게 매력적으로 보였고, 그 모습을 보면서 자신의 젊은 시절을 떠올렸을 게 분명하다. 이윽고 캐롤라인은 조카딸 에글렌타인을 품위 있게 확실히 지원해 주었다. 에글렌타인은 신이 나서 다음과 같은 편지를 썼다.

'외숙모가 나한테 얼마나 잘해주시는지 몰라. 말도 빌려 주시고, 감사하게도 아낌없는 지원을 해주셔.'

에글렌타인은 그 보답으로 캐롤라인이 빅토리아 여왕 기념비를 위한 기금을 거두는 일을 도왔다. 빅토리아 여왕은 어떻게 보면 새로운 20세기가 자신과는 어울리지 않는 시대임을 화통하게 인정하듯 1901년 1월에 사망했다. 캐롤라인은 유능한 로비스트였고, 에글렌타인은 고위직에 있는 사람들의 지원을 얻는 방법을 외숙모를 통해 제대로 배웠다. 하지만 처음 해본 모금 활동은 별로 낭만적이지 않았다.

"외숙모가 그러시더라. 내가 서류 더미를 들고 외숙모를 따라 이 집 저 집 들어가니까 마치 주교와 비서가 같이 다니는 것 같다고."

에글렌타인은 모금을 하러 다니던 장면을 도로시 켐페에게 설명해 주었다. 그래도 에글렌타인은 자신이 '희생자들'이라고 명명한 모금 대상자들을 전략적으로 선택한 덕택에 자랑스럽게 이렇게 말할 수 있었다.

"아무도 아직까지는 나를 문전에서 돌려보내지 않았어. 사실 그럴 수도 없지. 그 사람들은…… 전부 트리니티칼리지 선임연구원들의 아내이거나 그렇지 않더라도 트리니티칼리지와 관련이 있었으니까."

타이에게는 도시 변두리에 지은, 이크마홀름이라고 부르는 집이 한 채 있었다. 그 당시에는 조금만 걷거나 자전거를 타면 대학과 마을을 오갈 수 있을 만큼 케임브리지가 작았다. 에글렌타인은 다음과 같은 낭만적인 글을 적었다.

'내 방 창문에서 열한 떼기의 밭이 보여. 이 집은 바람이 만나는 장소라고 할 수 있지.'

이윽고 그 집은 온갖 분야의 예술가와 작가가 만나는 장소가 되었다. 그 덕택에 타이와 에글렌타인은 부와 인연과 문화가 주는 즐거움을 누렸고, 에글렌타인은 다시 한 번 문학에 대해 큰 포부를 품게 되었다. 에글렌타인은 새로운 삶을 열정적으로 받아들였다. 10월경에는 디너파티와 대학 무도회, 소풍, 시 낭송, 그리고 다윈 가족과 케인스 가족, 트리벨리언 가족을 포함해 그 시대에 가장 유명한 남자들과 여자들 몇몇이 참석한 지적 토론을 즐겼다. 이제 에글렌타인은 도로시 켐페에게 다음과 같이 경쾌하게 편지를 썼다.

'아무리 생각해도 요즘처럼 행복한 적이 없었던 것 같아. 내 계획대로 된 게 하나도 없는데 이렇게 행복할 수 있다니 정말 신기해. 이렇게 특별히 하는 일도 없이 호사를 누리는 걸 부끄러워해야 하는 건지 모르겠어. 하지만 그것보다는 다시 친구들과 어울리게 되어서 행복한 것 같아.'

에글렌타인은 케임브리지에 도착한 직후 트리니티칼리지에 다녔고, 그 당시에 겪은 심경의 변화를 날짜별로 기록했다. 에글렌타인은 도로시에게 이렇게 말했다.

'한참 추위에 떨고 있는데 누군가가 와서 따뜻하게 문질러줄 때의 기분 알지. 사람들로 붐비는 허름한 방에서 갑자기 세상이 내 눈 앞에서 휩쓸려 나가는 것처럼 보였어. 나는 다시 한 번 변함없이 강한 삶의 박동을 느꼈어. 또 다시 그런 기분을 느낄 수 있으리라는 생각은 전혀 하지 못했는데 말이야. 정작 당사자는 실패를 했는데 업적을 세우고 성공한 사람들과 함께 있으면서 큰 기쁨을 느끼다니 참 이상한 것 같아. 그런데 정말 그래.'

에글렌타인이 새로운 행복을 발견한 또 다른, 아주 분명한 이유가 있었지만 에글렌타인은 그 부분에 대해서는 말하지 않았다. 3년 전에 에글렌타인의 오빠 딕은 에글렌타인에게 자신의 케임브리지대학 친구를 소개해 주었다. 마커스 사우스웰 딤즈데일이라는 카리스마가 있는 친구였다. 에글렌타인은 그해 5월에 케임브리지 외곽에 있는 들판에서 노란 구륜 앵초를 따려고 마커스와 함께 자전거를 타고 나갔던 적이 있었다. 캐롤라인의 부탁으로 그웬 다윈을 동반한 채였다. 에글렌타인이 집에 보내는 편지에 그 일을 적을 만큼 마커스는 에글렌타인에게 깊은 인상을 남겼다. 하지만 그때 에글렌타인은 겨우 스물두 살이었고, 공부는 끝나가고 있었으며 사회적으로 가치 있는 자신의 천직 찾기에 몰두하고 있었다. 연애에 대해서는 심각하게 생각하지 않았다.

몇 년 전 에글렌타인의 첫 대학 멘토인 메리 탤봇이 결혼을 한 뒤에 대학 생활을 전혀 하지 못하게 되자 에글렌타인은 크게 충격을 받았다. 에글렌타인은 도로시에게 자조적인 멜로드라마 같은 내용의 편지를 썼다.

'미스 탤봇에 관한 슬픈 소문은 사실이었어. 아, 하늘이여! 바다여!

하늘을 나는 새와 초록빛 약초여! 잘 들으시오. 나는 미스 탤봇을 영원히 언제까지나 원망하리니! 왜 미스 탤봇마저 결혼을 했을까? 왜 세상에서 가장 멍청한 남자라는 족속과 결혼을 하고 만 걸까?'

에글렌타인은 '결혼을 하지 않을 만큼' 분별 있는 사람들이 거의 없다는 사실을 개탄하면서 크릭로드에서 함께 사는 친구들과 함께 약혼한 신랑감의 밀랍 인형에 짓궂게 바늘을 꽂았다. 비참하게도 탤봇은 겨우 2년 뒤에 출산을 하다가 죽고 말았다. 에글렌타인은 가까운 미래에 그런 희생을 감수할 계획이 전혀 없었다.

하지만 1901년에는 사정이 전과 판이하게 달라져서 에글렌타인도 장담할 수 없는 처지가 되었다. 그때 에글렌타인은 교직을 포기하고 돌아와 어머니와 살고 있었다. 그런 상황에서 때마침 아직 결혼을 하지 않은 마커스가 더 매력적으로 보이는 건 당연했다.

이제는 존경받는 케임브리지 교수가 된 마커스는 똑똑하고 재치 있고 친절하고 매력적이었다. 그래서 마커스를 아는 모든 사람들은 그를 흠모했다. 마커스는 아직 에글렌타인의 삼촌 리처드처럼 엘리트 학자 축에는 들지 않았지만, 아주 성공적인 학문의 길을 걷고 있었다. 마커스는 이튼학교(영국 이튼에 있는 명문 중등학교. -옮긴이) 장학금을 받고 킹스칼리지를 갔다. 킹스칼리지에서 서양고전학 1등급 학위를 받은 뒤에는 라틴어를 가르쳤다. 당시 라틴어는 그리스어보다 비중이 적은 과목으로 간주되기는 했다.

킹스칼리지는 1861년까지만 해도 이튼학교 졸업생만 받았다. 마커스가 다니던 시기에도 여전히 킹스칼리지는 이튼학교와의 연관성 때문에 케임브리지의 다른 칼리지들과는 구별되었다. 놀랍게도 킹스칼리지에 다니는 이튼 장학생들은 자동으로 학위를 받았다. 그래서 이튼학교 출신 대학생과 다른 대학생 사이에 위화감이 컸다. 마커스는 그런 분위기 속에서 상당히 유연하게 처신을 한 것 같다. 양쪽의 대학생들과 친하게 지냈으니 말이다.

마커스는 마흔 살이 되도록 결혼을 하지 않았다. 다른 케임브리지의 교수들처럼 대학 안에서 살았다. 마커스는 결혼을 하고 가족을 부양하는 것보다 학계에 전념하는 편이 더 행복했다. 에글렌타인은 자신과 같이 책과 공부를 사랑하는 지적인 마커스를 보면서 동질감을 느꼈다. 게다가 마커스는 유머 감각이 있고, 굉장히 낭만적인 영혼을 가진 사람이어서 자신과 잘 통할 것 같았다. 마커스는 에글렌타인과 그녀의 아버지처럼 문학과 역사, 영국의 전원, 그리고 자연의 아름다움에 관심이 컸다. 마커스는 케임브리지 외곽의 곡마곡 언덕을 홀로 거닐며 이러한 관심사와 관련된 상상의 나래를 펼쳤다. 역사 유적지를 답사하거나 지도를 볼 때도 마찬가지였다. 마커스는 잉글랜드의 시골과 '완만한 내리막', '산들바람이 부는 벌판', 그리고 상상력이 풍부한 지성에게 기꺼이 그 비밀을 보여주는 역사의 흔적을 아주 좋아했다.

에글렌타인은 그러한 마커스의 열정을 알아보고 그 열정에 매료되었다. 마커스와 에글렌타인은 둘 다 이후로도 휴일에 산책을 하고 말을 타는 일을 즐겼다. 에글렌타인은 1903년에 이름이 같은 사촌 에글렌타인과 젬을 데리고 여러 번 역사 여행을 갔다. 에글렌타인은 역사 여행을 하면서 사촌들에게 '사라질 위기에 처한 유적지를 돌아다니라고' 부추겼다. 이렇게 에글렌타인은 영국 역사와 지리에 대한 사랑을 또 다른 세대에 불어넣기 시작했다.

마커스는 흥미롭다고 생각한 장소에 관한 에세이를 출간하곤 했다. 에세이에는 상당히 장황한 이야기가 재미있게 담겨 있었다. 마커스는 글을 쓸 때 언어를 구사하는 과정에서 희열을 느꼈다. 마커스는 특히 지명을 좋아했다. 지명의 어원 못지않게 그 다양성과 함축된 의미, 그리고 매력을 즐겼다. 마커스는 다음과 같은 글을 썼다.

'스토트네스트(Stoat Nest : 담비 둥지라는 뜻. -옮긴이)로 가는 표를 산다니 어처구니가 없다! 스토트네스트에 플랫폼과 대기실, 그리고 소화물 취급소가 생기다니 참으로 황당무계하다! 그리고 멈비로드(Mumby Road. Mumby는 다른 아이의 베개에 연달아 얼굴을 맞는 아이를 뜻함. -옮긴이). 이 얼마나 우울한 지명인가!'

에글렌타인은 마커스가 그녀의 이름으로 어떤 시를 지었는지 궁금해했을까? 아무래도 마커스가 에글렌타인에게 그 시에 대해 얘기해서 에글렌타인의 상상력에 불을 지른 것 같기는 하다. 왜냐하면 얼마 뒤에 에글렌타인이 자신의 소설 속 등장인물인 휴 오버포드로 하여금 프리다 존스라는 이름에 대해 열변을 토하게 했기 때문이다. 휴는 에글렌타인의 원고 속에서 다음과 같은 말을 마구 쏟아낸다.

'나는 프리다 존스라는 이름을 쓸 때도 글자의 곡선을 음미하면서 천천히 쓴다. 그리고 다 쓰고 나면 글자를 바라본다. 그러면 글자가 오묘한 분위기를 띤다.'

에글렌타인과 마커스는 언어와 문학에 대한 관심 외에도 다른 많은 공통점이 있었다. 마커스 딤즈데일은 에글렌타인처럼 어린 시절부터 시간과 공간에 대한 낭만적인 사랑이 넘쳤다. 하트퍼드셔주, 에센든에 있는 가족의 사유지에서 나고 자란 덕이었다. 마커스의 1대 조상인 딤즈데일 남작은 제너가 종두로 돌파구를 마련하기 전까지 그 분야에서 선구적인 의사였다. 그는 러시아의 황후 카트린에게 과감하게 천연두 접종을 시험해 성공함으로써 명예와 부를 거머쥐었다. 백 년 뒤 한 사내아이, 마커스는 잔디에서 크리켓을 하거나 농어와 잉어를 잡으려고 연못에 낚싯줄을 던지면서 짜릿한 상상을 했을지도 모른다.

'저 캄캄한 숲속 어딘가에서 우리 조상이 러시아에 여행갈 때 탔던 마차가 누구의 눈에도 띄지 않고, 썩어가고 있을지도 몰라.'

그것은 근거 없는 상상이 아니었다. 딤즈데일 남작의 세 번째 아내는 여행을 아주 좋아했다. 그들 부부는 함께 러시아에서 돌아오면서 그녀가 쓴 멋진 일기뿐 아니라 위대한 러시아의 황후 카트린의 수많은 초상화와 어린 왕자, 공주들의 궁중 의상까지 가져왔다. 마커스는 에글렌타인처럼 품위 있고 모험을 즐기는 가족의 낭만과 유물에 둘러싸여 성장했다.

딤즈데일 가족은 아들들에게 기대가 높고, 지적인 요구가 많았다. 딤즈데일 가에서 마커스는 형 찰스보다도 특별한 사랑을 받는 아들이었다. 운 좋게도 파란 눈에 금발뿐 아니라 명랑한 성격까지 타고난 마커스는 지적 능력마저 뛰어났고 어느 모로 보나 장래가 밝았다. 가문에서 여섯 번째 남작인 그의 아버지는 하는 일이 많고 인맥 좋은 정치가로 다양한 진보적 운동 중에서 참정권 운동을 지지했다. 그의 누이들은 가

죽으로 장정한 앨범에 가족이 유명인과 주고받은 편지를 모아 두었다. 시인이나 소설가 중에는 테니슨과 디킨스, 트롤로프, 윌키 콜린스, 로렌스 알마 타데마, 정치인 중에는 로버트 필의 편지가 특별히 보관되어 있다. 한편 에센든 방명록은 시 구조로 적어야 해서 손님에게 적잖은 부담이 되었다. 마커스의 어린 시절 한 친구는 방명록에 마커스를 놀리는 내용을 적었다.

'마커스는 강가에 눕는 것을 무척 좋아한다. 그곳에 있으면 조용히 생각할 수 있기 때문이다.'

방명록에는 마커스의 누이가 양심적인 대학생인 마커스의 사랑스러운 초상화를 그린 페이지가 있다. 곧 나올 졸업시험 결과를 초조하게 기다리는 마커스의 관심을 다른 곳으로 돌리려는 노력이었다.

덥고 피곤한 나머지 그는 잠에 빠져 든다
연주회와 누이들, 무도회에 지쳐서
그리고 나른한 꿈을 꾼다
꿈에 나온 명단에는 딤즈데일이라는 이름이 빠져 있다
그는 낙제했다고 확신한다

에글렌타인이 마커스의 어떤 점에 끌렸는지는 쉽게 짐작할 수 있다. 에글렌타인이 마커스의 어린 시절 집과 부드러운 양육 방식을 봤더라면 마루쿠스가 어떻게 성장했을지 충분히 알았을 것이다. 장식장은 별난 가족 기념품으로 가득했고, 벽에는 의례적인 초상화와 아주 오래된 무기, 박제된 올빼미와 매가 보관된 상자가 걸려 있었다. 가족이 아들에게 쏟은 기대 못지않게 많았다. 확실히 에글렌타인과 마커스의 가치관은 비슷한 경험을 통해 형성되었다. 두 사람 모두 가족사를 들으며 사회적 연줄, 장서가 풍부한 가문에서 야외활동을 즐기며 자랐다.

무엇보다도 에글렌타인과 마커스는 둘 다 승마에 열정적이었다. 에글렌타인은 타고난 승마인이었다. 말을 타고 탁 트인 시골 벌판을 한참씩 달리곤 했다. 겨우 열다섯 살 때에는 처음으로 사냥을 따라갔다. 에글렌타인이 쓴 가장 감동적이고 개인적인 글은 말에게 바치는 글 중에 있다. '잭에게 고하는 작별 인사'가 특히 그랬다. 잭은 에글렌타인이 열다섯 살 때 상속세를 내기 위해 판, 콥(다리가 짧고 튼튼한 말. ─옮긴이) 종의 말이었다.

> 그 어떤 말과도 비교할 수 없는 나의 말
>
> 잭, 우리는 짧은 시간을 함께 했지
>
> 두 해 여름을 우리는 산들바람을 맞으며 달렸어
>
> 마을 축제 마당을 가로질러서
>
> 두 해 겨울을 우리는 잔디를 박차고 내달렸어
>
> 황량한 목초지를 따라서
>
> 잭, 결국 나에게 남은 건
>
> 밤색 털 뭉치뿐이구나

에글렌타인은 대학을 다니는 동안에도 휴일이 되면 언제나 말을 탔다. 종종 더 리스의 농장에서 일하는 말 중 한 마리를 빌려서 혼자 타기도 했다. 에글렌타인은 들떠서 도로시 켐페에게 이런 편지를 쓴 적도 있다.

'말은 아주 높은 데다 가만히 있는 법이 없어. 그렇다고 말을 올라타는 일이 꼭 힘들기만 한 건 아니야. 우선 대문 앞에 가듯 말을 가까이 데리고 오는 거야. 그런 다음 등자(말을 타고 앉아 두 발로 디디게 되어 있는 물건. ─옮긴이)에 발을 올리고 치마를 모은 다음 몸을 날려 안장에 착지하면 돼. 문제는 말이 그 과정을 순순히 따를지 아닐지의 여부야.'

에글렌타인은 오빠 딕과 함께 날을 잡아서 하루에 64 내지 80킬로미터를 달리곤 했다. 일단 집이 안 보일 정도로 멀어지면 각자 자기 속도대로 달렸다.

"집에 가서 이 얘기는 입 밖으로 꺼내지 않기야."

에글렌타인은 그렇게 주의를 주고는 달리고 싶은 만큼 신나게 달리고 원 없이 산울타리를 뛰어넘었다. 날씨가 어떻든 혼자 말을 타는 에글렌타인의 모습은 아주 멋졌을 것이다. 특히 머리가 나뭇가지에 부딪쳐 모자가 떨어져서 적갈색 머리를 풀어 헤치고 달리는 모습은 감탄을 자아냈을 것이다. 나중에 에글렌타인은 이렇게 말했다.

"모자가 한 오십 개나 떨어지는 한이 있어도 나는 멈출 생각이 없었어. 샴푸 광고에 나오는 아가씨처럼 말을 타는 것 같아서 좀 꺼림칙하기는 했지만."

에글렌타인은 승마가 건강에 좋다고 생각했다. 그래서 얼마 뒤에 다시 말을 타고 케임브리지셔(잉글랜드 동부의 주. 주도는 케임브리지. ─옮긴이)의 시골 지대를 달렸다. 이번에도 어김없이 여기저기에 머리핀이 떨어졌다. 캐롤라인은 친절하게도 자신이 아끼는 우수한 말을 에글렌타인에게 빌려주었다. 하지만 잘 훈련된 그 암말은 마구를 달지 않고 바람을 가르며 달리는 것보다 우아하고 호리호리한 여자를 태우는 데 더 익숙했다. 이윽고 에글렌타인은 직접 에스텔이라는 멋진 말을 큰돈 들여 샀다. 그녀에게는 가장 큰 사치품인 셈이었다. 에스텔의 성격은 두려움을 모르는 에글렌타인의 열정과 잘 맞았다. 에글렌타인은 도로시에게 다음과 같이 자랑을 했다.

"아무리 에스텔이 노상거 수도원의 말처럼 천천히 달리려 해도 한 시간에 16킬로미터 미만은 안 돼. 에스텔이 달리는 속도대로 놔두잖아? 그럼 에스텔은 아주 조용히 자동차만큼 빠르게 질주한다니까!"

에스텔과 함께 달리며 드넓은 벌판을 가르고, 숲과 언덕을 지나가는 것은 에글렌타인에겐 가장 큰 즐거움 중 하나였다. 말을 탄다는 자체도 좋았지만, 걸어가거나 자전거를 타면 갈 수 없는 '낯설지만 기분 좋은 곳, 아주 오래된 평온함이 깃들어 있는' 곳을 새로 발견하는 재미가 있었다. 에스텔을 타고 그런 곳에 가다 보면 에스텔이 '땅에 붙어서 뻗어나가는 살갈퀴, 데이지, 수영, 그리고 불타는 듯 빨간 양귀비 무더기가 얽혀 있는 곳에 빠졌다.' 에글렌타인은 그 경험에서 영감을 얻어 시를 썼다.

에스텔, 에스텔, 동이 튼다
숲과 고원 위로, 들판과 언덕 위로

황금처럼 반짝이는 빛을 비추며 동이 튼다

나의 멋진 말, 나의 말 에스텔

길게 이어진 길이 나에게 손짓하고 있다

언덕이 오라며 나를 부른다

바람 소리가 마치

북 소리처럼 행진하는 소리로 들린다

정오가 되어 조용해질 때

우리는 풀이 높이 자라서 우거지고

클로버 향기를 풍기는 덩굴에 빠지면

길가에서 쉴 것이다

나는 거기에 누워서

갈퀴덩굴이 자라올라

잎이 무성한 미로를 지나는

아주 작은 새의 움직임을

한가롭게 좇는다

    대담하지만 백일몽을 꾸는, 말을 좋아하는 이 낭만적인 여자 에글렌타인을 마커스가 이제 만난 것이었다. 한편 에글렌타인 입장에서는 마커스라는 어울리는 짝을 만난 것이었다. 케임브리지 서쪽의 매딩리 홀에서 오랫동안 혼자서 말을 타고 사냥을 한 마커스 역시 말을 잘 탔다. 이윽고 그들은 정기적으로 함께 말을 타고 나갔다. 에글렌타인은 도로시 켐페에게 은밀한 편지를 썼다.

'승마를 할 때 간혹 여자들이 아무도 안 올 때가 있어. 그럴 때 더 재미있는 거 있지. 어제는 여자들이 한 명도 안 나타나고 남자들만 두 명 있었어. 마커스도 왔지. 마커스가 없으면 재미가 없어. 마커스는 모르는 게 없거든. 산울타리와 산울타리에 난 틈, 거리, 흙의 종류, 배수로, 꽃, 경치, 역사 그리고 마지막으로 앞에 열거한 사실만큼 중요한 게 뭔지 알아? 말에 대한 지식이 풍부하다는 점이야. 마커스를 대적할 상대가 없지. 마커스를 바라보고 있으면 기분이 좋아져.'

하지만 마커스에 대한 에글렌타인의 감정이 점점 깊어졌는지는 확실하지 않다. 에글렌타인은 승마를 할 때 다른 '여자들'이 있어도 그들을 철저히 따돌리고 마커스와 둘만의 시간을 한껏 즐겼다.

'프리다는 마치 주변 환경과 하나가 된 것 같았다.'

에글렌타인은 나중에 마커스와 함께 말을 탄 순간을 프리다와 휴가 등장하는 소설에 녹여냈다.

프리다와 그녀의 말은 하나였다. 프리다는 말의 힘찬 다리가 자신의 몸 아래에서 빠르게 질주하는 움직임을 느끼며 짜릿해했다. 흥분한 말의 맥박이 프리다에게 전해졌고, 프리다가 느끼는 흥분은 말에게 전해졌다. 말의 생명과 프리다의 생명이 누구의 생명이 누구의 것인지 구분할 수 없을 만큼 고동쳤다. 그리고 정면을 응시하는 프리다의 눈은 항상 같은 인물에게 머물러 있었다. 그녀의 시선은 언덕을 오르고 계곡을 내려가며 무모하게 질주하는 남자에게 고정되어 있었다. 모든 광경의 중심에 그 남자가 있었다. 그는 격정적인 기쁨에 휩싸여 있었다.

에글렌타인은 분명 마커스에게 끌리기는 했지만 시간이 지날수록 마음이 불편해졌다. 에글렌타인은 마커스가 자신에게 정식으로 아무런 약속도 하지 않자 자기도 모르게 상처를 받고 있었다. 에글렌타인은 그런 심정을 소설에 반영했다. 프리다가 휴에 관한 꿈을 꾸고 나서 공포에 질려 잠에서 깨는 장면이다.

'프리다는 화가 치밀었다. 휴와 함께 사냥을 갔다 온 이후로 잠을 잘 때나 깨어 있을 때나 점점 휴에 대한 생각에 빠져 드는 자신이 싫었다.'

에글렌타인의 여동생 도로시도 누군가를 만났다. 1897년 여름에 릴이 뉴넘칼리지에서 사귄 친구 빅토리아 벅스턴이 도로시를 레이크 디스트릭트에서 열리는 뉴넘 트리니티 독서파티에 초대했다. 빅토리아의 오빠 찰스 로든 벅스턴(친구들은 찰리라고 부름)도 초대를 받았다. 찰리는 도로시처럼 시에 열정적이었고, 두 사람은 금세 마음이 통했다. 도로시는 꿈을 꾸듯 다음과 같은 편지를 집에 썼다.

'우리는 오후 내내 걸어. 걸음을 내디딜 때마다 워즈워스의 시 한 구절이 떠올라. 특히 아름다운 산의 풍경과 황야를 보고 피가 뜨겁게 끓어오를 때.'

도로시는 '그것이 이상적인 삶'이라고 생각했다.

잘생긴 외모 못지않게 총명한 찰리는 서양고전학에서 1등급 학위를 받았고, 트리니티칼리지 협회의 회장이 되었다. 찰리는 트리니티칼리지 협회에서 타이의 오빠 리처드 젭 밑에서 공부를 했다. 자부심이 강한, 찰리의 여동생 빅토리아의 말에 따르면 찰리는 '자신의 수려한 외모를 돋보일 정장을 입고' 회장직을 수행했다고 한다. 하지만 도로시와 에글렌타인처럼 찰리도 남다른 가족으로부터 강한 사회적 양심을 물려받았다.

찰리는 에섹스에 있는, 다소 호사스러운 벅스턴 가족의 저택 월리스에서 열 명의 형제자매와 함께 성장했다. 그는 토머스 포웰 벅스턴의 증손자였다. 토머스 포웰 벅스턴은 1883년에 영국 식민지의 노예제를 폐지하는 법안을 발의했다. 그의 아내 한나 거니는 엘리자베스 프라이(퀘이커교도 자본가로 교도소를 개혁하고 간호학교를 창설함. - 옮긴이)의 자매였다. 토머스 경은 '사람들 간의 차이, 약한 자와 힘 있는 자, 위대한 사람과 하찮은 사람 간의 큰 차이는 에너지 즉 꺾이지 않는 결의'에 있다고 믿었다. 찰리는 그러한 철학을 마음에 새기고, 가치와 목적이 있는 삶을 살겠다고 결심했다. 찰리는 어릴 때 모든 혜택을 누렸고, 초록색 벨벳 정장을 입고 고양이를 사냥하기도 했다. 하지만 대학생이 되어 〈대학생 사회 체험의 집〉 운동에 감화를 받을 무렵에는 그러한 결심에 부응하는 삶을 살지 않았을까 싶다. 그래서 그의 형제 노엘과 함께 가난한 사람들과 더 가까워지기 위해서 낡은 옷을 입고 '평범한 하숙집'에서 밤을 보내는 모습이 발견되기도 했을 것이다.

찰리는 더 이상 다른 사랑을 갈구하지 않고 도로시에게 만족했던 것 같다. 그러나 마커스는 달랐다. 에글렌타인과 도로시는 서서히 타오르는 그들의 연애에 관해 의견을 주고받았다. 그리고 서로를 위로하며 걱정하면서도 희망을 버리지 않았다.

하지만 1902년에 에글렌타인의 연애는 처참하게 끝나고 말았다. 8월

말의 어느 화창한 날, 마커스는 좋은 집안의 여자와 결혼을 했다. 바로 솔즈베리 대성당 성직자의 딸인 엘스베스 필립스였다. 친구들 모두 두 사람의 결합을 가리켜 '꽤 행복한 결혼'이라고 했다. 도로시만이 에글렌타인이 느낄 충격과 괴로운 심정을 이해했다.

갓 결혼한 딤즈데일 부부가 그 다음해 3월에 올드 그래너리로 이사를 왔다. 올드 그래너리는 방앗간을 개조한, 다윈 가족의 집으로 리처드와 캐롤라인의 집 앞길 건너편에 있었다. 에글렌타인은 두 사람의 집에 가고 싶지 않았지만 피하는 것도 모양새가 이상해서 할 수 없이 방문을 했다. 하지만 막상 행복해하는 그들의 모습을 보자 절망감에 휩싸였다. 에글렌타인은 예의상 잠깐 머문 뒤에 도망치듯 나와 마커스가 사냥을 하곤 하는 매딩리홀 쪽으로 갔다. 머릿속에는 온통 그 지역에 있는 중세의 배수로에 갈 생각으로 가득했다. 하지만 마음속으로는 '만일 그쪽으로 가면 영영 못 돌아올 거라고' 생각했다. 에글렌타인은 몇 시간 동안 그 저지대에서 머뭇거리며 '캄캄해지는 습지'에 슬픔을 묻어버릴까 하는 낭만적인 생각을 하다가 결국 집으로 돌아왔다.

에글렌타인의 편지에는 호기심을 자극하는 사랑 이야기가 서술되어 있다. 하지만 짝사랑이 아니었나 싶다. 그렇지 않다면 어떻게 그런 일이 있을 수 있고, 그 결혼이 에글렌타인에게 왜 그토록 큰 충격이었을까? 남아 있는 모든 증거와는 달리 마커스는 여자들을 좋아하는 남자였을까? 그래서 에글렌타인의 감정을 가지고 놀면서 여러 여자에게 구애를 하며 다른 쪽으로는 신붓감을 찾았던 걸까? 에글렌타인의 감정과 기대, 그리고 큰 실망감이 모두 진심이라는 것은 너무나 명백했다. 나중에 그 일은 조용히 묻힌다. 그 뒤에 남아 있는 어떤 편지나 전기에도 마커스는 직접적으로 언급되지 않았다. 편지는 전기작가에게는 화석이나 다름없다. 거기에서 역사로 남아 있는 감정의 흔적을 찾아볼 수 있기 때문이다. 그런데 그들 사이에 오간 편지도 한 통 없고, 마커스가 에글렌타인에 대해 언급하는 편지도 전혀 남아 있지 않다. 그래서 두 사람의 연애가 얼마나 뜨거웠는지, 에글렌타인이 얼마나 장밋빛 환상에 젖어 있었는지는 알기가 힘들다.

공문서 보관소의 기록을 보면 마커스의 이야기는 상당히 충격적인 결말을 맺는다. 1919년 7월 28일, 우중충하고 흐린 날에 맞춰 마커스는 권총으로 자살을 했다. 당시 마커스는 쉰아홉 살이었고, '정신과 기억도 온전치 못한 데다 분별력이 없는 상태'였다. 「타임스」지는 마커스의 장례식이 사흘 뒤에 에센든에서 치러졌다고 보도했다. 추도식은 케임브리지에 있는 킹스칼리지 예배당에서 거행되었다.

나는 마커스에 대한 의문이 풀리지 않아 곰곰이 생각할 당시에 이사를 하는 중이었다. 결국 케임브리지에서 32킬로미터 떨어진 남쪽으로 이사를 갔다. 어느 날 저녁 그 지역의 태국 식당에서 세이브더칠드런에서 일했던, 근처에 사는 친구와 저녁을 먹었다. 그런데 그 친구가 난데없이 캐서린 딤즈데일이라는 자신의 친구에 대해 말했다. 간혹 나는 내가 정신적으로 에글렌타인을 졸졸 따라다니며 에글렌타인의 집을 들락거리고, 그녀의 물건을 만지고, 그녀의 편지와 감정을 훑어보는 듯한 기분이 든다. 그럴 때는 으스스한 기분이 든다. 하지만 확률이 적은 일이 예기치 않게 일어나면 내가 아니라 '그 영혼들이' 나를 졸졸 따라다닐지도 모른다는 생각이 든다. 그럴 때는 기분이 묘하다.

나는 3주 뒤에 마커스의 손자 니콜라스 딤즈데일과 그의 아내를 만나 저녁 식사를 함께 했다. 그의 사촌인 로버트의 집에서였는데, 허트포드 셔에 있는 낭만적이지만 기이한 시골 저택이었다. 딤즈데일 가족과 함께한 식사는 멋진 경험이었다. 로버트의 아내 프랑수아즈는 우아하면서도 능숙하게 나를 기막히게 멋진 홀로 안내했다. 마호가니 계단과 시계, 장식장, 빅토리아풍의 거대한 인형의 집, 그리고 1911년의 라벨이 붙어 있는, 적어도 세 마리의 수사슴 머리가 꽤 고풍스러웠다. 식당 식탁에는 로버트가 저술하는 그의 선조 배런 딤즈데일 전기에 자료로 쓸 편지와 연대표, 그리고 지도가 높이 쌓여 있었다. 우리는 식탁을 건드리지 않으려고 조심스럽게 지나 거실에서 음료를 마셨다. 거실은 여러 잘생긴 저명한 사람과 러시아 황후 카트린의 초상화들로 둘러싸여 있었다. 집은 굉장히 넓었지만 조상 대대로 이어온 기념품으로 가득했다. 그래서 마치 역사가 그 집을 지탱해주는, 없어서는 안 될 접착제 역할을 하는 듯했다. 초상화가 걸려 있지 않으면 집 전체가 무너질 것 같았다.

그날 저녁 우리는 드레싱을 얹은 아보카도를 먹으며 세기 전환기의 케임브리지에서 일어났던 조울증과 자살에 대해 점잖게 토론을 했다. 그때 나는 문득 이런 생각이 들었다. 에글렌타인은 그런 모임이 있을 거라고는 상상도 못했을 것이다. 백 년 전에 몸이 약한 에글렌타인은 교직을 그만두고 나서 착잡한 심정을 겨우 떨쳐내고 이제 막 자존감을 회복하고 있었다. 그 와중에 마커스의 결혼으로 인해 크게 상심한 나머지 케임브리지 외곽의 질척한 경치를 바라보며 자살을 생각하고 있었다. 그로부터 몇 년 뒤에 마커스는 자신의 서재에 들어가서 혼자 절망감에 휩싸여 권총으로 머리를 쏴서 자살을 하고 말았다. 그리고 두 세대가 지난 뒤에 우리는 이곳에서 그토록 극적으로 풀린 두 인생의 가닥을 오순도순 짜 맞추고 있었다. 한때 넘을 수 없었던 그런 장벽은 시간이 흐르면 저절로 없어지기 마련이었다. 에글렌타인이나 마커스에게 더 많은 시간이 있었다면 어땠을까!

마커스는 1919년에 죽었다. 그때 니콜라스의 아버지 윌프리드는 겨우 열세 살이었다. 윌프리드는 마커스에 대해 거의 언급하지 않았는데 그럴 만도 했다. 대신 가족사진이 마커스가 얼마나 자랑스러운 아버지였는지 보여준다. 가족이 매년 뱀버러의 해변으로 휴가를 갔고, 마커스는 그곳에서 큰딸과 농담을 주고받았다. 마커스가 오버코트 페리에서 중절모를 쓰고 아이들과 함께 장난감 배를 가지고 놀아주는 모습은 근사해 보였고, 바람이 부는 로이스턴히스에서는 네 아이 모두에게 둘러싸여 앉아 있곤 했다. 자녀는 다섯 명이었으나 1912년에 태어난 막내가 3개월 뒤에 결핵에 감염이 된 우유를 마시고 목숨을 잃고 말았다.

니콜라스는 할머니 엘스베스 '엘지' 딤즈데일을 생생히 기억했다. 니콜라스가 내게 말했다.

"할머니는 놀라운 여성이셨어요. 두려움을 모르고 굉장히 똑똑하셨죠. 인맥도 넓고 추진력이 넘치는 적극적인 분이셨어요."

엘지는 인맥이 좋은 필립스 가문 출신이었다. 엘지의 아버지 제임스 에라스무스 필립스 경은 집안의 열두 번째 남작으로 솔즈베리 성당의 성직자였다. 또한 그는 옥스퍼드 운동(1883년 이후 옥스퍼드대학을 중심으로 일어난 영국 국교회의 개혁 운동. - 옮긴이)에 적극적으로 찬동했다. 엘지의 남자 형제 다섯 명 중 세 명이 전부 하원의원이었다. 세 형제가 함께 하원의 출입구를 통과할 때면 사람들은 그 광경을 흥미롭게 바라보았다. 세 형제의 키가 각각 180센티미터를 훌쩍 넘어서 거인처럼 보였으니 그럴 만도 했다. 그들 모두 재미있는 괴짜였지만 자기 분야에서는 성공을 거두었다. 뿐만 아니라 잃어버린 가족의 부동산과 재산을 되찾아 부자가 되고 유명해졌다.

엘지는 아버지 못지않았다. 엘지는 학교 친구들 사이에서 '불사조'로 통할 만큼 우수했다. 그녀는 소머빌에 있는 대학에서 역사를 공부했는데, 상당히 거만한 편이어서 상대방에게 군림하려고 했다. 엘지는 에글렌타인이 입학한 해에 1등급 학위를 받고 옥스퍼드를 졸업했다. 그런 뒤에 케임브리지에서 연구원직에 종사한 최초의 여성이 되었고, 그곳에서 여자대학 클럽을 설립했다. 그 당시 에글렌타인은 교직에서 씨름을 하고 있었다. 나중에 엘지는 보건성에서 일을 했고 자원봉사 활동도 활발히 했다. 1912년에는 막내 아기가 죽자 팝워스 결핵퇴치단, 케임브리지 간호조산협회를 설립했다. 그리고 우유에서 결핵균을 제거하는 운동에 뛰어들었고 그 덕택에 나중에 대영제국 훈작사(특별한 공로가 있는 사람에게 주는 영국의 훈장. - 옮긴이)를 받았다.

마커스는 사회적 양심이 투철한 단호한 여성에게 이끌렸던 것 같다. 어떤 면에서 보면 가만히 당하고 앉아 있기보다는 공격적인 성향의 엘지는 외향적이고 '강하게 밀어붙이는' 성격이라 내향적인 학자인 마커스에게는 좋은 상대로 보이지 않았다. 하지만 아마 마커스가 엘지의 강한 성격에 가장 많이 끌린 게 아닌가 싶다.

마커스는 에글렌타인을 만났을 당시에 몇 년 동안 우울증을 앓고 있었다. 아마 조울증 중에서도 기분이 안 좋은 상태였던 것 같다. 마커스는 이튼과 킹스칼리지에서 일찍이 두각을 나타냈고, 나중에 그러한 사실 때문에 학업이나 사교에 문제가 생겼다. 그 결과 자신감이 떨어진 것은 물론이고 기운도 없었다. 마커스가 저술한 훌륭한 글『리비 Livy』와『라틴 문학의 역사 History of Latin Literature』는 이목을 끌었지만 각각 1912년과 1915년이 되어서야 책으로 출간되었다. 마커스의 대학 친구이자 마커스처럼 조울증을 앓았던 아서 벤슨은 마커스에 대해 '감정의 기복이 있고 아무 이유 없이 낙담하기도 하며 어두운 내면이 겉으로 드러나는 친구'라고 인식했다. 그리하여 자신의 친구가 천성적으로 실패에 민감하게 반응한다고 결론을 내렸다. 마커스는 그런 자신의 성향을 인식했던 게 분명했다. 교직에 실패했다고 자신을 너무 책망한 나머지 건강이 쇠약해지고 감정적으로도 나약한 상태가 된 에글렌타인이 마커스 자신과 너무 흡사해 보였을 것이다. 아마 그런 에글렌타인을 책임질 엄두가 나지 않았던 것 같다.

그래서 마커스는 엘지의 시원시원한 자신감과 한결같이 넘치는 에너지에 이끌렸던 게 분명하다. 마커스와 엘지는 얼마 뒤에 케임브리지의 시골로 이사를 갔다. 언덕 위 정원에서 탁 트인 경치를 감상하며 신선한 공기를 마셨다. 몇 년 동안 가족과 함께 보낸 즐거운 시간이 마커스에게 도움이 된 것 같다. 하지만 그때 마커스의 병은 더 자주 재발하기 시작했다. 조울증이 기복이 심하게 자주 재발해서 결국 견딜 수 없을 지경에 이르렀다. 마커스가 극단적인 선택을 한 지 1년 후 엘지는 그의 개인 문서를 추려서 문집을 출간했다. 제목은 『행복한 나날, 그 외 다른 에세이 Happy Days and Other Essays』였다. 마커스가 이야기하는 행복한 나날은 주로 그의 어린 시절과 혼자 시골을 산책하는 즐거움에 초점이 맞춰져 있었다. 아이러니하게도 승마에 대해서는 조금도 언급되어 있지 않았다.

경제학자 존 메이너드 케인스의 누이이자 케임브리지대학에서 에글렌타인의 절친한 친구가 된 마거릿 케인스는 훗날 이런 말을 했다.

'에글렌타인은 청혼을 여러 번 받았는데 매번 깜짝 놀랐다. 그래서 청혼을 받으면 신경이 쓰여서 청혼받는 걸 거추장스럽게 여겼다.'

에글렌타인은 결코 결혼을 하지 않았다. 그 후에 청혼을 받았다는 기록도 찾을 수 없다. 그 당시에는 누구에게나 운명적으로 정해진 짝이 있으므로 다른 누군가에게 사랑을 주는 건 도덕적으로 옳지 않다는 낭만적인 생각이 꽤 유행했다. 아마 낭만주의자였던 에글렌타인은 마커스가 자신의 유일한 사랑이라고 믿고 한동안 다른 남자는 생각도 하지 않았을 것이다. 에글렌타인은 나중에 마커스를 어렵게 기억 속에 깊이 묻었다. 어쩌면 에글렌타인은 마커스만큼 마음이 가는 남자를 결코 못 만났을지도 모른다. 아무튼 에글렌타인이 독신으로 남은 데는 다른 더 결정적인 이유가 있었다.

1900년대 초에는 여전히 결혼을 통해 얻는 이점이 분명히 있었다. 재정적 안정을 얻고 가족이 생기는 것도 결코 무시할 수 없는 이점이었다. 하지만 그 어떤 이점도 에글렌타인의 관심을 끌지는 못했다. 에글렌타인은 씀씀이가 소박했을 뿐 아니라 취미를 충분히 즐길 수 있는 가족 수입까지 있었다. 자녀를 낳고 싶은 생각도 없었다. 빅토리아 여왕은 자신의 맏딸에게 '결혼을 하면 다른 무엇으로도 얻을 수 없는 자리가 생긴다.'고 조언을 했다. 하지만 그런 믿음은 오래전부터 깨지기 시작했다. 이제 상류층 여성들은 더 높은 교육을 받을 수 있고, 훌륭한 자원봉사와 보수가 있는 일을 할 수 있었다. 특히 학교와 병원, 그리고 사회 공공복지 같은 민간 분야에서 그러한 현상이 두드러졌다. 에글렌타인의 외숙모 캐롤라인은 1879년에도 다음과 같은 사실에 주목했다.

'지난 십 년 동안 여성들의 교육에 뚜렷한 변화가 나타나고 있다. 그에 따라 여성들에게 온갖 기회가 열리고 마련되었다. 그러자 여성들이 남편감을 찾는 일에 반감을 느끼고 금전이나 직업을 보장하는 온갖 종류의 일에 뛰어들고 있다.'

에글렌타인의 삼촌 리처드가 아는 사람의 가족인 엘리자베스 개릿 앤더슨과 뉴넘칼리지에서 도로시를 가르친 베아트리체 웹, 제인 해리슨 같은 여성들은 예전에는 남성이 독차지하고 있던 세계 즉, 병원 개업과 사회 공공 정책, 그리고 서양고전학 분야에 진출했다. 성격이 쾌활하고 학업 성적도 우수한 해리슨 역시 결코 결혼을 하지 않았다. 어쩌면 에글렌타인은 그런 해리슨이 특히 멋있다고 생각해 해리슨을 본보기로 삼았을지도 모른다. 그리고 '실망스런 일'을 겪은 뒤로 자신 역시 더 큰 일을 할 사람으로 믿기 시작했을 가능성도 충분히 있다.

개릿 앤더슨과 베아트리체 웹, 엘지 딤즈데일을 포함해 많은 여성들은 각기 다른 방법으로 결혼과 직업을 가까스로 잘 병행했다. 하지만 두 가지가 양립될 수 없다는 점이 그들의 공통된 걱정이었다. 베아트리체 포터는 시드니 웹을 받아들이기 전에 1890년 일기에 다음과 같이 적었다.

'깊은 우울증에 빠져 있던 시절에 결혼에 대해 곰곰이 생각해 보았다. 그건 자살이나 다름없다. 바로 그것이다. 나에게 결혼이란 자살을 뜻하는 또 다른 단어이다.'

결혼을 그렇게 강력히 반대하지 않는 여성들도 결혼을 그들 존재의 목적으로 삼는 것에는 원칙적으로 반대했다. 1905년에 에글렌타인이 추진했던 사회활동에 지지를 보낸 그웬 다윈의 입장도 마찬가지였다. 그웬 다윈은 이렇게 생각했다.

'대부분의 여자들처럼 그저 집에서 지내며 누군가가 와서 나와 결혼해주기를 기다리는 생활은 도저히 못 견디겠어.'

이제는 결혼을 해서 도리 게이지 가디너 부인이 된 도로시 켐페처럼 결혼을 한 에글렌타인의 친구들 중 몇몇은 결혼을 하면 사생활이 심각하게 제약받는다는 사실을 금세 깨달았다. 에글렌타인의 대학 친구 모드 홀게이트는 다음과 같이 완곡하게 썼다.

'가디너는 아주 오랫동안 혼자 생활했다. 그래서인지 아내의 친구들이 집에 찾아오는 것을 전혀 좋아하지 않는 것 같았다.'

결과적으로 결혼 이후 몇 년 동안 에글렌타인과 절친한 사이였던 도로시는 거의 연락이 끊겼다.

에글렌타인 역시 결혼을 한 자신의 가족들을 보며 결혼에 대해 생각할 기회가 있었다. 맏언니 에밀리는 아일랜드에서 장학사인 남편과 어린 두 아이들을 보살피며 행복하게 살고 있었다. 딕 역시 1900년에 결혼을 했고 제국과 식민지 시대 민족주의 이론의 권위자로서 아내 에설의 뒷바라지를 받았다. 릴은 더욱 모험적인 삶을 살았다. 릴은 1902년에 대학 친구 빅토리아 벅스턴과 소아시아를 횡단했다. 한손에는 녹슨 권총, 다른 한손에는 토양과 바위와 농업 시설을 검사할 지질 연구용 망치가 있었다. 릴의 글에 따르면 두 사람은 일부러 '아직 여행자들이 표를 끊고 가서 여행 일정표를 받은 일이 없는' 나라를 횡단했다. 가장 흥미로운 이야기는 염소 가죽을 부풀려 만든 뗏목을 타고 티그리스 강을 떠내려가다가 무장한 남자들에게 붙잡힌 대목이었다.

"이런! 빅토리아, 우리가 잡혔어!"
나는 넋이 나가서 외쳤다.
빅토리아는 딱하다는 표정으로 나를 바라보았다.
"그걸 이제 알았니……."

"이 총은 장전됐어. 하지만 총이 좀 끈적하고 녹슨 것 같아. 총이 발사가 될지 모르겠네."
내가 말했다.
"난 총을 못 쏠 것 같아. 눈을 감지 않고는 도저히 못 쏠 것 같거든. 그냥 조준을 하고……."
빅토리아가 말했다.

갑자기 내 심장이 따뜻해졌다. 내가 말했다.

"빅토리아, 우리 정말 운이 좋지 않니?"

"그래, 기가 막히게 좋다!"

빅토리아가 대답했다. 그리고 우리는 그 상황을 한껏 즐겼다.

릴의 모험 이야기는 에글렌타인이 몰래 편집을 해서 1908년에 출간되었을 때 세간의 이목을 끌었다. 그 무렵 릴은 이미 농업 개혁을 추진하면서 능력을 발휘했고, 상당히 따분한 재무성 관리와 결혼을 했다. 결혼식은 낭만적이었다. 릴은 주황색 꽃으로 된 왕관을 쓰고 흰 공단 드레스를 입었다. 결혼은 낭만적이지 않았다. 릴이 두 딸을 낳은 뒤에도 직업적으로 크게 성공한 탓에 남편과 관계가 소원해졌다. 그 일을 계기로 에글렌타인은 결혼에 관해 유익한 교훈을 얻었다.

하지만 에드워드 7세 시대의 결혼이 전부 집안만의 경사이거나 여성의 사회 진출에 걸림돌이 된 건 아니었다. 찰리 벅스턴은 굉장히 독립적이고 정치에 관심 있는 여성들이 바라는 이상적인 결혼 후보였다. 찰리는 1904년 3월에 도로시에게 편지를 썼다. 편지는 '사랑하는 동료에게'라는 문구로 시작되었다. 도로시는 그 문구를 읽고 '여성 스스로의 자유로운 판단'을 절대 무시하지 않는다는 찰리의 결심이 진심이라는 것을 확신했다. 찰리와 도로시는 그해 8월에 결혼했다. 찰리의 가족은 런던의 브릭레인에서 맥주 공장을 운영했고, 찰리는 지분을 가지고 있어서 비교적 부유했다. 하지만 찰리 부부는 소박하고 검소한 옷과 삶을 선택했다. 금욕적인 기독교 신조에 따른 삶이었다. 그들은 결혼 직후에 노동자 계층이 사는 켄싱턴 거리로 이사를 했다. 휴일에는 도보 여행을 하곤 했는데, 잉글랜드 남부에서 가끔 부랑자로 오해를 받기도 했다. 그들의 대학 친구 제인 해리슨은 이렇게 말했다.

"그것은 이상적인 결혼이었어요. 결혼이 신성 모독이라는 생각을 가끔 했는데 두 사람의 결혼을 보고 생각이 달라졌지요. 그러고 보면 도로시는 평범한 여성들과는 많이 달라요. 하지만 두 사람의 결혼이 참 괜찮다는 생각이 들어요."

점점 더 병약해지는 어머니를 충실히 돌보는 일은 유일하게 결혼을 하지 않은 딸 에글렌타인의 몫이었다. 에글렌타인은 처음에는 케임브리지에서 어머니를 돌보았고, 나중에는 타이와 함께 유럽에 있는 지루한 요양 시설을 두루 다녔다. 한편 도로시와 찰리는 사회정치 개혁에 전념했고, 릴은 끈질기게 농업 분야에서 괄목할 만한 이력을 쌓았으며 에밀리와 딕은 가정의 행복을 누리는 호사를 즐겼다. 어디에도 속박되어 있지 않던 에글렌타인은 가끔 결혼한 사람들을 부러워했을지도 모른다. 결혼을 했다면 어머니를 돌봐야 할 의무를 혼자 짊어지지는 않았을 테니까.

에글렌타인이 시골과 역사, 글쓰기에 대해 마커스와 같은 열정이 있다는 이유로, 마커스의 계속되는 우울증에도 불구하고 아이들을 많이 낳아 키울 각오를 하고 그와 결혼을 했다면 어땠을까? 그렇다면 국제 구호개발 NGO 세이브더칠드런이 지금처럼 존속하지는 않았을 것이다. 1902년 봄에 에글렌타인이 마커스 딤즈데일과 결혼을 하기 위해 자신의 천직을 미련 없이 버릴 수도 있는 순간이 단 한 번 있었다. 하지만 에글렌타인이 실연을 한 덕택에 사회복지 사업을 하겠다는 그녀의 결심은 더욱 확고해졌다. 그리하여 결혼을 해서 어머니라는 책임을 지지 않고, 결혼하지 않은 딸이자 이모에게 주어지는 지루한 의무에서 벗어나 보람 있는 일을 할 수 있었다.

6

사회 문제에 대한 짤막한 조사

1902 ~ 1910

경제적, 정치적 문제가
구호가 필요한 상황을 초래한다.
에글렌타인 젭

젭 가족의 자매들 에밀리와 릴, 에글렌타인, 그리고 도로시는 사회적 정치적 관점이 매우 다른데도 평생 우애가 돈독했다. 이따금씩 자매들은 어떤 조사를 하거나 프로젝트에 대해 쓸 때 서로 협력하곤 했다. 뿐만 아니라 편지나 방문 혹은 소개를 통해서 늘 민첩하게 서로를 지원했다. 그중에서 가장 친한 자매는 에글렌타인과 도로시였다. 두 자매의 삶이 가장 깊이 엮여 있다.

에글렌타인은 케임브리지에서 소박한 사교활동을 즐겼지만 도로시는 점점 더 진지한 아가씨로 성장했다. 어렸을 때 게임을 하면서도 늘 이성과 절제가 깃든 조용한 목소리로 말을 했던 도로시는 천성이 지혜롭고 어린이처럼 민감했다. 에글렌타인과는 달리 아름답다기보다는 잘

그림 : 에글렌타인 자신이 검정색 옷차림에 서류를 들고 유행을 쫓는 케임브리지 사교계와 반대 방향으로 걸어가는 모습. 1906년 경의 그림으로 에글렌타인이 이상적으로 생각한 '아주 소박한 취향'을 보여준다.

생긴 편이었다. 짙은 밤색 머리카락에 큰 갈색 눈은 좀 서글퍼 보였다. 하지만 불의를 보면 어느 새 두 눈이 관심과 결의로 반짝였다.

개멀이 죽었을 때 도로시는 겨우 열다섯 살이었다. 아마도 가족 중 개멀의 죽음에 가장 큰 영향을 받았을 터였다. 도로시와 개멀은 관심사가 같았다. 남매는 더 리스에서 긴 오후를 보낼 때마다 에글렌타인의 풍부한 상상력에 감탄을 하곤 했다. 하지만 에글렌타인이 없을 때는 슈롭셔 들판에 엎드려서 경이로운 생명체를 조사하며 함께 조용히 시간을 보내며 즐거워했다.

개멀이 죽자 도로시는 인간 사회의 문제에 전념하고 싶은 욕구로 불타올랐다. 그것은 의사가 되어 사회에 기여하고자 했던 오빠의 뜻을 기리는 마음에서 우러난 열망이었다. '도로시'라는 단어는 신의 선물을 의미한다. 도로시의 이름은 도로시가 가진 기독교도로서의 의무감과 잘 어울렸다. 가시가 있는 들장미라는 뜻의 에글렌타인이라는 이름이 인생에서 어떤 의미를 창조해내려는 에글렌타인의 자유분방한 방식에 잘 어울리는 것처럼 말이다. 에글렌타인은 제멋대로인 곱슬머리에서부터 짓궂은 유머 감각에 이르기까지 다루기 힘든 성격이고, 도로시에게서는 그런 면은 거의 볼 수 없다. 하지만 두 자매는 책과 자연에 대한 공통된 열정뿐 아니라 확고부동한 사회적 책임 의식으로도 친밀하게 엮여 있었다.

도로시는 사회적 양심에 따라 케임브리지에서 에글렌타인보다 더 거시적인 학과를 선택했다. 에글렌타인은 대학에서 역사 공부를 선택했다. 역사는 낭만적인 에글렌타인의 감성에 잘 맞는 과목이었고, 사회 소설을 쓸 때 도움이 될 수도 있을 거라고 생각했기 때문이었다. 에글렌타인은 사회 소설의 등장인물과 줄거리, 특히 낭만적인 음모로 당대 사회의 병폐를 그럴듯하게 포장해 폭로하고 싶어 했다. 도로시는 사회의 불의와 더 직접적으로 맞서는 길을 택했다. 케임브리지에서 정치경제와 사회경제학을 공부하기 시작한 것이다. 그래서 도로시는 처음에 에글렌타인이 사회사업은커녕 책상에 앉아서 글을 쓰는 것보다 승마와 파티용 드레스에 더 많은 시간을 보낸다고 상당히 괴로워했다. 나중에 도로시는 에글렌타인이 케임브리지에서 보낸 첫 몇 년을 '세속적 시기'라고 경멸스럽게 표현했다. 하지만 그럼에도 불구하고 도로시는 '에글렌타인이 봉사를 하고 싶은 강한 욕구 때문에 마음 편히 즐기지 못했다고' 주장했다. 그것 역시 사실이었다.

에글렌타인은 사회적 양심을 완전히 무시한 적이 한 번도 없었다. 마커스에 대해 꿈을 꿀 때도, 에스텔을 타고 살갈퀴와 양귀비를 헤치고 시골 들판을 달릴 때도 그랬다. 에글렌타인은 자신이 염원한 '이상적인 삶'과 '자연스러운 삶' 사이에서 갈등했다. 이상적인 삶이란 사회에 봉사하는 삶을, 자연스러운 삶은 언제나 새롭고 즐거운 사교 생활을 의미하는 것이었다. 에글렌타인은 절친한 대학 친구 도로시 캠페에게 이렇게 고백했다.

"마음이 자꾸 흔들려. 내가 어떤 삶을 살고 있는 건지 혹은 어떤 게 참된 삶인지 잘 모르겠어. 두 삶을 조화시키는 것이 불가능해. 두 삶을 지배하는 원리가 서로 다르거든. 우리가 안고 있는 대부분의 현실적인 문제는 어떤 삶을 사느냐에 따라 그 의미가 달라지잖아."

지난 몇 년 동안 노동자 계층 속에서 살려고 노력했던 에글렌타인은 어느새 사고방식이 비슷한, 자신과 같은 사회적 계층의 사람들과 함께 여유로운 삶을 즐기고 있었다. 그러면서도 에글렌타인은 사회 토론회에 기분 내키는 대로 참여하고, 순간적으로 마음이 생기면 자선을 베풀라고 호소하면서 자신의 양심을 달랬다. 교육에 계속 관심이 있었기 때문에 가끔 지역의 학교도 방문했다. 적극적으로 활동하지는 않았지만 다시 케임브리지 교육위원회 위원이 되었다.

아울러 다윈 부인의 〈케임브리지 숙녀 토론협회〉의 이사가 되기도 했다. 그 협회는 옥스퍼드대학 간 토론협회와 비슷하지만 더 점잖았고, '좀 더 잘 알고 싶은 문제에 대해' 담론을 나누었다. 에버니저 하워드의 〈정원 도시 프로젝트〉 역시 에글렌타인의 관심을 끌었다. 〈정원 도시 프로젝트〉는 기업 이윤을 초월해 지역사회에 혜택을 주는 도시 계획을 지지하는 사업이었다. 그리고 1902년 여름에 에글렌타인은 새로운 프로젝트에 관심이 생겼다. 그래서 모드 홀게이트와 함께 코펜하겐으로 여행을 가서 농업협동조합을 방문하고는 마커스가 8월에 엘스베스와 결혼을 한 뒤에야 돌아왔다. 하지만 그 프로젝트는 아쉽게도 에글렌타인의 관심을 완전히 끌어당기지는 못했다.

그래서 에글렌타인은 예전에 레이디마거릿홀에서 여러 친구들 무리를 오갔던 것처럼 여러 프로젝트에 기웃거렸다. 그 프로젝트 중 어느 하나에도 진지하게 열중하지 못하고 두루두루 관심을 보였다. 그럼에도 불구하고 봉사를 하고 싶다는 욕구는 없어지지 않았다. 그러기에는 봉사에 대한 열의가 가슴 깊이 자리해 있었다. 마커스가 고통스런 기억으로 남게 되자, 에글렌타인은 사회에 기여할 새로운 길을 모색하기 시작했다. 선택할 수 있는 길은 많았다.

1900년대 상류층 여성들이 집 밖에서 인맥을 쌓고 공적인 권위를 얻는 가장 확실한 길이 있었다. 바로 자선활동과 시민으로서의 봉사활동이었다. 의미 있는 사회사업은 적어도 일 세기 동안 독신 여성들의 삶에 중심을 이루었다. 19세기에는 급속한 인구 증가와 산업 발전, 그리고 도시화로 인해 빈곤의 문제가 뚜렷하게 대두되었다. 사회 불안에 대한 우려가 커지면서 여성들의 자원봉사는 사회가 융합할 수 있는 가능성을 열어주는 듯했다. 빈곤이 구조적 혹은 경제적 이유보다는 개인의 도덕적 실패 때문에 일어난다는 생각에서 1830년대에 가혹한 신구빈법(구빈 대상의 처우가 최하층 노동자의 수준보다 좋아서는 안 된다는 원칙으로 1834년 영국에서 제정된 법. - 옮긴이)이 제정되었다. 당시 중·상류층 여성들은 양육 능력을 타고 났고 도덕적 권위가 배어 있다는 존중의 시각이 있었기 때문에 그들이야말로 가난한 사람 개개인의 도덕성을 끌어올릴 적임자로 간주되었다.

가난에 대해 내린 이러한 도덕적 진단은 30년 뒤에 '자선조직협회 Charities Organization Society'를 설립하는 원리로 작용했다. 이 협회는 대중적으로는 COS로 알려졌는데, 전체적인 자선활동의 효율성을 높이기 위해 노력하면서도 개인적인 접근법을 옹호했다. 타이는 바로 이러한 분위기에 감화를 받아 에글렌타인이 어릴 때 '가내 공예산업 협회'를 설립했다. 그리하여 여성들이 사회적 관례가 제시하는 제약을 벗어나지 않고도 무엇을 성취할 수 있는지 에글렌타인에게 강력한 본보기를 보여주었다.

수많은 여성들이 십 년 동안 꾸준히 자원봉사를 하고 있었다. 그 덕택에 대체로 무보수로 운영되는 사회사업 체계가 발전할 수 있는 근간이 마련되었다. 1880년대 후반에 찰스 부스 등의 사람들이 실시한 조사를 통해 가난의 심각성과 원인이 재평가되었다. 자선조직협회 같은 단체의 전제가 의심을 받기 시작하자 사회를 개혁해야 가난을 뿌리 뽑을 수 있다는 생각이 퍼지기 시작했다. 케임브리지의 엘리자베스 워즈워드와 샬럿 토인비, 플로렌스 케인스 같은 여성들이 사회복지를 위해 시민 영역뿐 아니라 지역 정부 개혁을 위해 활동하는 모습은 에글렌타인에게 큰 자극이 되었다.

20세기가 시작될 무렵에 에글렌타인과 도로시처럼 대학 교육을 받은 새로운 세대의 여성들은 어머니 세대의 아마추어적인 자선활동에는 만족하지 못했던 것 같다. 그들은 자선활동이 더욱 직업화되어야 한다고 생각했다. 1880년대 초에 설립된 페이비언 협회는 그러한 문제를 다루는 걸출한 싱크탱크가 되었다. 페이비언 협회는 여러 자선가들이 다양한 자선활동을 계획하는 것보다는 사회사업을 정비하고 국민의 최저임금을 인상하는 국가 차원의 해결책을 요구했다. 이러한 관점의 변화로 인해 결국 1905년과 1911년 사이에 선구적인 자유주의적 복지법이 제정되었다.

에글렌타인과 도로시는 이러한 극적인 사고의 변화가 한창 일어나던 시기에 케임브리지로 이사를 갔다. 도로시는 알프레드 마셜 밑에서 정치경제를 공부하기로 했는데, 때마침 그때가 가장 적기였다. 알프레드 마셜은 혁명적인 교수 토머스 그린과 그의 친구이자 제자인 아놀드 토인비에 의해 촉구된, 시민권에 대한 신자유주의 개념(자유 방임을 부정하고 정부 개입의 필요성을 긍정하는 사상. 노동운동과 복지국가를 지향하는 사회적 자유주의라고도 함. - 옮긴이)의 선두적인 지지자였다.

도로시는 에글렌타인이 토인비의 미망인 샬럿과 친한 사이라는 것을 알고 언니에게 친구에 관한 새로운 소식을 틈틈이 알려주었다. 그런 와중에도 도로시는 노동자 계층이 왜 그토록 '끔찍한 처지'에서 계속 살 수밖에 없는가라는 불가사의한 문제에 전념했다. 도로시가 그 연구를 하게 된 동기는 전통적인 기독교도의 의무와 개인적인 양심 때문이었다. 그리고 일부분은 죄의식과 불쾌감 때문이기도 했다. 도로시는 처음에는 노동자 계층이 빈곤에서 벗어나지 못하는 이유를 그들 탓으로 돌렸는데, 그 이유는 도로시가 그 문제를 연구하게 된 동기보다 단순했다.

"그들과 엮이면 엮일수록 그들의 도덕 수준이 얼마나 실망스러운지 몰라. 거짓말쟁이, 도둑, 무관심한 게으른 짐승. 내 주변에 그들만 없다면 난 뭐라도 하겠어."

도로시는 에글렌타인에게 이렇게 노골적으로 말했다.

그 당시에는 여전히 그런 의견이 통용되었지만 에글렌타인이 말버러 지역에서 접한 가난한 사람들은 그렇지 않았다.

에글렌타인은 부지런한 여동생 덕분에 자신의 관심사에 소홀했다는 사실을 깨닫고 반성했다. 그리하여 1902년 봄부터 가끔 도로시와 함께 강의를 들었다. 하지만 자신에게 새로운 직업이 절실하게 필요하다는 사실을 깨달은 건 덴마크에서 돌아온 뒤였다. 그때 마커스의 결혼으로 에글렌타인은 마음이 허전했다. 에글렌타인은 한동안 쓰지 않은 일기를 펼쳐 직업에 대한 이야기를 쓰기로 했다. 에글렌타인은 갓 결혼한 마커스 부부를 착잡한 심정으로 마지못해 방문하고 난 뒤에 자신이 교직에서 실패를 한 뒤에 느낀 절망감에 다시 빠져들 수도 있다고 예감했다. 에글렌타인이 자신의 상태가 위험하다고 깨달은 건 그나마 정신력이 강한 덕분이었다. 그날 오후 에글렌타인은 그날 '알프레드 마셜 부인의 집에서 강의가 있다는 사실'을 기억했다. 이내 마음을 다잡고 모자와 펜과 종이를 움켜쥐고는 마셜 부부의 집 볼리올 크로프트로 활기차게 걸어갔다. 그리고 일주일에 한 번 있는 정치경제에 관한 강의 시간에 맞춰 도착했다.

마셜 부인, 메리 페일리 마셜은 1870년대의 선구적인 뉴넘칼리지 학생들 중 한 명이었다. 마셜 부인은 그녀를 가르치던 교수 알프레드 마셜과 결혼을 한 뒤에 정치경제 분야 최초의 여성 강연자가 되었다. 간혹 남편과 함께 학생들을 가르치기도 하고 출판물을 공동으로 집필하기도 했다. 에글렌타인의 평에 의하면 마셜 부인은 이제 '의심할 바 없이 분별력이 있고 현명한 중년 여성'이었다. 바로 에글렌타인이 찾고 있던 여성이었다.

에글렌타인은 다른 사람들이 가고 나자 적당한 직업에 대해 조언을 구했다. 마셜 부인은 에글렌타인이 매력적일 뿐만 아니라 머리가 좋다는 것을 알았지만 차분하지 않은 것을 못 미더워했다. 그래서 큰 기대는 하지 않고 일주일에 한 번 있는 강의에 계속 참석하면서 많은 여성들이 하는 자선활동에 대해 생각해 보는 것이 어떠냐고 제안했다.

마셜 부인이 에글렌타인에 대해 조심스럽게 내린 평가가 몇 달 동안은 옳은 것처럼 보였다. 에글렌타인이 사회 문제와 관련해 하는 일은 강의에 참석하고 새로운 멘토를 위해 논문을 쓰는 것이 전부였다. 하지만 에글렌타인은 11월에 그 지역 자선조직협회 위원회 회의에 회원이 아닌 방문객으로서 조용히 참석하기 시작했다. 어떤 기준으로 지원받을 자격이 있는 가난한 사람들을 평가하는지, 그리고 그 평가가 어떤 영향을 미치는지 직접 알아보기 위해서였다. 에글렌타인은 자선조직협회가 추진하는 조사와 분석의 원리에 동조하기는 했지만, 자선조직협회의 방법이나 동기가 완전히 납득이 가지는 않았다. 자선조직협회 회의에서는 기존의 사회 구조에 근본적인 문제가 있다는 의견이 전혀 제시되지 않았다. 부자들이 가난한 사람들의 도덕성을 평가해서 자선금을 정기적으로 배분하는 체계가 본질적으로 잘못되었다는 의견도 나오지 않았다. 에글렌타인은 도로시 켐페에게 보내는 글에 자선조직협회 회의에 대한 비평을 적었다. 그 글에서 위원회 사람들에 대해 농담조로 재미있다고 적었다. 그러고 나서 그들의 면면에 대해 예리하게 관찰한 내용을 적었다.

'다이아몬드 반지를 낀 아주 하얀 손가락으로 페이지를 넘기고……각 사례를 읽고, 각 사례에 체크 표시를 하고, 장부에 기입을 하고, 회의 일지에 기록을 해. 저녁 무렵이 되면 솔직한 자신들의 이야기를 꺼내지. 음주와 빚, 질병에 대한 이야기가 오고가. 그런 다음 누군가 그다음 티파티를 위해 자리를 뜬다.'

에글렌타인은 정부의 개입을 지지하지는 않았다. 하지만 자선조직협회가 자선을 시민의식을 가지고 사회정의를 실현한다기보다는 자애로운 선물을 주는 것으로 여긴다는 것이 어딘가 에글렌타인의 심기를 불편하게 했다. 에글렌타인은 무엇이 옳은 건지 판단이 서지 않아서 이런 결론을 내렸다.

'회의에 꾸준히 참석하다 보면 빠진 고리가 분명해질 수도 있고, 자료를 읽다보면 맥락을 알 수 있을 것이다. 하지만 현재로서는 갈피를 못 잡겠다. 마치 한쪽은 그리스어로, 다른 쪽은 중국어로 된 책을 섞어서 읽는 것처럼!'

마셜 부인은 1903년 2월에 에글렌타인을 마주하고 성실한 사람이 분명한데 왜 아직까지 갈 길을 못 정했느냐고 물었다. 에글렌타인은 자신의 멘토가 자신을 어떻게 생각하는지 아주 잘 알았다. 그래서 '멘토가 내가 춤을 추는 것을 너무 좋아하기 때문에 그렇게 됐다고 생각할 거라며' 안절부절못했다. 하지만 에글렌타인은 느닷없이 질문을 받자 자신의 말을 멘토가 믿을 거라는 기대는 하지 않고 참된 이유를 말했다.

'난 멘토에게 말했어. 그것을 할 수 없다는 생각이 자리를 잡았다고. 뭐든 시도만 하면 늘 실패해서 난 아무것도 못할 거라는 결론을 내렸거든.'

에글렌타인은 교직을 그만두면서 자신감이 떨어졌고, 대학 성적도 뛰어나지 않았으며 아직도 자신이 구상하는 사회 소설을 쓰지 못해서 우울한 상태였다. 그런데 마커스가 에글렌타인을 확실히 거부하자 그나마 남아 있던 자신감마저 바닥나고 말았다. 하지만 에글렌타인은 자기 자신과 자신의 멘토를 과소평가했다. 마셜 부인은 에글렌타인이 쓴 정치경제 논문에서 발견한 점을 콕 집어 말해주었다. 연민의 감정과 실질적인 조언 사이에서 신중하게 균형을 잡아 자신의 의견을 잘 표현한다고 말이다. 그러니 이 장점을 잘 활용해서 사회 및 경제 주제에 관한 글을 쓰는 것이 좋겠다고 제안을 했다. 에글렌타인은 마셜 부인이 경솔하게 칭찬을 하는 사람이 아니라는 것을 잘 알았다. 에글렌타인은 흥분해서 도로시 켐페에게 편지를 썼다.

'가능성이 있다고 하셨어. 선생님이 날 믿어주셔서 희망이 생겼어. 인생이 바뀌었다니까!'

물론 인생은 곧바로 바뀌지 않았다. 한 달 뒤에도 에글렌타인은 여전히 강의를 듣고 '경제학이 지난주만큼 지루했다고' 불평을 하고 있었다. 하지만 바뀐 것이 있었다. 바로 에글렌타인의 자신감이었다. 이제는 여러 새로운 포부가 들끓어 올라 초조해질 지경이었다. 에글렌타인은 도로시 켐페에게 마치 걱정을 하는 듯 이렇게 자랑을 하기도 했다.

'나는 내 이상이 얼마나 터무니없고 비현실적인지 말할 때면 늘 부끄러움을 느껴. 빚이 얼마나 있는지 절대 밝히지 않는 사람의 심리가 이해돼. 그래서 난 그 이상에 너무 빠져들지 않으려고 늘 노력하고 있어.'

마셜 부인은 에글렌타인과 이야기를 나눈 뒤에 에글렌타인을 플로렌스 케인스의 보조 사무원으로 추천했다. 플로렌스 케인스는 지역 자선 모임의 선두적인 인물이었다. 플로렌스는 지적인 미인이었는데, 미간에는 없어지지 않을 것 같은 주름이 깊게 패여 있었다. 물론 그 주름은 대중을 위한 생각에 골몰한 탓이었다. 그녀는 미모가 뛰어났던 어머니아다에게서 검은 눈과 머리칼, 그리고 자선조직협회와 진보주의 정치에 대한 열정을 물려받았다. 플로렌스의 아버지 존 브라운은 번연 예배당의 회중파(영국 청교도에서 시작된 개신교의 일파. - 옮긴이) 교회 목사였다. 따라서 그들의 맏이인 플로렌스가 어릴 때부터 사회적 의무를 의식했다는 건 자연스러운 일이었다.

플로렌스는 마셜 부인처럼 제인 해리슨과 그 당시 총리의 딸인 헬렌 글래드스턴과 나란히 공부를 했던 초기 뉴넘칼리지의 학생이었다. 1895년에 플로렌스는 케임브리지 자선조직협회의 총무가 되었고, 여학생들이 사회사업을 하도록 장려하기 시작했다. 결과적으로 수많은 프로젝트가 계획되었다. 그 프로젝트에는 야외 학교와 특수교육이 필요한 아이들을 위한 수업, 다윈 부인이 했던 방식의 로비활동 하기, 파격적으로 여자 경찰 두 명 영입하기가 포함되어 있었다.

이처럼 플로렌스는 좋은 일을 하는 중에 존 네빌 케인스와 결혼을 했다. 존 네빌 케인스는 훌륭한 케임브리지 교수로 '구레나룻을 길렀으며 성품이 겸손하고 부지런했다. 또한 생활 습관이 매우 규칙적이었다.' 두 사람은 세 자녀를 두었는데, 다들 크게 성공했다. 가장 먼저 혁명적인 미래 경제학자인 존 메이너드 케인스가, 그 뒤를 이어 마거릿이 태어났다. 마거릿은 굵게 말린 검은 곱슬머리와 꿰뚫어보는 듯한 눈이 인상적인 굉장한 미인이었고, 오빠 못지않게 자립심이 강했다. 마거릿과 에글렌타인은 나중에 친한 친구가 된다. 금발의 제프리는 플로렌스 케인스의 둘째 아들로 나중에 높이 평가받는 외과 의사이자 애서가가 되며 마거릿 다윈과 결혼을 했다.

세 아이들이 유아기를 벗어나자 플로렌스는 다시 지역 사회사업을 시작했고, 자선단체를 급히 오갈 때 '자전거를 위험하게 타기는 하지만 친근한 인물'이 되었다. 그때 플로렌스는 활기차지만 옷을 잘 차려입은 사십 대 초반의 여성이었고, 가난하고 선거권도 없는 사람들의 복지와 권리에 본능적으로 관심이 많은 확신에 찬 진보주의자였다. 그런 플로렌스가 에글렌타인을 소개받은 건 1903년이었다.

플로렌스는 에글렌타인을 처음 보았을 때 금빛이 도는 풍성하고 붉은 머리칼과 흰 피부가 돋보이는 '뛰어난 미인'이라는 인상을 받았다. 흰 피부는 어떤 감정이든 어김없이 금세 드러낼 것만 같았고, 실제로도 종종 그랬다. 에글렌타인도 그런 사실을 잘 알았다. 에글렌타인은 그 점을 못마땅하게 여겼고 별로 사랑하지 않는 소설 속 등장인물에게 그런 특성을 자연스럽게 투영시켰다. 그래서 그 등장인물은 '혼자 있을 때도 쉽게 얼굴이 붉어졌다.' 아마 에글렌타인은 그런 성향 때문에 경외로운 케인스 부인과 하는 첫 면접이 더더욱 어려웠을 것이다. 그럼에도 불구하고 플로렌스는 에글렌타인의 성실한 사회적 양심에 깊은 인상을 받았다. 또한 플로렌스는 정작 고마워해야 할 사람은 자신인데도 오히려 긴장한 상태로 감사해하는 이 매력적인 젊은 지원자가 꽤 재미있다고 생각했다.

에글렌타인은 플로렌스가 자신에게 당시 케임브리지에서 시행되는 자선사업에 대해 조사하고 내용을 추려서 요약본으로 작성하라는 임무를 맡겼을 때 무척 기뻤다. 그런 프로젝트는 분명 가치 있는 일인데도 전에는 한 번도 시행된 적이 없었다. 에글렌타인은 그 일에 열정적으로 전념했다. 에글렌타인은 플로렌스에게 감사의 편지를 적고 으레 하는 쾌활하고 당돌한 표현을 썼다.

'결국 제가 실업자 신세를 면하는 건가 생각하니 희망이 생기네요. 자선조직협회는 사람들이 저처럼 자립할 수 있도록 도와주니 종종 감사 편지를 받겠군요.'

1904년경에 에글렌타인은 자선사업에 관한 요약본을 작성하는 것은 물론이고 케임브리지 자선조직협회 위원회에 들어갔다. 그리하여 연이어 짧은 보고서를 쓰고, 젊은이들을 위한 사회훈련센터에 관해 혁신적인 아이디어를 생각해냈으며 센터의 명예 간사를 맡았다.

그해 하반기에 도로시는 찰리 벅스턴과 결혼을 했다. 결국 일에만 전적으로 몰두한 건 아니었다. 부부는 결혼을 한 뒤에 찰리가 학장으로 일하는 몰리대학이 있는 런던으로 이사를 갔다. 찰리는 변호사이기도 했지만, 얼마 지나지 않아 변호사를 그만두고 정치에 뛰어들었다. 찰리와 그의 형 노엘은 1900년대에 사회 개혁을 밀어붙이는 선두적인 신자유당원이었다. 그들이 만나는 진보적인 친구들 중에는 레너드와 버지니아 울프, 레너드 홉하우스와 그의 여동생 에밀리, 버트런드 러셀, 시드니, 베아트리체 웹이 있었다. 찰리는 원칙적으로 에글렌타인과 도로시의 의견을 존중하기는 했지만, 곧 자매들에게 진보주의 사상을 불어넣고 말았다.

에글렌타인은 자신과 관련된 사회 운동에 대해 정치적인 논의가 이루어지면 모를까 그렇지 않은 경우에는 정치에 크게 관심을 둔 적이 없었다. 옥스퍼드에 다닐 때는 보편적인 선거권을 이론적으로 지지했다.

하지만 1900년에 말버러에서 시행된 지방 선거를 지켜보면서 금세 입장이 바뀌었고 다음과 같은 결론을 내렸다.

'한 사람당 하나의 투표권을 갖는다는 건 무시무시한 발상이다. 그 지역의 운명이 번화가의 상점 주인 같은 사람들에 의해 결정된다니! 그리고 의원들이 돌아다니면서 석탄 가격에 관심을 가져달라고 호소하고 값싼 양초를 약속해야 하다니 정말 유감스럽다. 하지만 유권자들의 무지는 믿을 수 없을 정도로……'

에글렌타인은 그 다음 해 가을에 조용한 더 리스에서 곰곰이 생각을 한 뒤에 다시 선거권 확대를 지지하는 쪽으로 돌아섰다. 그러면서 자신을 사소하고 하찮은 것에 집중하게 한다며 '번드르르하고 인위적이고 물질주의적인 현대의 삶'을 비난했다.

에글렌타인은 외쳤다.

'기독교 정신을 가진 시민으로 살아라! 사람들이 글러 먹었다는 말만 하고 앉아서 조느니 자신의 이상을 실천하려고 노력해라.'

하지만 에글렌타인은 이상을 실천하기 위해 반드시 정치적 활동을 해야 한다고는 하지 않았다.

에글렌타인은 1905년 기독교 사회연합회의에서 자신을 '충실한 보수주의자'로 설명했다. 그 회의에는 설립자 헨리 스콧 홀랜드와 자유당 하원의원 찰스 매스터맨과 작가 G. K. 체스터턴이 참석했다. 아직 정치에 대해 잘 모르는 에글렌타인은 자신이 그런 진보적인 사람들과 섞여 있다는 사실에 상당히 놀랐다. 하지만 그 당시는 커다란 정치적 격변이 일어나 많은 사람들이 자신의 정치적 사회적 신념에 대해 재고할 수밖에 없는 시기였다.

그해 보수당원들은 자유당 하원의원 헨리 캠벨배너맨 경에게 '압도적인 표차'로 뒤져 완전히 패배를 했다. 그리하여 헨리 캠벨배너맨 경은 12월 5일에 총리로 선출되었다. 캠벨배너맨이 총리로 재직하는 동안 자유당이 대대적으로 개혁하기로 했던 많은 정책이 도입되었다. 그 정책에는 병가 중 급여 지급과 노령 연금이 포함되어 있었다. 그런 정책은 신자유당 사상의 핵심인 시민권과 사회적 유대와 책임에 대한 개념과 더불어 개인의 권리에 대한 개념을 실천하기 위해 고안된 것이었다.

찰리는 이러한 공개 토론에 열정적으로 의견을 내놓았다. 찰리는 개인의 자선활동으로는 가난과 사회 문제의 근본 원인을 해결할 수 없고 적절한 방법도 아니라고 확신했다. 찰리는 국가의 활동 범위를 확장해야 사회가 발전할 수 있다고 주장했다.

그럼에도 불구하고 찰리는 에글렌타인이 케임브리지의 사회사업 현황에 대해 실시하는 조사를 존중하고 장려했다. 그러면서 그러한 일을 통해 국가의 후원을 받아 사회를 재정비하는 토대가 마련될 것이라고 믿었다. 이제 에글렌타인은 자신의 정치적 관점에 의문을 갖고 개혁과 사회 정의를 위한 찰리와 도로시의 다양한 공공 캠페인을 열정적으로 지지하기 시작했다.

1905년 말은 에글렌타인의 정치적 전환점이었다. 에글렌타인의 외삼촌 리처드는 점차 노쇠해졌다. 아서 벤슨이 이미 2년 전에 리처드에 대하여 다음과 같이 묘사했을 정도였다.

'방탕한 미용사 같은 모습으로…… 구부정한 자세로 다리를 떨며 자

전거를 탄다.'

　리처드는 1905년 12월에 예순넷의 나이로 죽었고, 그리하여 보궐선거가 실시되었다. 에글렌타인은 1906년 선거에서 새로운 보수당 후보자를 지지하지 않았다. 그러기는커녕 '한창 달아오른 선거 전쟁에 뛰어들어' 거리에서 케임브리지를 대표하는 자유당원을 지지하는 연설을 했다.

　에글렌타인은 이제 낭만적인 보수주의를 완전히 벗어나기는 했지만 정치적으로 찰리와 도로시처럼 극좌로 가지는 않았다. 찰리와 도로시는 결국 독립노동당(1893년에 설립된 영국의 사회주의 정당. ─옮긴이)의 적극적인 당원이 된다. 그래도 에글렌타인은 사회 정책면에서 매우 진보적인 셈이었다. 그녀가 어릴 때 받은 교육과 그 시절에 대한 동경을 감안하면 말이다.

　메이너드 케인스는 진보주의를 다음과 같은 말로 규정했다.

　'주민들이 극빈과 곤궁 속에서 살고 있다고 하자. 전형적인 보수주의자는 그 마을을 보고 이렇게 말한다. "딱하기는 하지만 도와줄 수가 없군." 진보주의자는 말한다. "대책을 세워서 이 상황을 해결해야 해."'

　찰리는 더욱 이상적인 관점을 지니고 있었다. 그는 학생일 때 다음과 같은 글을 썼다.

　'이 세상이 좋은 사람들이 꿈꾸는 이상향을 향해 발전하고 있다는 믿음이 없었다면…… 나는 보수주의자가 되었을 것이다. 진보주의가 진정으로 존립할 수 있는 것은 너무나 익숙한 현재의 세상을 믿기 때문이 아니라 더 고결한 세상이 있다고 믿기 때문이다.'

에글렌타인은 자신이 진보주의자임을 스스로 인정하기 오래전부터 진보주의자였다. 결국 1906년에는 자유당의 열렬한 당원이 되었다. 「케임브리지 인디펜던트 프레스」의 '자유당원 초상화 갤러리'에 실린 프로필에서 에글렌타인은 다음과 같이 말했다.

'나는 보수당원들 입장에서 사회 개혁이란…… 여성 자선가가 베푸는 자선과 같다는 것, 그러니까 '상류층'이 존경과 복종을 받기 위해 보기 좋게 베푸는 자선과 다를 바 없다는 사실을 오래전에 깨달았다. 선거를 둘러싸고 벌어지는 부패를 목격하면서 나는 새롭게 눈을 뜨게 되었다. 어떤 사회 개혁도 사람들이 자립할 수 있도록 돕지 않는다면 아무 쓸모가 없다는 것을 깨달았다.'

에글렌타인이 케임브리지 자선단체를 자선조직협회에 등록하는 작업은 원활하지는 않았지만 서서히 진전을 보이고 있었다. 자선조직협회 명부는 플로렌스 케인스가 애초에 1903년에 구상했던 것보다 훨씬 더 큰 프로젝트로 발전했다. 그 당시 에글렌타인은 도로시 캠페에게 다음과 같이 투덜거렸다.

"사람들은 그 작업이 빨리 마무리되기를 원해. 그래서 내가 얼마나 곤란한지 몰라."

9월에 에글렌타인은 10월로 예정된 마감 시한을 도저히 지킬 수 없다는 것을 인정했다. 에글렌타인은 자기가 소속된 조직의 정확한 수입도 제대로 모르는 자선단체 총무의 무능력함, 그리고 에글렌타인의 질문에 대한 응답으로 '끝없이 날아오는 냉정하고 기계적인 편지'를 비난했다. 에글렌타인은 다음과 같은 글을 적었다.

'정말 다행이야. 콜체스터 정신병원은 다른 단체와 달리 나한테 '친절하다'고 엄청 고마워 했거든.'

하지만 에글렌타인은 11월에 그 프로젝트에 대해 열정을 보이기 시작했다. 에글렌타인은 다음과 같이 자랑을 했다.

'내 사랑하는 대학 친구들이 자기들 방에 와서 편안하게 점심을 먹고 차를 마시라고 초대했는데 전부 거절했어. 대신 하루 종일 일을 하고 있어. 방금 열일곱 군데 교구 목사들에게 편지를 썼어.'

번은 에글렌타인이 그런 규모가 큰 프로젝트를 하다니 대단하다고 흐뭇해했다. 도로시는 그런 프로젝트를 해낼 수 있는 사람은 에글렌타인뿐이라며 자랑스럽게 편지를 썼다. 하지만 에글렌타인의 조사가 너무 꼼꼼한 것이 아니냐며 플로렌스는 실망감을 감추지 못했다. 그럼에도 플로렌스는 에글렌타인에 대해 점잖게 다음과 같이 말했다.

"열정 때문에 성급하게 하거나 잘못된 정보를 올리면 안 되지요. 에글렌타인은 만족스럽지 못한 환경의 원인, 그리고 그 원인을 해결하는 가장 좋은 방법을 최선을 다해 파악했어요."

에글렌타인은 그 주제가 가벼운 읽을거리를 찾는 독자의 관심을 확 끌어당길 만한 것이 아닐 수도 있다는 사실, 그리고 많은 케임브리지 자선단체가 사실상 도시의 가난과 싸울 수 있는 효과적인 전투원이 전혀 아니라는 사실을 알았다. 에글렌타인은 모든 조사 내용을 시로 쓰면 더 나을지도 모른다는 풍자적인 내용의 편지를 플로렌스에게 보내기도 했다. 편지에는 다음과 같은 샘플이 동봉되었다.

본 단체는 〈밝고 젊은 여성들의 쾌활한 하루하루 협회〉입니다!

협회가 하는 일 : 드높은 도덕 수준에 현기증 느끼지 않도록 연습하기.
일하는 방법 : 전국에 지점 설립하기. 가입비를 내면 협회에서 제공하는
모든 혜택을 받을 수 있어요.

3년마다 적어도 한 번 회의가 있어요. 차를 마시기 전에 총무가 보고
서를 읽어주고 우리가 해온 일에 대해 이야기해주지요.

에글렌타인은 그 프로젝트에 고무되어 위와 같은 파격적인 시를 쓰
기는 했지만 자신이 지난 세기부터 시작된 사회사업 보고 전통을 잇고
있다는 사실을 잊지 않았다.

부유한 자선가들은 빈민가를 답사하는 것을 더 이상 부끄러워하지
않았다. 오히려 알리려고 더욱 최선을 다했고, 수집된 정보를 이용해
가난에 대한 이해를 촉구시키려고 했다.

이제 에글렌타인은 자선단체에 대해 조사하고 요약하는 일을 사회에
대한 포괄적인 조사로 확장시켰다. 그 결과가 마침내 『케임브리지 : 사
회 문제에 대한 짤막한 조사 Cambridge : A brief Study in Social Questions』라
는 제목으로 1906년에 출간되었다. 『케임브리지 : 사회 문제에 대한 찔
막한 조사』는 270쪽이 넘었다. 결코 분량이 적다고는 할 수 없었지만
그 책이 본보기로 삼은 찰스 부스의 『런던 시민의 삶과 노동 Inquiry into
the Life and Labour of the People of London』보다는 훨씬 짧았다. 『런던 시민

의 삶과 노동』은 1886년과 1903년 사이에 나뉘어서 출간될 정도였다.

'우리는 이따금 또 다른 세상에서 온 사람들처럼 빈민가에 발을 들여놓고, 마치 화성에서 온 사람들처럼 주민들을 대한다.'

에글렌타인은 보고서를 멋진 문장으로 시작했지만 자신도 모르게 노동자 계층을 '낯설게' 여기는 중산층의 시선을 드러내고 있었다. 거기에는 묘사가 가득했는데 수년간 고통스럽게 익힌 시 쓰기 기법이 녹아 있어 독자를 끌어들였다. 에글렌타인은 처음에는 다음과 같이 한탄했다.

'과수원과 꽃은 어떻게 되었나? 과일나무는 늙어서 그루터기만 남아 시커멓다. 그 뒤에는 쓰레기 더미가 쌓여 있어 황량하다. 그나마 조금 남은 헐벗은 땅 위에는 풀 대신 신문이 굴러다닌다. 과거를 연상시키는 것은 거리 이름뿐이다. 과수원의 거리, 꽃의 거리, 개화의 거리!'

그런 구절은 케임브리지가 안고 있는 문제의 대부분이 케임브리지가 소규모 농업 및 학문의 중심지에서 현대 도시로 변화하는 과정에서 발생했다는 점을 강조하는 것이었다.

케임브리지는 1830년 이후로 인구가 네 배나 증가했다. 하지만 그에 따라 필요로 하는 주택 공급과 위생 시설, 교육이나 고용에 대한 투자가 없었다. 찰스 부스(영국의 유명한 사회 문제 연구가로『런던 시민의 삶과 노동』을 저술하였으며 1908년 양로연금법의 제정에 커다란 역할을 했음. ─옮긴이)는 '진정한 노동자 계층'과 '아무 생각 없는 잉여인간'을 구분했다. 그는 자선활동으로 도움을 받지 말아야 할 게으른 가난뱅이를 일컬어 '아무 생각 없는 잉여인간'이라고 했다. 에글렌타인은 찰스 부스의 개념을 채택했다. 그리하여 다음과 같은 글을 썼다.

'잉여인간은 누구보다도 도움이 필요하겠지만 그렇다고 가장 큰 혜택을 받아야 하는 건 아니다. 개인의 자선으로는…… 희망이 없고, 치유할 수 없는 사례를 국가에 맡겨야 한다.'

그녀에겐 열심히 일을 하는데도 가난한 사람들이 훨씬 더 중요했다. 에글렌타인의 조사본 대부분은 가난한 사람들이 곤경에 처한 원인을 모색하는 데 할애되어 있다. 에글렌타인은 그 원인으로 산업화와 도시화를 꼽았다. 이로 인해 사람들은 실업과 질병, 주택 부족에 시달리게 되었고 충분한 교육도 받을 수 없다고 했다. 저축률과 더불어 그들의 자존감이 더욱 낮아지고 있으며 이를 해결하려는 자선활동마저 엉뚱한 데서 펼쳐지고 있다고 지적했다.

에글렌타인은 자본주의 체제 그 자체를 반대하지는 않았다. 하지만 그 보상이 균등하게 배분되지 않는 것을 비난했다. 에글렌타인은 그와 같은 입장을 계속 버리지 않았다. 7년 뒤에 에글렌타인은 다음과 같이 주장했다.

'우리는 우리의 산업 체제를 싸잡아 비난하지 말고 그 이익을 더 공정하게 나누려고 노력해야 한다.'

에글렌타인은 점차 영향력이 커지는, 시민권에 대한 신자유당의 개념을 차용해 그 문제의 핵심을 불행보다는 불평등으로 인식했다. 에글렌타인은 다음과 같이 주장했다.

'가난한 도시민의 불행을 더 이상 당연한 것으로 간주해서는 안 된다. 가난한 사람들의 환경을 바꿀 수 없다고 간주해서도 안 된다. 우리 스스로가 그런 문제를 만들었으므로 우리에게는 그런 문제와 싸울 책임

이 있다.'

하지만 에글렌타인은 케임브리지의 시민의식이 굉장히 부족하다는 사실을 알고 당황했다. 자원봉사가 거의 이루어지지 않았고 선거권을 행사하지 않는 유권자도 많았다. 에글렌타인은 이렇게 말했다.

'유권자들의 절반도 애서 투표를 하지 않는다. 우리는 모두 우리의 도시를 가장 좋은 곳으로 만들어야 하는 시민이다. 사회 문제를 다루는 일은 시민의 의무이다.'

계층 간의 장벽을 허무는 〈대학생 사회 체험의 집〉이 내건 이상에 영향을 받은 에글렌타인은 계층 사이의 화합 방안을 찾아내는 일이 중요하다고 강조했다. 그리고, '노동자야말로 노동자 계층의 문제를 해결할 적임자'라고 주장했다.

시민의식에 대한 에글렌타인의 인식은 혁신적이었다. 에글렌타인은 근본적으로 '모든 사람은 다른 사람에게 봉사하기 위해 태어난다.'고 믿었다. 그렇기 때문에 차세대 시민이 될 어린이가 아주 중요하다는 사실이 문득 떠올랐다. 에글렌타인은 다음과 같이 말했다.

'우리는 사내아이들이 커서 성인이 된다는 사실에 좀 더 주목할 필요가 있다.'

빅토리아 여왕 시대를 거치면서 어린이에 대한 인식은 대대적으로 바뀌었다. 조지 트리벨리언에 따르면 '어린이에 대한 연민이 커졌다는 사실은 빅토리아 시대의 영국인들이 현실 문명에 기여한 중요한 공로 중 하나였다.' 에글렌타인이 알기로 사회 문제에 사로잡힌 '불 같은 젊은이'였던 그는 나중에 자유당원 사회역사가 조지 매콜리 트리벨리언으로 유명해진다.

시급한 어린이 보호 법안 다수가 빅토리아 여왕 시대에 제정되었다. 빈민학교와 바나도 수용소(빈곤 아동 수용소의 하나. - 옮긴이), 국립 어린이 보호소, 어린이 협회, 그리고 어린이 학대방지 협회가 모두 1840년대와 1890년대 사이에 설립되었다. 어린이는 장차 국가의 건강과 힘을 좌지우지할 국가의 자산으로 점차 중시되었다. 에글렌타인은 분명 찰리가 그토록 열렬하게 지지한 신자유주의 사상뿐만 아니라 이러한 변화하는 관점에도 영향을 받았다. 아직은 국내 문제만 살피고 있었지만 어린이를 시민과 연관 지은 발상 자체가 에글렌타인의 사회사상이 크게 진일보했다는 것을 뜻했다. 에글렌타인은 다음과 같이 조사본을 마무리했다.

'새롭고 더 훌륭한 사회조직을 설립하진 않더라도 최악의 실수를 피하고 최악의 불행을 줄이기 위해서는 분별력 있게 행동하는 것이 아주 중요하다. 그리고 우리가 한 이론을 거부하고 다른 이론을 선택할 때는…… 사회 정의가 증진될 수 있는 토대인가가 판단 기준이 되어야 한다.'

에글렌타인의 조사본은 가난을 줄이고 더 나은 사회를 만들기 위해 이미 세워진 계획들에 대한 호의를 담고 있었다. 자선조직협회를 통한 시간과 돈 기부뿐만 아니라, 교육과 저축, 그리고 더 혁신적으로는 청소년 직업안정소 같은 활동을 지지했다. 하지만 에글렌타인은 그 어느 것도 폭넓은 해결책을 제시하지는 않는다고 생각했다. 에글렌타인은 다루고 싶은 질문이 있었지만 아직 대답을 제시할 준비는 되어 있지 않았다. 에글렌타인은 다음과 같은 현실적인 주장을 했다.

'무엇보다 이 문제를 바라보는 우리의 시각은 어떠한가? 그걸 먼저 알아야 한다. 내가 주장하고 싶은 것은 어떤 특정한 의견이 아니라 바로 그것이다.'

이것은 여러 면에서 혁신적이고 도전적이었던 조사본치고는 매우 맥 빠지는 결론 같다. 아마 에글렌타인은 자신이 쓴 원고를 메리 페일리 마셜과 플로렌스 케인스, 그리고 케임브리지 자선조직협회 내의 동료이자 협력자인 플로렌스의 딸 마거릿의 조언에 따라 많이 수정했을 수도 있다. 1906년 10월까지도 마거릿은 여전히 에글렌타인에게 비평을 하고 자신의 의견을 보내고 있었다. 에글렌타인은 마거릿의 조언을 대부분 고맙게 받아들였지만 일부는 여지없이 묵살했다. 에글렌타인은 마거릿에게 다음과 같이 말했다.

아무튼 나는 내가 옳다고 생각하는 것을 너무 강하게 표현하지 않으려고 단어를 신중하게 골라 썼어. 물론 대도시의 상황은 비교할 수 없을 정도로 나빠졌어. 내 어휘력이 달려서 그런 표현을 쓰는 건 절대 아니야! 그저 내 말 뜻은 내가 적은 글이 사실과는 다를 수도 있지만 내가 생각하는 바를 고스란히 언어로 표현하기가 힘들다는 거야. 그 점 때문에 글을 쓰는 것이 늘 어려워. 그리고 그 점 때문에 글을 쓰면 쓸수록 글이 점점 더 나빠지는 것 같아. 아무튼 편파적으로 보일 수도 있는 생각을 자꾸 하게 되더라고. 몇 구절을 부드럽게 손볼 수 있는지 살펴봐야겠어.

일주일 뒤에 에글렌타인은 마거릿에게 더 많은 원고를 보냈다. 그러면서 '여자아이들에 관한 글을 조심스럽게 마무리한 부분'에 대해 특히 걱정을 했다.

'내 친구들은 대부분 조신한 걸 아주 역겨워하니까 친구들이 그 책을 읽는다는 생각만 해도 기분이 썩 좋지가 않더라. 그래서 친구들이 그 책을 읽지 않겠지 하는 생각으로 나 자신을 위로하고 있어. 지면 여백에 빨간 깃발을 꽂아두면 좋을 것 같지 않아? 어느 부분을 건너뛰어야 할지 알려주는 거지.'

아마도 에글렌타인은 이미 포스트잇 발명을 기대한 건지도 모른다.

에글렌타인의 친구들이 그녀의 조사본에 대해 어떤 반응을 보였는지 남아 있는 기록은 없다. 하지만 언론에서는 대체로 호평을 했다. 그리하여 「데일리 텔러그래프」와 「웨스트민스터 가젯」, 「더 스펙테이터」, 여러 지방 신문사, 그리고 심지어 독일과 이탈리아 언론 일부에도 소개되었다.

에글렌타인의 조사본이 출간된 지 거의 백 년이 되었을 때 나는 에글렌타인이 생각한 사회적 문제점에 대해 다룬 에세이를 조사했다. 에글렌타인은 도서관을 무척 좋아해서 더 리스, 옥스퍼드, 그리고 스톡웰 교원대학 도서관을 안식처로 삼곤 했다. 그래서 나는 영국 국립도서관에서 조용한 책상에 자리를 잡고 에글렌타인에 관한 자료를 찾기로 했다. 어쩌면 50년 넘게 아무도 찾은 적 없는 중요한 자료를 내기 처음으로 찾을 수도 있었다.

어느 긴 하루가 끝날 무렵에 나는 1900년대에 출간된 자선조직협회 보고서를 읽다가 도서관에서 나가야겠다고 생각하고 있었다. 그날은 소득이 별로 없었다. 반대편에 있는 남자가 이중 초점 안경 대신 유연한 플라스틱 돋보기 한 쌍을 접착테이프로 붙여 쓴 모습 때문에 책에 집중을 할 수가 없었다. 남자가 펜을 들고 엄청난 양의 메모를 할 때 플라스틱 돋보기 전체가 코 아래로 계속 미끄러져 내려왔다. 나는 집중해서 자료를 읽기는 글렀구나 생각하면서 다시 쌓아둔 책 더미를 바라보고 좀 묵직한 선집을 폈다.

선집의 제목은 『1860~1911, 사회 및 산업의 문제에 관한 소책자 Tracks on Social and Industrial Questions, 1860~1911』였다. 그나마 마거릿 케인스의 1911년 출간물인 「케임브리지의 소년 노동 문제 The Problem of Boy Labour in Cambridge」를 발견한 것이 보람이 있었다. 그 책에는 뒤표지에 에글렌타인의 1906년 조사본을 홍보하는 광고가 아직도 실려 있었다. 그 광고는 '에글렌타인 젭과 그녀의 친구들이 훌륭한 소책자'를 낸 것을 축하하는 「더 스펙테이터(1828년 런던에서 창간된 시사여론 주간지로 국내외 정치·문학·경제 분야에 대한 중립적이고 정확한 해설과 논평으로 유명함.－옮긴이)」의 비평을 인용했다. 에글렌타인이 그런 입 발린 칭찬에 얼마나 기뻐했을지는 모를 일이다.

에글렌타인이 작업한 현존하는 자선단체에 관한 조사본은 당초에 플로렌스 케인스가 구상했던 것보다 더 깊은 내용을 다루었다. 케임브리지 최초의 완벽한 사회 조사서였고, 나중에는 노리치와 포츠머스, 우스터, 리버풀, 에든버러, 리즈, 그리고 옥스퍼드에서 시행한 사회 보고서의 본보기 역할을 했다. 에글렌타인이 자신의 임무를 얼마나 폭넓게 해석했는지는 『트랙츠 선집: 케임브리지 사회 및 자선 기관 명부』에 실린 또 다른 항목을 보면 알 수 있다. 『트랙츠 선집』은 에글렌타인의 조사본이 나온 지 딱 5년 뒤인 1911년에 같은 케임브리지 자선조직협회 사무실에서 출간되었다. 이 알파벳순 명부의 간결한 도입부에는 다음과 글이 적혀 있다.

'늘 수요는 있지만 접근이 좀처럼 쉽지 않은 정보를 제공하는 것이 이 명부의 의도이다.'

애초에 플로렌스 케인스는 에글렌타인에게 그런 주문을 한 것이 아닐까? 나는 다음과 같은 일이 일어났을지도 모른다는 상상을 해본다. 플로렌스가 에글렌타인이 훨씬 더 야심차게 쓴 사회 보고서를 보며 한숨을 내쉰다. 얼마 후 에글렌타인이 케임브리지를 떠난다. 그러자 플로렌스는 기본에 더 충실한 명부를 작성하는 작업에 재빨리 착수한다.

에글렌타인은 1906년에 사회 조사를 마친 뒤에 건강이 또 다시 나빠졌다. 그래서 몇 달 동안 휴가를 내고 도로시와 찰리의 집을 방문하기도 하고 장티푸스에 걸려 솔즈베리에 있는 대학 친구 루스 워즈워스와 함께 시간을 보내기도 했다. 아무도, 심지어 의사들까지도 에글렌타인에게 무슨 문제가 있는지 몰랐다. 타이는 딸이 자신을 닮아서 신체적으로나 정신적으로 일을 많이 하고 나면 감당을 하지 못할 정도로 몸이 약해진다고 추측할 뿐이었다.

에글렌타인과 루스는 외딴 다트무어 농장에서 함께 요양을 하며 1907년을 보냈다. 그곳에서 에글렌타인은 수녀원을 탈출하는 한 소녀를 주인공으로 한 소설을 쓰는 데 전념했다. 저녁이 되면 큰 소리로 자신이 쓴 소설을 루스에게 읽어주었고, 루스는 즐거워했다. 둘 다 몸이 나아지면 에글렌타인은 루스에게 승마를 가르쳤다. 루스의 표현대로 승마는 '한 달 동안 단둘이 보낸 시간 중 가장 흥미로운 경험'이었다. 그런 뒤에 몇 차례 더 여행을 했다. 그해 7월에는 에글렌타인과 번의 짧은 도보 여행에 마거릿도 함께 했다. 에글렌타인이 마거릿에게 유혹하는 편지를 썼기 때문이었다.

'이번 원정에서는 갑자기 죽음을 맞이할 수도 있다는 각오로 원시의 야만적인 삶을 체험할 거야. 네가 함께한다면 두말할 것도 없이 여행이 더 즐거울 거야.'

그리고 얼마 뒤 어느 비 오는 날 에글렌타인은 루스와 샬럿 토인비를 이끌고 승마 원정을 갔다. 샬럿은 조랑말이 끄는 마차를 탔지만 다른 사람들은 말을 타고 버크셔다운스를 건너 실체스터 유적지를 경유해 화이트호스로 갔다. 에글렌타인의 기력이 많이 회복된 건 분명한 사실이었다.

1906년은 도로시와 찰리에게도 분주하고 때때로 힘든 해였다. 7월에 그들의 첫 아이 에글렌타인 로든 벅스턴이 태어났다. 그 아이는 이모의 사랑을 불러일으킨 몇 안 되는 아기 중 하나였다. 에글렌타인은 아기가 태어나기 전부터 도로시와 찰리를 돕기 위해 함께 지냈다. 나중에는 틈틈이 아기를 돌봐주면서 케임브리지 자선단체에 대한 조사본을 즐겁게 썼다. 그런 다음에도 소설을 쓰며 계속 머물렀다.

찰리는 도로시 못지않게 에글렌타인의 도움을 환영했다. 첫 선거를 치르느라 바빴기 때문이다. 그 선거에서 찰리는 선출되지 않았다. 에글렌타인은 다음과 같은 말로 도로시를 위로했다.

"자신의 신조를 버리면서까지 선출되는 것보다는 차라리 선출되지 않는 편이 더 나아. 모두가 다 알다시피 찰리는 더욱 공정한 사회, 균등한 기회, 행복과 복지가 더 광범위하게 확산되는 날을 앞당기겠다는 사명감을 갖고 있잖아."

이윽고 애스키스의 자유당 정부는 캠벨배너맨이 주도하는 진보적인 복지 정책을 발표하기 시작했다. 에글렌타인은 정부 연금과 건강 보험이 도입되는 것을 목도하면서 정치적 해결과 진보주의적인 정책에 대한 자신의 믿음이 틀리지 않았다는 것을 확인했다. 에글렌타인은 도로시에게 열변을 토하며 앞날에 대한 의견을 말했다.

"노동자 계급의 해방이라는 대의가 우리 세대에 맡겨졌어. 이제 우리는 생각보다 더 오랫동안 싸우게 될지도 몰라."

1909년에는 제국주의 이론의 권위자이자 「모닝 포스트」의 기자로 유명해진 에글렌타인의 오빠 딕이 무소속 보수당 하원의원으로 입후보했다. 에글렌타인은 이번에는 딕과 그의 아내 에설이 선거 운동을 벌이는 동안 딕의 두 아들을 돌봐주며 고모 역할을 톡톡히 해야겠다고 생각했다. 하지만 딕은 선거공탁금을 잃었다. 에글렌타인은 아무 말도 하지 않았다.

그해 가을에 찰리와 그의 형 노엘은 버트런드 러셀이나 웹스 가족 등과 마찬가지로 새로 조직된 〈국민 참정권 연합〉을 지지하고 나섰다. 에밀리 홉하우스가 의장이었다. 국민 참정권 연합은 모든 여성에게 참정권을 주는 것을 지지했고, 〈여성 사회정치 연합〉보다 훨씬 더 급진적인 정책을 내세웠다. 이윽고 도로시와 에글렌타인, 마거릿 케인스는 모두 참정권 시위에 동참했다. 마거릿은 1911년에 길퍼드를 관통하는 행진을 하면서 본 상황에 대해 이렇게 말했다. '몇몇 남자들은 야유를 보내고 많은 사람들이 웃었다.' '충격을 받고 마음에 상처를 입고 슬퍼하는 여자들도 있었다.' 하지만 그 대의는 그들 중 어느 누구한테서도 적극적인 지지를 불러일으키지는 못했다. 마거릿은 에글렌타인에게 다음과 같은 편지를 썼다.

'참정권에 관한 연설을 더 재미있게 할 수는 없을까. 나중에는 참정권에 관한 포스터에 색칠하려고 했다니까. 그런데 물감을 아무리 찾아봐도 없어서 우리는 아주 신나게 주사위놀이를 했어.'

플로렌스는 마거릿과 에글렌타인을 꾸짖었다.

"나는 너와 에글렌타인이 국가에서 너희가 차지하고 있는 지위, 그리고 누리고 있는 권리에 대해 감사하는 마음을 가졌으면 해. 안타깝게도 너희에게 투표권이 제한되어 있기는 하지만."

마거릿은 하원의 여성 방청석에 앉아 로이드 조지가 야심찬 보험 법안을 발의하는 광경을 볼 기대에 사로잡혀 있었다. 나중에 마거릿은 에글렌타인에게 말했다.

'정말 흥미로웠어. 짜릿하기도 했고. 그 법이 발효되면 지역사회 내 수백만 곳에서 복지 정책이 차근차근 시행될 거야. 이상적인 방안을 차례차례 제시하더라고. 그리고 사람들이 이따금씩 나직하게 갈채를 보냈지. 그 소리가 마치 파도가 철썩 치다가 드문드문 자갈 위로 다시 흘러들 때 나는 소리 같았어.'

찰리는 마침내 1910년 첫 총선에서 자유당 하원의원으로 당선되었다. 전반적으로는 자유당이 큰 차이로 득표를 한 건 아니어서 의회에 다수당이 없는 상황이 되기는 했다. 하지만 에글렌타인은 찰리의 당선을 축하하며 다음과 같은 새로운 식견으로 그의 불굴의 정신을 칭찬했다.

"이번 선거는 정치 역사상 가장 큰 고비였죠. 나에게는 기존의 그 어떤 문제보다도 선거에 대해 깊이 생각하는 계기가 되었어요."

5년 전까지만 해도 보수당원인 집안의 정치적 성향을 따랐던 여성으로서는 굉장히 놀라운 전향적 발언이었다.

찰리는 연말에 다시 낙선하고 말았다. 선거를 치를 때 찰리의 문제점 중 하나는 인권과 시민권에 대해서는 열정적이지만 밖에 나가서 유권자들에게 표를 달라고 호소하지는 않고 잠재적인 유권자들로부터 숨어서 좋은 책만 읽는 것이었다. 하원의원일 때도 자신의 정책을 홍보하기보다는 문화적 주제에 대해 강연을 하는 것을 더 좋아했다. 예전에 『무단결석하는 정치인』이라는 제목의 문학 에세이 모음집을 출간하기도 했다. 여성 연사들은 아직 흔하지 않았지만 도로시가 나서서 찰리의 선거 운동을 적극적으로 지원했다. 도로시는 에글렌타인에게 다음과 같은 쾌활한 내용의 편지를 썼다.

'너무 마음 졸이지 않으면 선거는 아주 재미있어.'

자신감 넘치는 천부적인 연설가인 도로시는 남편과 사회에 봉사하는, 자신에게 딱 맞는 방법을 찾아낸 것이 기뻤다. 도로시는 눈치 없이 다음과 같은 편지를 계속 썼다.

'이상을 실행하려고 노력한다는 건 불바다와 회오리바람 속으로 뛰어드는 것과 같아. 아주 잘 알고 있어. 하지만 사랑의 별이 머리 위에서 밝게 반짝이는 한 만사가 다 잘될 거야.'

에글렌타인은 타이와 함께 집에 돌아온 뒤에 자신감이 살짝 흔들리는 또 다른 위기를 겪었다. 에글렌타인은 자신의 정당 정치 운동을 엄마가 부담스러워한다는 것을 알아채고 1910년 선거에서는 다른 활동은 하지 않고 초당파적인 『총선 기간 개인의 기도 매뉴얼』을 출간했다. 그 작품은 정치 운동을 위한 문서는 아니었지만 기도의 힘에 대한 자신의 믿음, 그리고 자신이 시민활동을 하게 된 종교적 동기를 진솔하게 담았다. 서문에는 다음과 같은 글이 적혀 있었다.

'기도와 행위는 인생의 씨실과 날줄과 같아야 한다. 자신의 세대가 겪는 투쟁에서 완전히 동떨어져 있는 듯 보이는 사람도 자신을 둘러싼 세상 속에서 보고 들은 것을 자신의 기도에 더욱 상세히 반영해야 한다. 그래야 그의 영혼이, 보이는 현실과 보이지 않는 실체에 더 가까이 다가갈 수 있기 때문이다.'

에글렌타인이 기도를 해야 하는 경우를 나열한 목록이 있는데 읽어보니 굉장히 재미있었다. 그중에는 '정치 연설에서 거짓말을 하고 싶은 유혹에서 구해주는 기도'가 있다.

에글렌타인이 정치적 활동을 자제했는데도 타이는 케임브리지 집을 내놓았다. 에글렌타인이 그 지역의 자유당 하원의원을 지지한다는 사실도 한 가지 이유로 작용했다. 그런 다음 타이는 낙심한 에글렌타인을 여행 친구 삼아 유럽 대륙을 향해 떠났다.

에글렌타인의 일은 이후 오랫동안 도로시와 찰리가 생각했던 정치적 문제와 밀접히 연관된다. 찰리는 1912년에 다시 자유당 후보로 채택되었지만 결코 정치적으로는 성공하지 못했다. 그로부터 3년도 안 되어 정부의 전쟁 정책에 반대를 했다는 이유로 지역 자유주의 연합에 의해 쫓겨나고 만다. 에글렌타인은 사회경제학 분야에서 자신의 특기를 발견하고 플로렌스 케인스와 마거릿 케인스와 함께 일을 했다. 이러한 모든 경험이 훗날 에글렌타인의 사상을 형성한다.

에글렌타인에게 가난은 자연법칙이나 신의 섭리에 의한 결과도 아니고 정부의 정책으로 해결할 수 있는 문제도 아니었다. 가난은 사회 전체가 책임져야 할 문제였다. 모든 사회 계층과 세대가 그들의 시민의식을 키워야만 해결할 수 있는 것이었다. 그것이 이제 에글렌타인이 '구호가 필요한 상황을 초래하는 원인이라고' 믿는 '거대한 정치적 경제적 문제'였다.

7
사랑 편지
1907 ~ 1913

마거릿의 우정, 내 인생 최고의 축복.
에글렌타인 젭, 1913년

내가 두 번째로 더 리스에 방문한 어느 날, 라이어널 젭은 저녁 식사를 하고 나서 인조 악어 가죽으로 된 박스형 파일을 꺼냈다. 파일에는 차곡차곡 정리된 몇 백 통의 편지가 가득 채워져 있었다. 거의 모든 편지에 마거릿 케인스의 동글동글하고 깔끔한 필체가 빽빽이 적혀 있었다. 휘갈겨 쓴 에글렌타인의 글씨보다 훨씬 더 읽기 쉬웠다. 그중에는 정성스럽게 다시 접어서 봉투에 넣어둔 편지가 많았다. 스테이플러를 박거나 종이 클립을 끼운 편지도 있었다. 대부분 페이지 모퉁이에 곰팡이가 슬어서 페인트가 벗겨지듯 종이가 갈라져 있었다. 전부 1907년에서 1928년까지 20년이 넘는 기간 동안 쓰인 편지였다. 편지가 주요 통신수단이었던 시대라고 해도 그것은 어마어마한 양이었다. 특히 1908

그림 : (좌)1910년, 썰매 복장을 입은 에글렌타인. 스위스에서 쓴 편지에 마거릿을 웃기려고 그렸다.
　　　(우)1910년 8월, 마거릿 케인스를 그린 연필 초상화. 나중에 화가 그웬 라베라트로 유명해진 그웬 다윈이 그렸다.

년에서 1912년까지가 그랬다. 그 시기에 에글렌타인과 마거릿은 둘 다 일주일에 여러 번 편지를 썼다. 두 사람이 지나치게 편지를 주고받는 것을 보고 사람들이 뭐라고 하자 에글렌타인은 정기적으로 편지를 쓰는 것이 일기를 쓰는 것보다 덜 형식적이라고 이의를 제기했다. 마거릿은 어머니에게 편지를 한 달에 한 번 쓰는 것보다 매일 쓰는 게 더 쉽다고 말했다. 편지를 자주 쓰는 이유가 각기 달랐다.

'당신이 여기에 있다면 설사 내가 당신에게 내일 또 보자고 매일 부탁을 해도 당신은 나를 성가시게 여기지 않을 거야. 당신에게 그런 참을성이 있으니 내가 당신에게 자주 편지를 보내도 괜찮겠지. 지식이나 사랑을 전할 때 이보다 더 좋은 전달 수단이 또 무엇이 있으리.'

마거릿은 자신이 제본해 놓은 존 단의 시를 1908년 10월에 에글렌타인에게 인용했다.

마거릿과 에글렌타인은 1910년에 둘 다 편지를 쓰는 것을 게을리하게 되자 크리스마스 선물을 주고받는 대신 매일 편지를 쓰자고 약속했다. 마거릿은 12월 26일에 불평을 하며 놀리는 편지를 썼다.

'사랑하는 내 친구, 오늘 당신한테서 편지가 오지 않았군. 당신은 여성 참정권 운동가들이 콩그레스버리 우체통 안에 있다고 생각하는 건가?'

소장된 두 사람의 편지에는 공통된 꿈과 쓸쓸한 산, 사랑의 징표, 헝가리 개구리들, 그리고 대부분의 시간을 들인 사색과 글쓰기에 대한 감동적인 이야기가 담겨있다.

에글렌타인은 마거릿이 1908년에 자선조직협회 사무실에 수습 보조

사무원으로 일하기 시작했을 때 거들먹대며 편지를 썼다.

'케인스 선생님은 아주 좋은 분이지만 너무 예민해서 선생님한테는 상냥하게 대하는 게 상책이야.'

'굉장히 예쁘고 매력적인' 마거릿은 겨우 스물두 살이었고 에글렌타인보다 아홉 살이나 더 어렸다. 하지만 마거릿은 에글렌타인처럼 진작부터 사회사업에 대해 열정을 지니고 있었다. 그 다음 몇 년 동안 두 여성은 친밀한 우정을 쌓아 에글렌타인의 인생에서 정신적 교감을 나누는 가장 완벽한 관계로 발전한다.

마거릿은 케임브리지 교외 지역의 하비로드 6번지에서 성장했다. 그 뒤로 곡마곡힐을 향해 뻗어 있는 목초지가 내려다보이는 주택에서였다. 집 정면에는 현관 양쪽으로 커다란 돌출창이 나 있었다. 하지만 어두운 노란색 벽돌로 지어져서 약간 음침해 보였다. 케인스 가족의 아이들은 한때 그 벽돌을 '시체 벽돌'이라고 부르기도 했다. 플로렌스 케인스는 그 당시 유행대로 집 내부를 비싼 남색의 모리스 벽지와 라파엘 복제화, 그리고 대대로 내려오는 빅토리아풍의 가구로 칙칙하게 장식했다.

이제 그 집은 학생들의 숙소로 사용되기 때문에 실내장식은 연한 미색의 페인트와 코르크 판, 그리고 화재 비상구로 바뀌었다. 하지만 가장자리에 있는 두 개의 탄탄한 목재 벽난로에는 여전히 위용을 과시하듯 케인스 가족의 'K'가 새겨져 있었다. 더 부유하고 자랑스러웠던 그 집의 과거를 보여주는 듯하다.

케인스 가족은 보란 듯이 학자를 많이 배출한 지적인 집안이었다. 그중에서 꽤 조숙했던 메이너드는 여동생 마거릿과 두 살 차이가 채 나지 않았는데 마거릿을 희생양으로 삼으면서까지 자신의 재치를 시험하는 것을 즐겼다. 그래서 마거릿이 '별 볼 일 없는 아이'라는 것을 논리적으로 증명해서 마거릿을 울린 적도 있었다. 마거릿은 한동안 오빠에게 시달렸던 것 같다. 케인스 가족 신문에 그 사건에 대한 기사가 실렸는데 그 글은 다음과 같이 끝난다.

'도덕적 추론: 놀림을 받는 누이보다는 못된 사내아이가 되는 것이 더 낫다.'

하지만 전반적으로 메이너드와 마거릿, 제프리, 이 세 아이는 모두 잘 지냈고, 나이는 물론이고 성격이 가장 비슷한 위의 두 남매는 평생 서로를 크게 존중했다.

마거릿은 자신의 남자 형제들과는 달리 학구적이지는 않았다. 독일어 가정교사 여러 명이 오래 버티지 못하고 그만둘 정도였다. 메이너드와 제프리가 이튼학교에 갔을 때 마거릿은 버킹엄셔에 있는 위컴애비 학교에서 기숙사 생활을 하면서 원예와 미술에 집중했다. 공교롭게도 위컴애비는 타이가 몇 년 전에 도로시를 먼 학교에 보내는 것에 반대해 선택했던 바로 그 학교였다.

마거릿은 똑똑하고 창의적이었지만 잘난 체하는 오만한 태도를 엄격하게 삼갔다. 그리고 원예와 책 제본, 사회사업에 평생 열정을 쏟는다. 나중에는 책 제본 협회를 만들어 에글렌타인과 메이너드의 친구 리턴 스크래치를 포함해 다른 많은 사람들에게 책을 제본해 주었다.

제프리는 메이너드를 따라 케임브리지에 가서 잘생긴 외모로 유명한 젊은 시인 루퍼트 부룩과 아주 좋은 친구가 되었다. 루퍼트는 종종 하비로드를 방문했고, 달빛이 비치는 정원 아래쪽에서 낭만적으로 시를 낭송하곤 했다. 그곳은 작은 과수원 때문에 집에서는 일부분만 보였다. 그래서 마거릿은 자기 방 창문 밖으로 몸을 내밀어야만 그 광경을 구경할 수 있었다. 지금도 여전히 사과나무 세 그루가 말끔하게 관리된 잔디 끝에 서 있다. 하지만 새로운 비밀 모임 장소는 이제 정원 헛간에 있다. 헛간이 개조되어 술이 가득한 술집이 된 것이다. 나는 메이너드와 마거릿, 그리고 제프리가 파티를 아주 좋아했기 때문에 그 술집을 본다면 무척 반가워하지 않을까 상상한다.

플로렌스 케인스는 세 아이들과 함께 열정적으로 사회정의를 촉구했다. 그중에서도 마거릿이 가장 적극적으로 동참했다. 플로렌스는 케임브리지 후원회에 소속되어 구빈법을 근거로 구호품 보급활동을 감독했다. 종종 딸을 데리고 밀로드에 있는 구빈원에 가기도 했다. 플로렌스는 구빈원의 가혹한 정책과 환경이 개혁되기를 바랐다. 마거릿은 충격을 받고 이런 글을 적었다.

'구빈원에 있는 사람들은 일종의 벌을 받고 있는 것처럼 보였다. 다른 사람들에게 의존한 대가로 받는 벌.'

마거릿이 자신의 어머니와 비교해도 손색이 없을 만큼 금세 사회적 책임 의식을 갖게 된 것은 놀랄 일도 아니었다.

케임브리지 가문들의 인맥과 사회복지에 대한 공통된 관심 때문에 에글렌타인과 마거릿은 언젠가 만날 수밖에 없는 인연이었다. 세기 전환기에 대학과 관련된 사람은 어느 누구를 막론하고 서로 알기 마련이었다. 그리고 여러 가문이 같은 사교계에서 어울리는 와중에 젭 가족과 다윈 가족, 케인스 가족, 딤즈데일 가족이 서로 인척 관계이거나 앞으로 결혼을 통해 인척 관계가 되는 건 당연한 일이었다.

한번은 케임브리지 법원에서 최초의 여성 치안판사로 재임하던 플로렌스 케인스가 다윈 부인이 난폭 운전으로 기소를 당했을 때 눈치껏 양해를 구하고 자리를 비운 일도 있었다. 한 할머니가 다른 친척 할머니에게 판결을 내리는 민망한 상황을 피하기 위해서였다.

플로렌스와 메이너드는 또한 에글렌타인의 삼촌 리처드를 알고 있었다. 메이너드는 에글렌타인의 여동생 도로시가 뉴넘칼리지에서 공부를 하고 있을 때 도로시에게 강의를 했다. 그 당시 메이너드는 도로시를 '경제학을 배우는 가장 재능 있는 학생들 중 하나'라고 말했다.

타이와 에글렌타인이 1901년에 케임브리지로 이사했을 때 마거릿은 여전히 학생이었다. 에글렌타인이 플로렌스에게 소개되었을 때만 해도 마거릿은 에글렌타인을 어머니 지인의 딸 정도로만 알았을 터였다. 인맥이 좋은 에글렌타인이 자선조직협회에서 일을 아주 잘하자 플로렌스는 몇 년 뒤에 아무 목표도 없는 열여덟 살의 딸을 자선조직협회 내에 자원봉사자로 앉혔다. 그렇게 하면 엄마로서 딸을 주시할 수 있고, 또 이제 스물일곱 살이 된 에글렌타인이 딸에게 자립심을 불어넣어 줄 수도 있으리라 기대했기 때문이었다.

마거릿이 자선조직협회 사무실에 처음 온 건 1903년이었지만 에글렌타인을 돕기 시작한 건 1906년부터였다. 맨 처음 그 일은 에글렌타인이 자선단체에 관해 조사한 내용을 읽는 것이었다. 에글렌타인은 마거릿에게 다음과 같이 고마움을 표했다.

'비판과 조언을 해줘서 얼마나 고마운지 몰라. 나를 위해 수고를 해주다니 정말 친절하구나. 그런데 나를 그냥 이름으로 불러주는 건 언제? 별로 안 내키니? 그렇지 않았다면 진작 그렇게 불러주었겠지? 하지만 아무튼 나는 사랑하는 당신의 에글렌타인 젭이라고 서명을 하진 않거든.'

그 다음 해에 에글렌타인은 플로렌스의 아이디어에 따라 '소년고용센터'를 설립해 운영했다. 무료로 운영되는 청소년 직업소개소였다.

3년 전에 에글렌타인과 플로렌스는 케임브리지 교육위원회의 위원으로 일하면서 아이들이 열두 살에 학교를 졸업하고 나서 직업견습을 할 수 있는 방안이 없을까 고민하기 시작했다. 아이들 대부분이 장기적 전망 없이 단순한 심부름꾼이 되었기 때문이다. 소년고용센터는 그런 소년들을 추가로 교육시켜서 자격을 갖추도록 하는 것이 목표였다. 가능하면 주로 건축이나 장화 만들기 같은 기술 직종에서 견습사원으로 일을 하면서 말이다. 2년 뒤에는 베버리지 공공직업소개소를 능가하는 기관으로 뿌리내리기를 기대했다.

에글렌타인은 소년고용센터의 첫 명예 간사가 되었다. 에글렌타인은 간사 역할을 하는 동안 든든한 지원을 받았다. 다윈 부인과 메리 페일리 마셜이 위원회 위원이었으며, 저명한 수학자인 조지 다윈 경이 회계를 봐주기도 했다. 하지만 초기에는 고된 일이 대부분이었다. 몇 주 동안 런던에서 시행되는 견습직 실태에 대해 조사한 이후에는 다양한 회사를 돌아다니며 소년들을 적합한 자리에 앉혀달라고 청원했다. 그런 일을 하다보면 기운이 많이 소진되기도 했을 것이다. 현장에 뛰어드는 실무보다는 정책을 글로 쓰는 일을 더 좋아하는 사람에게는 더욱 힘들지 않았을까 싶다. 게다가 직접 관계자를 찾아가야 하기 때문에 진이 빠지는 일이었다.

그럼에도 불구하고 에글렌타인은 케임브리지 소년고용센터를 소년들을 상근 기술직에 연결하는, 효율적이고 높이 평가받는 조직으로 만들기 위해 지칠 줄 모르고 일에 몰두했다. 에글렌타인이 그렇게 많은 일을 해낸 것을 보면 그녀의 리더십과 카리스마가 어느 정도였는지 알 만하다. 능력도 없이 실업 상태인 소년들을 위해 싸우는 여성이 아무리 훌륭하다고 해도 바쁜 고용주의 뿌리 깊은 선입견을 바꿔 소년고용센터를 성공적으로 이끌기는 쉽지 않았을 것이다.

1908년 초에 이제 스물두 살이 된 마거릿은 소년고용센터에서 에글렌타인의 수습 보조 사무원으로 일하게 되었다. 레전트스트리트 82번지에 있는 자선조직협회 사무실에서 책상과 문서 보관함 사이가 마거릿의 자리였다. 바로 그 무렵에 에글렌타인은 여동생 도로시에게 보내는 편지에 자신의 어린 친구 마거릿을 감싸면서도 생색을 내는 어조로 마거릿에 대해 적었다.

'내가 마거릿에게 일을 시키면 마거릿의 안색이 변해. 그러고는 무슨 일이든 알겠다고 얼른 대답을 해. 겉으로는 그래도 속으로는 얼마나 부담을 느낄지 내가 잘 알지. 그래서 당분간은 아주 쉬운 일만 시키고 있어. 마거릿은 뭐든 시키면 아주 만족스럽게 잘해. 그런데 마거릿의 엄마가 버젓이 마거릿 앞에서 일을 잘한다고 유난스럽게 굴면 좀 화가

나.'

　마거릿이 소년고용센터에 처음 왔을 때는 자신감이 거의 없었다. 사람들 앞에서 말하는 것을 두려워했으며 겁을 먹어 경직되어 있었다. 그런 상태로 직장을 구했다가는 고용주에게 무시를 받을 게 빤했다. 이제 마거릿은 에글렌타인에게 일을 배우면서 생기를 찾았고, 이윽고 자신의 새로운 멘토로 숭배하기 시작했다. 그러면서 일을 하다가 감이 잡히지 않을 때는 주문을 하듯 '에글렌타인이라면 어떻게 할까?' 생각했다. 에글렌타인은 마거릿이 열심히 일을 해주어 고마워했고 자신을 존경하는 모습이 보이자 우쭐하기도 했다.

　그 다음 몇 달 동안 에글렌타인은 점점 더 마거릿에게 의존했다. 들쑥날쑥한 건강이 또 말썽을 일으키기 시작했기 때문이다. 그해 봄에 마거릿은 에글렌타인이 너무 창백하고 말랐으며 금방이라도 쓰러질 것 같다고 묘사했다. 가을이 되자 에글렌타인은 좀처럼 런던에 가서 도로시와 찰리를 만나지도 못했고, 산책과 승마를 하며 휴식을 취하는 일도 완전히 중단되었다. 이윽고 에글렌타인은 지극히 사랑하는 말 에스텔을 포기해야 할 지경에 이르렀다. 의사들은 다시 한 번 쉬라는 처방을 내렸다. 에글레타인은 대부분 처방에 따랐다. 하지만 기력을 되찾으면 그때마다 자유를 누리고 싶은 유혹을 떨치지 못했다. 그래서 가끔 소택지를 걸으며 다음과 같은 말을 해서 마거릿을 몹시 화나게 했다.

　"축축한 산울타리 밑에 눕고 외풍이 있는 여인숙에 머문 덕택에 건강을 회복했어."

　결국 에글렌타인은 소년고용센터에서 일한 지 딱 8개월 만에 '체질에 더 맞는, 문학 작품을 쓰는 일'을 다시 하기 위해 하던 일을 그만두었다.

이제 에글렌타인은 건강이 나쁘다는 핑계로 글 쓸 시간을 겨우 마련했다. 마거릿은 이렇게 말했다.

"물론 에글렌타인은 사람들을 만날 필요가 없게 된 걸 무척 홀가분하게 생각해요. 낯선 사람들을 만나다 보면 건강이 안 좋아지니까요."

에글렌타인은 신문에 글이 두 번 실린 것에 고무되어 그해 여름에 가장 야심찬 사회 소설 『울타리』를 저술하기 시작했다. 『울타리』의 배경은 에글렌타인이 유년기를 보낸 슈롭셔 시골 지역이다. 소설의 제목인 '울타리'는 슈롭셔에서 가장 부유한 지주 두 사람의 땅을 둘러싼 높은 말뚝 울타리를 가리켰다. 울타리 안은 권력과 특권, 그리고 보수적 정치 성향을 상징했다. 소설 속 울타리는 가난과 억압, 그리고 불결함이 울타리 안으로 접근하지 못하도록 장벽 역할을 했다. 에글렌타인의 소설은 도덕적으로 계몽적인 빅토리아 시대의 사회 소설과 맥락을 같이 하며 동시대의 지주 제도를 고발하려는 의도로 쓰였다. 이야기는 보수당인 토리당원이자 이기적인 지주 휴 오버포드와 이상주의적인 협동조합을 지지하는 프리다 존스의 열정적인 관계를 중심으로 낭만적으로 전개된다.

마거릿은 에글렌타인의 절친한 문학 친구로서 에글렌타인을 '조지 엘리엇 혹은 제인 오스틴'에 빗대면서 '어느 쪽에 더 가까운지 모르겠다.'고 했다. 하지만 에글렌타인의 산문과 시는 다른 누구의 영향을 받았다기보다 대부분 근본적으로 영감을 받아 쓴 것이었다. 그중에서도 『울타리』는 상당히 힘겹게 완성되었다. 에글렌타인은『울타리』가 교훈적이면서 멜로드라마 같은 작품으로 비쳐질 거라고 조바심을 냈다. 그럼에도 내용을 수정하려 하지 않았고, 소설이 출간되지 않자 굉장히 실망했다.

한편 마거릿은 자신의 사회 소설『빅커리의 모자 Vickery's Hats』를 쓰기 시작했다. 그 작품에 나오는 빅커리의 모자는 인간과 유인원 간의 차이를 상징하는 것이었다. 그리고 사회 다윈주의(다윈의 생물 진화론을 사회 현상에 적용한 이론. ─옮긴이)의 냉담한 사상을 거부하고 진화론적인 다원주의를 수용하는 것에 코웃음을 치는 내용이었다. 이것 역시 결코 출간되지 않을 운명이었지만 마거릿은 적어도 본업을 그만두지는 않았다.

에글렌타인은 1907년 12월에 마거릿이 소년고용센터의 업무를 인수하는 것을 꺼리자 마거릿을 설득했다. 에글렌타인은 마거릿에게 다음과 같은 말로 아부를 했다.

"네가 용감하고 양심적으로 일하는 모습을 볼 때마다 난 짜릿한 기쁨을 느끼곤 해."

마거릿은 그 다음 해 봄에도 '누군가의 이름 뒤에 숨는 것'이 속 편하다면서 처음에는 업무 인수를 거부했다. 하지만 결국 한 달 뒤에는 받아들였다.

마거릿은 에글렌타인을 본보기로 삼아 자신의 일에 대해 높은 기준을 설정하고 보조 사무원에게도 같은 기준을 요구했다. 보조 사무원으로는 에글렌타인의 사촌 젬과 에글렌타인이 있었다. 마거릿은 보조 사무원 에글렌타인이 예쁘고 매력적이기는 했지만 에글렌타인과 이름이 똑같다는 것에 불만을 느꼈다.

마거릿이 에글렌타인과 다른 점은 직장을 구하는 소년들과 개인적으로도 친밀하게 지냈다는 사실이었다. 마거릿은 아이들을 무척 좋아했고, 서류에 적힌 모든 소년들의 이름을 외웠으며 직접 기부를 해서 특정 물품을 사주곤 했다. 가끔은 몇몇 소년을 하비로드에 있는 집으로 초대해 차를 마시기도 하고, 정기적으로 소년들의 가족을 만나려고 노력했다. 마거릿은 한 가족의 집을 방문했던 일화를 에글렌타인에게 다음과 같이 묘사했다.

'루크씨는 카운터 뒤에 있는 낡은 팔걸이의자에 앉아 있었어. 그런데 루크씨의 머리 가까이에 한 줄로 꿰인 청어가 매달려 있어서 자꾸 거기에 신경이 쓰이더라고. 한편으로는 루크씨가 자리에서 일어나면 어떻게 될지 상상을 하니까 어찌나 웃기던지!'

하지만 마거릿은 그 가족이 가난하다는 사실도 놓치지 않았다. 벽이 심하게 썩어서 구멍이 숭숭 나 있었지만 점잖고 행복하게 사는 그들의 모습에 감탄했다. 보통 자선활동을 하는 여성들은 그런 인성까지 언급하지 않기 마련이었다.

이제 소년고용센터는 마거릿 다원의 표현을 빌리자면, 마거릿의 '특이하지만 활기찬 운영' 하에 번창해 나갔다. 그럼에도 불구하고 그웬은 1908년에 마거릿이 다원 자매를 방문했을 때 마거릿의 자부심에 '깊은 흠집을 냈다.' 마거릿과 에글렌타인이 예순 살이 되면 어떤 모습일까 미래를 그려보더니 마거릿을 단순하게 '자선가'라고 말한 것이다.

"참 야박하게 말한다."

마거릿은 투덜거렸다. 자선활동이라는 말에 생색을 내는 듯한 어감이 있기 때문이었다. 하지만 마거릿과 에글렌타인은 자신들이 소년고용센터에서 한 일이 개척적인 일이라고 믿었고 계몽적인 사회계약사상(개개의 인간들이 모여 상호협의하에 사회나 국가를 이룬다는 사상. - 옮긴이)에 뿌리를 두고 있다고 믿었다. 나중에 메이너드(일찍이 소년고용센터에 일 년에 한 번씩 기부금을 내고 있는 최초의 기부자)가 '소년 노동의 문제점'에 관한 마거릿의 보고서를 '가장 흥미롭고 감동적이기까지 한 문서라고 해도 손색이 없을 만큼 굉장히 훌륭한 글'이라고 칭찬했을 때 마거릿이 자부심을 느낀 건 당연한 일이었다.

마거릿은 6년 동안 소년고용센터를 운영한다. 소년고용센터의 성장과 성공은 대부분 마거릿의 열정과 헌신 덕택이었다. 마거릿이 소년고용센터를 그만둘 무렵에 서류에는 800명이 넘는 소년의 이름이 기재되어 있었다.

에글렌타인이 1908년 봄에 소년고용센터를 그만두었을 때 마거릿은 문득 앞으로 에글렌타인의 빈자리가 얼마나 크게 느껴질까 하는 생각이 들었다. 마거릿은 일기에 이렇게 고백했다.

'작년은 그 어느 때보다도 참 소중한 해였다.'

그 일기를 거슬러 읽어가다 보면 마거릿이 이미 1908년 1월에 에글렌타인에게 조금씩 애정을 느꼈다는 사실을 분명히 알 수 있다. 그 당시 마거릿은 에글렌타인을 볼 목적으로 온갖 핑계를 대기 시작했다. 에글렌타인에게 램프를 빌리기도 하고 수표에 서명해달라고 하기도 했다.

이윽고 마거릿은 에글렌타인이 사람들을 구하는 꿈을 한창 꾸었고, 에글렌타인을 '천재', '아주 아름다운 미인', 그리고 '무한히 선량한 사람'으로 묘사했다. 마거릿은 그해 3월에 다음과 같은 글을 적었다.

'나는 그렇게 폭넓고 이타적인 선량함이 존재할 거라고 믿지 않았는데 그런 선량함이 그녀의 내면에 있다. 나 이외에는 아무도 이 글을 읽지 않기를 바란다. 하지만 혹시 누군가가 이 글을 읽게 된다면 이 글을 읽고 미소를 띠지 않았으면 한다. 다만 아주 진지하게, 진심을 담아 이 글을 적었다는 점과 이 글이 적어도 나에게는 무척 중요하다는 점을 알아주기를 바란다. 또한 에글렌타인은 다른 사람들과는 다르며 다른 사람들이 하지 못하는 것을 할 수 있는 사람이라는 것을 알았으면 한다.'

에글렌타인과 마거릿은 더 이상 함께 일을 하지 않게 되자 이제는 직장 상사와 부하 직원 사이가 아니었으므로 더욱 동등한 관계가 되었다. 에글렌타인은 소설을 쓰느라 거의 외출을 하지 않았다. 하지만 두 사람은 정기적으로 편지를 썼고, 그 다음 해에는 케임브리지에서 자주 만났다. 그해 7월에 에글렌타인과 마거릿은 요크셔에서 아주 편안하게 일주일을 함께 보냈다. 멀리까지 뻗은 길을 열 시간 동안 걸으며 이야기를 나누기도 했고, 바다까지 갔다가 되돌아오면서 30킬로미터를 걸은 적도 있다. 나중에 마거릿은 그 길을 다른 누군가와 걸었다면 결코 즐겁지 않았을 거라고 참담하게 썼다.

두 사람이 서로에게 그토록 끌렸던 건 사회봉사에 열정이 있다는 공통점 때문만은 아니었다. 그런 열정을 뒷받침하는, 더 고차원적인 삶의 의미와 목적을 찾고자 하는 감성적, 지적 욕망 때문이었다. 그만큼 두 사람은 정신세계가 비슷했다. 사실상 그들은 마음이 통하는 친구였다. 에글렌타인은 1909년 11월에 다음과 같은 글을 썼다.

'무슨 일이 일어나든 나는 네 거야. 우리의 우정을 맑고 순수하게 지켜나가자.'

1년 뒤에 마거릿은 에글렌타인을 향한 자신의 사랑에 대해 글을 쓰면서 다음과 같이 강조했다.

'우리 우정은 대부분 당신에 대한, 당신의 용기와 이타심에 대한 나의 존경심에서 우러나온 거야.'

하지만 1910년에 타이의 건강이 악화되었다. 게다가 타이는 딸이 사회사업에 너무 몰두한다는 점이 걱정이 되기도 해서 케임브리지를 떠나 에글렌타인을 데리고 스위스 리비에라에 가기로 했다. 그 계획이 기정사실화되자 에글렌타인은 당황했고 절망할 지경에 이르렀다. 케임브리지에서 다시 사회사업을 시작할 날을 손꼽아 기다리고 있었기 때문이었다. 하지만 미혼인 딸로서 에글렌타인이 져야 할 책임은 분명했다. 마거릿은 성심껏 다음과 같은 편지를 썼다.

'이곳을 떠난다고 해서 너무 상심하지 마. 당신은 모르겠지만 당신은 다른 사람과는 달라. 당신은 때와 장소를 가리지 않고 당신의 일을 하니까. 당신은 그저 당신 본연의 모습으로 살면서 좋은 일을 굉장히 많이 했어. 당신은 내 말을 이해하지 못할 거야. 당신은 나도 이해하지 못할 거라고 말하지만 내 말이 옳다는 걸 난 알아. 그건 내가 당신을 사랑

해서 그렇게 상상한 게 아니야. 내가 그걸 알기에 당신을 사랑하는 거야.'

마거릿은 자신의 고백에 심취한 상태에서 다음과 같이 계속 써내려 갔다.

당신이 어디에 있든 세상은 당신 덕분에 더 좋아질 거야. 당신이 이곳을 떠난다는 것은 케임브리지로서는 막대한 손실이야. 하지만 케임브리지는 결국 작은 장소에 불과하니 우리가 이기적으로 굴어서는 안 되겠지. 내가 이런 말을 한다고 언짢아하지는 마. 아마 당신은 그 말을 믿게 될 테니까. 한 가지 알아둘 건 그게 전부 나 혼자 하는 생각이 아니라는 거야. 당신이 뭔가 멋지면서도 놀랍고, 뭐라고 딱 꼬집어서 표현할 수 없는 일을 할 수 있다는 걸 많은 사람들이 깨달았거든. 그건 당신이 선하고 진실하고 신의가 있고 이타적이기 때문이야.

하지만 그 다음 몇 년 동안 타이는 스위스와 오스트리아, 이탈리아의 휴양지를 즐겁게 옮겨 다녔다. 에글렌타인이 세상을 더 나은 곳으로 만들기 위해 그곳에서 할 수 있는 일은 거의 없었다.

'구빈원이 가난한 사람을 위해 존재하듯이 이런 호텔은 부자를 위한 곳이야. 아무 목표가 없는 사람과 집 없는 사람, 아픈 사람, 아무 의욕이 없는 사람, 그리고 불행한 사람이 모여드는 장소지.'

에글렌타인은 점점 커져가는 좌절감을 마거릿에게 마구 쏟아냈다.

내가 가장 좋아하는 사람은 아픈 사람이야. 가장 싫어하는 사람은 목표가 없는 사람이고. 의욕이 없는 사람은 대부분 이상하긴 하지만 흥미로워. 이 사람들이 전부 천성적으로 게으른 건 아니겠지. 그렇더라도 게으르게 되기 십상이야. 그들이 처한 삶의 환경이 그들을 그렇게 만들거든. 그 사람들을 보고 난 뒤에 너에 대해 생각하니 네가 합리적이고 평범한 존재로 삶을 살아간다는 사실이 얼마나 감사한지 몰라. 인간을 결속시키는 것은 다름 아닌 삶의 활동이지.

이제 에글렌타인과 마거릿은 둘 다 위로해 줄 사람이 몹시 필요했고, 정기적으로 편지를 주고받으며 위안을 얻었다. 마거릿은 처음으로 에글렌타인과 멀리 떨어져 있었던 긴 여름에 다음과 같은 편지를 적었다.

'당신이 매일 점점 더 멀어지고 있다는 생각은 하고 싶지 않아. 당신이 이곳에 없다는 엄연한 사실에도 나는 절대 깊은 슬픔에 빠지지 않아. 왜냐하면 결국 그 사실은 아주 멋진 어떤 것, 그러니까 당신의 우정과 사랑을 잠시 덮어 놓은 베일에 불과하니까. 아무튼 지금 나는 그런 믿음으로 현실을 받아들여서 기분이 아주 좋아.'

그러다가 다시 몇 달 뒤에 마거릿은 한숨을 지으며 다음과 같은 편지를 썼다.

'사랑하는 아름다운 에글렌타인, 당신의 편지를 받는 것이 내게는 얼마나 큰 기쁨인지 당신은 모를 거야. 당신이 떠나고 나서 처음 이틀 동안 당신 생각에 젖어 있었던 것처럼 내 머릿속에는 항상 당신이 있어. 당신을 무척 사랑해. 나는 당신 거야.'

에글렌타인이 마거릿에게 보낸 편지는 보존된 것이 거의 없지만 그 중 한 편지에는 이런 글이 적혀 있다. 아마 편지가 완성이 되지 않았거나 부치지 못한 것일 수도 있다.

'네가 보낸 편지가 두 통이나 오는 날은 나에겐 정말 특별한 날이야. 네 편지는 아주 밝고 빛이 나는 아름다운 물건 같아. 추워서 무감각한 상태로 긴 하루를 보내고 나서 조용한 방에서 활활 타오르는 불에 손을 따뜻하게 녹일 때의 기분 알지? 네 편지를 받으면 그런 기분이 들어.'

그런 다음 에글렌타인은 아쉬워하며 편지를 계속 써내려갔다.

'가끔씩 내 방 한 구석에 있는 또 다른 침대를 바라보고 있으면 이런 생각이 들어. 네가 그 침대에서 자고 있으면 얼마나 좋을까. 그러면 난 네가 아주 편안하게 잘 수 있게 살펴주고 너에게 내 가운과 슬리퍼를 빌려줄 텐데.'

에글렌타인은 긴 치마와 단추를 꼭 채운 재킷을 입고 오스트리아 티롤의 산악 지대를 올라가면서 외롭고 '보잘 것 없는' 나날을 보냈다. 그리고 스위스 알프스의 한가운데에 있는 버말라에서 짧은 치마와 각반과 후드 티를 입고 스키와 썰매를 배우며 좀 더 자유로운 시간을 보내기도 했다. 그리고 마거릿을 재미있게 해주려고 그 모습을 편지 가장자리에 직접 그려 넣었다. 하지만 너무 오랫동안 마거릿과 떨어져서 지내자 이윽고 에글렌타인의 편시에는 자신을 돌아보는 고통스런 내용이 실렸다. 에글렌타인은 자신의 동기에 대해, 그리고 세상을 바로잡는 일에 자신이 정말로 필요한지에 대해 의문을 품었다.

'고통을 받는 어린이들의 희망, 발전을 위해 싸우는 사람들의 노고는

전처럼 존중받아야 해.'

에글렌타인은 비장하게 그와 같은 결론을 내렸다.

이제 에글렌타인은 자신이 마거릿의 어떤 점을 좋아하는지를 인식하고 그 점에 대해 무척 고마워했다. 마거릿은 에글렌타인의 다른 많은 친구들과는 달랐다. 다른 친구들은 '에글렌타인이 자신의 이상에 대해 말하면 그것을 터무니없다고 여기고 거북스러워했다. 그래서 한 귀로 흘려버리거나 이런저런 구실을 댔다.' 반면 마거릿은 에글렌타인의 이상을 '무시할 필요가 없었다.' 에글렌타인은 이렇게 편지를 썼다.

'친구들이 좋아하고 원하는 건 시를 제대로 감상하고, 점잖게 교제를 하는 거야. 그러니까 미친 짓은 하지 않는 거지!'

하지만 에글렌타인은 사회사업에 대한 자신의 열정이 '내 머릿속에 흐르는 광기' 같다고 점점 느꼈다. 에글렌타인은 마거릿이 자신에 대해 어떻게 생각하는지 알 수 있었다. 마거릿은 에글렌타인을 '내가 되고 싶은 본보기'로 여기고, '나보다는 훨씬 낫지만…… 아주 다른 사람은 아니어서 그 앞에서 내가 다른 친구들처럼 굴 필요는 없다'고 여겼다. 에글렌타인이 있는 그대로의 자신을 받아들이고 존경함으로써 자신을 괴로움에서 벗어나게 해 준 마거릿을 좋아하게 된 건 당연했다.

'내가 세상 밖으로 나가고 싶지 않았던 이유는 그곳에서는 하나님을 찾을 수 없기 때문이었어.'

에글렌타인은 마거릿에게 그렇게 말하고는 고마워서 다음과 같이 덧붙여 말했다.

'이제는 그렇게 생각하지 않아. 한 친구의 사랑이 하나님을 찾을 수 있는 단서를 준 것 같아. 내 소중한 친구야, 너는 현명하고 다정하고 착해서 난 너를 그 어떤 말로도 표현할 수 없을 만큼 사랑해.'

마거릿은 행복하게 응답했다.

'에글렌타인, 난 정말 행복해. 내가 당신에게 어느 정도 도움이 되는 것 같아서. 당신이 나를 사랑하고, 우리가 진정으로 서로의 벗이 되어 주며, 그것이 절대 변할 리 없다는 생각을 하면 기뻐서 벅찰 지경이야. 그것에 비하면 이렇게 헤어져 있는 고통은 아무것도 아니지. 당신을 깊이 사랑해……'

1911년에 마거릿은 에글렌타인과 함께 티롤과 돌로미티케에서 산에 오르고 대화를 하면서 3주 동안 아주 행복한 시간을 보냈다. 에글렌타인은 둘이서 함께 보낸 날을 들뜬 기분으로 계속 엽서에 기록했다. 첫 번째 엽서에는 오스트리아인 가이드 알로이스 아놀드가 등장했다. 에글렌타인은 알로이스 아놀드에게 마거릿에게 불상사가 일어나면 절대 용서하지 않겠다고 엄포를 놓았다. 알로이스는 두 사람을 바라보고 웃으며 그들을 안내했다. 여러 산장 중간중간에 있는 벼랑 가장자리를 따라 걷는가 하면 가파른 눈 비탈을 건너기도 했다. 그렇게 해서 4킬로미터의 슈가로프 산을 올라갔다. 그 와중에 마거릿은 독일어로 '나는 무섭지 않아.'라는 말을 내내 중얼댔다.

그것은 멋진 모험이었다. 세상 위로 우뚝 솟은 산에서 맑은 공기를 실컷 마셨고, 그곳에 위험이 도사리고 있어서 흥분이 가라앉을 새가 없었다. 점심시간에 마른 치즈가 맛있게 느껴질 정도로, 그리고 밤에 오두막집 방에 깔린 짚 매트가 안락하게 느껴질 정도로 운동도 충분히 했다.

마거릿은 돌아가고 나서 한동안 태연한 체했다. 그리고 나서 한 달 뒤에 다음과 같은 편지를 썼다.

'당신이 너무 보고 싶어서 그 심정을 말로 다 표현할 수 없을 정도야. 가끔 당신이 멀리 있다는 기분이 들긴 하는데 어떨 때는 그렇지가 않아. 종종 당신이 아주 가까이 있는 것 같아. 당신이 조각상처럼 아주 아름답게 침대에 누워 있는 모습이 보이는 것 같아.'

에글렌타인은 타이와 함께였지만 혼자가 된 느낌에 더 견디기 힘들어했다.

'아무리 생각해도 난 너 없이는 못 살 것 같아.'

에글렌타인은 절망적인 심정을 토로했다. 그런 자신의 감정이 이상하기도 하고 바보가 된 기분이 들었다. 에글렌타인은 혼란스러워서 이렇게 덧붙였다.

'언젠가…… 너에 대한 내 사랑이 더 성숙해져서 너에게 덜 의존하게 되기를 진심으로 바란다.'

이윽고 에글렌타인의 일기에는 낙담한 심정이 반영되기 시작했다. 에글렌타인은 '갈라진 거대한 산…… 우울한 숲'과 '낮아지는 하늘'에 대해 묘사했다. 에글렌타인은 외츠의 풍경에 반했다. 눈이 오기 전에 산에 흐르는 고요함과 바람 한 점 없는 평온함에 매료되었다.

'첫 눈송이가…… 천천히 내려온다. 서두르지 않고 아무 목적 없이, 아무 불평 없는 음울한 땅 위로.'

마거릿은 에글렌타인이 점점 더 우울해지고 있다는 것을 알아챘다.

그래서 에글렌타인이 충분히 잠을 못 자는 것이 아닌가 걱정이 되어서 에글렌타인에게 오발틴(우유 음료를 만들기 위한 분유의 상표를 말함. - 옮긴이) 캔을 보내고, 소설을 쓰는 일이나 타이를 24시간 간호하는 일을 줄이라고 잔소리를 했다.

'이것 봐, 에글렌타인! 그건 미친 짓이야. 도우미를 둬야 해. 밤낮으로 계속 그렇게 살 수는 없잖아? 그러다가 당신까지 병이 날 거야.'

마거릿은 에글렌타인을 꾸짖었다. 하지만 이윽고 마거릿은 에글렌타인의 우울증이 체력소진에도 원인이 있지만 좌절감에서 비롯된 것임을 알았다. 이제 마거릿은 초점을 달리해 다음과 같이 주장했다.

'현재를 불행하게 사는 것보다 훨씬 더 나쁜 건 미래에 대한 희망을 잃는 거야.'

마거릿은 더 우울해진 에글렌타인의 편지를 받고 답장을 썼다. 편지에 에글렌타인을 자신이 읽고 있는 전기의 주인공 플로렌스 나이팅게일과 비교하며 놀렸다.

'나이팅게일도 우울증에 빠졌지만 당신보다 훨씬 더 타당한 이유가 있었어. 십 년 동안 즐기는 것 말고는 할 수 있는 일이 없었거든.'

마거릿은 에글렌타인에게 짓궂게 말했다. 마거릿이 에글렌타인을 놀린 건 아주 잘한 일이었다.

마거릿은 케임브리지에 살며 여전히 소년고용센터에서 일을 하고 있었다. 하루하루가 바빴지만 늘 양심을 잃지 않았다. 마거릿은 에글렌타인에게 '자주 편지를 보냈다.' 편지를 통해 소년고용센터에 관한 소식을 알리고 조언을 부탁했다. 이를테면 소년들의 부모를 위해 공장법 발췌문을 인쇄하는 게 좋을지, 자선조직협회 마당에 암탉을 키워도 될지에 대해 의견을 구했다. 또한 편지에는 사회에 떠도는 소문이 점점 더 큰 비중을 차지해 나갔다. 마거릿의 아버지가 한번은 메이너드와 제프리와 함께 피레네 산맥에서 휴가를 보내면서 집으로 다음과 같은 내용의 편지를 보냈다.

'나는 마거릿이 자신만의 조용한 방식으로 즐겁게 살고 있다고 믿어.'

모두들 마거릿이 소년고용센터에서 일을 하지 않을 때는 책을 제본하거나 장미나무의 가지를 치고 있으려니 짐작했다. 하지만 이제 마거릿은 사교적인 삶도 활발히 즐기기 시작했다. 마거릿은 흥미로우면서도 지적이고 예술적인 모임에 소속되어 있었다. 그 모임에는 마거릿의 남자 형제들과 버트런드 러셀, 루퍼트 브룩, 카 콕스, 제인 해리슨, 도로시 램, 그웬 다윈, 그리고 프랑스 화가인 자크 라베라트가 회원으로 있었다.

'케임브리지는 정말 멋진 곳이야. 여기에선 젊음이 곧 천국이야.'

찰스 다윈의 손녀이자 그웬의 동생인 마거릿 다윈이 이렇게 열변을 토한 적도 있다.

마거릿 케인스는 그 모임에서 가장 젊은 사람 중 한 명이었다. 마거릿은 메이너드와 점심을 먹고, 스트래치 가족과 자주 식사를 했다. 또한 그녀가 가장 좋아하는 은색 테두리가 박힌 벨벳 드레스를 입고 케임브리지와 런던에서 열리는 수많은 파티에 참석했다.

메이너드는 자신의 애인인 화가 던컨 그랜트와 블룸즈베리에서 만나고 헤어지기를 반복했다. 메이너드는 던컨 그랜트에게 마거릿에 대해

'매력적이고' 남동생 제프리보다 '훨씬 더 잘생겼다'고 자랑스럽게 말했다. 마거릿은 할머니로부터 굉장히 자유분방한 아름다움과 반항적인 검은 곱슬머리를 물려받았다. 하지만 마거릿의 얼굴은 단호한 인상을 풍기기도 했다. 점점 확고해지는 자신의 의견을 세상에 제시할 때 잘 어울리는 얼굴이었다. 마거릿의 어린 시절 친구 에델 글레이즈브룩은 마거릿이 '나쁜 천사'처럼 생겼다고 말했다. 던컨 그랜트는 메이너드의 말을 인상 깊게 듣고 1908년에 초상화를 그리기 시작했고, 2년 뒤에 그웬 다윈은 뉴넘그레인지 정원에서 마거릿을 그렸다. 마거릿은 그웬이 스케치를 하는 동안 에글렌타인에게 편지를 썼다.

'독특하더라. 그웬은 내가 풀밭에 누워도 괜찮다고 하고 자주 움직여도 개의치 않아. 그래서 모델 노릇 하는 게 어렵지가 않아.'

그웬은 마거릿이 편지에서 눈을 들어 위를 바라보면서 일부러 화가의 시선을 피하는 모습을 연필로 그렸다. 한쪽 검은색 눈썹이 약간 치켜 올라가 있지만 입술이 굳게 오므려져 있는 모습을 보아하니 곁에 없는 에글렌타인에 대해 생각하고 있는 것이 분명하다. 아니면 단지 토끼를 구경하는 것일 수도 있다. 여남은 마리의 토끼가 잔디에서 놀고 있다고 마거릿이 편지에 적었기 때문이다. 마거릿은 이 똑똑한 사람들이 에글렌타인과의 우정이 어떻게 마거릿을 버티게 해주는지 짐작도 못한다는 점을 재미있어했다. 마거릿은 다음과 같이 적었다.

'우리는 아주 다르지만 서로 완전히 공감을 하지. 당신을 갖는다는 건 마치 바위에 서 있는 것과 같아.'

하지만 마거릿이 바쁘게 사회생활을 한 탓에 그렇지 않아도 굉장히 외로운 에글렌타인의 생활은 더욱 위태로워졌다.

한 달 뒤인 1910년 9월에 그웬은 자크 라베라트와의 약혼을 발표했고, 두 사람은 그 다음 해 6월에 결혼을 했다. 집시 차림을 한 마거릿은 '멋진 카우보이 차림을 한' 남동생 제프리의 에스코트를 받고 축하연에 갔다. 그리고 초롱불로 밝혀진 풀밭에서 춤을 추고 루퍼트 브룩이 한밤중에 낭송하는 시를 들었다. 마거릿은 나중에 에글렌타인에게 보내는 편지에 축하연에서 춘 춤과 시 낭송에 대해 적었다. 마거릿은 남동생과 함께 결혼식에 가면서 자신이 미혼이라는 사실을 떠올렸을 것이다. 하지만 마거릿은 삶을 즐기고 있었고, 그녀의 머릿속에는 늘 에글렌타인이 있었다. 마거릿은 다음과 같이 거침없는 표현을 했다.

'당신은 나의 멋진 보물이야. 당신 자신 외에는 아무도 그 보물을 나에게서 빼앗아가지 못해. 당신이 나의 가장 큰 행복이라면 그 은혜를 무엇으로 갚을 수 있을까? 나는 당신을 사랑하고 당신과 함께 있으면 행복해. 당신이 불행하면 그것은 곧 나의 불행이지. 나는 당신에게 충실할 것이고, 당신이 나를 결코 부끄러워하지 않도록 노력할 거야. 사랑하는 에글렌타인.'

그해 12월에 에글렌타인과 타이가 또 다시 외츠로 가서 6주 동안 머물렀을 때 마거릿의 헌신적인 사랑은 새로운 차원으로 타올랐다.

'내 사랑! 아무도, 심지어 당신도 내가 당신을 얼마큼 사랑하는지 몰라.'

마거릿은 마음에 있는 말을 쏟아냈고, 또 다른 편지에는 불안한 마음을 내비쳤다.

'당신은 언젠가 내 사랑에 싫증을 낼까? 그럴 것 같아? 궁금해…….'

그리고 12월 25일에 다음과 같이 편지를 썼다.

'크리스마스에 내가 당신에게 어떤 행복을 줄 수 있을까? 바로 사랑이지. 내 사랑의 표시로 나 자신을 당신에게 줄게.'

마거릿은 자기 자신을 줄 수는 없었으므로 대신 에글렌타인에게 선물을 보내기 시작했다. 직접 제본한 셰익스피어 소네트(10개의 음절로 구성되는 시행 14개가 일정한 운율로 이어지는 14행시. - 옮긴이) 한 권과 직접 만든 퓨마 벨트였다. 11월에는 비밀 부적을 골라 '당신을 만날 때까지 부적을 달고 다닐 거야. 부적은 작은 사슬에 달려 내 목에 걸려 있지.'라며 편지를 보냈다. 에글렌타인은 답례로 행운의 부적을 보냈고, 그런 다음 산호 목걸이를 보냈다. 마거릿과 에글렌타인은 여러 번 의논을 한 끝에 12월에 한 친구의 하우스 파티(시골 저택에서 손님들이 며칠씩 머물면서 하는 파티. - 옮긴이)에 가서 방을 함께 썼다. 새해에 마거릿은 다음과 같은 편지를 썼다.

'나는 당신 꿈을 자주 꿔. 그리고 어젯밤에는 꿈속에서 당신에게 입을 맞추고 당신을 안아주었어.'

에글렌타인과 마거릿은 친밀한 우정을 나누거나 순전히 정신적으로 교감하는 관계가 아니었고 그 이상이었다. 두 사람은 가능하면 한 침대를 썼다. 육체적인 성행위는 아니더라도 두 사람 사이에 성적 욕구가 있었던 것은 분명하다. 하지만 20세기 초에는 여성들이 강렬한 우정을 나누는 것이 흔한 일이었다. 그러한 여성 사이의 강렬한 우정은 간혹 이성 관계를 하기 전에 경험하는 관계, 그리고 이성 관계를 뒤로 미룰 수도 있는 관계로 권장되기도 했다. 법적으로 혹은 점잖은 사회에서 여성 동성애를 아직 인식조차 못하는 상황에서 적극적인 여성의 성적 취향은 자연스럽게 이성애와 동일시되었다. 따라서 여성들 간의 낭만적인 사랑, 그리고 심지어 감정적으로, 육체적으로 친밀한 관계는 보통 '순수한 것'으로 받아들여졌다.

하지만 1911년경에 에글렌타인과 마거릿은 그들의 우정이 사회적으로 허락되는 선을 넘었다는 것을 깨닫고 신중하게 처신하기 시작했다. 마거릿은 모의를 꾸미듯 다음과 같은 편지를 썼다.

'나는 그 말을 편지 봉투 안쪽에 적을 거야. "아름다운 천사"라는 말을 마음 놓고 쓸 수 있게.'

이윽고 에글렌타인과 마거릿은 필명을 썼다. 에글렌타인은 '소중한 럴시', '나의 사랑하는 럴시', 그리고 가끔씩 '못된 럴시'라고 적기도 했다. 마거릿은 '나는 당신을 아주 엄청나게 특별하게 사랑해. 누군가로부터.'라고 편지를 끝맺었다.

나중에 마거릿은 폴리앤써멈, 폴리 혹은 대개는 단순히 'p'라는 필명을 썼다. 이제 에글렌타인과 마거릿은 필명 뒤에 안전하게 숨어서 편지를 통해 여자들 간의 우정과 결혼에 대해 논의했다. 두 사람이 서로 사랑하고 서로에게 충실하겠다고 약속을 한 사이라는 점은 의심의 여지가 없었다. 1912년 4월에 마거릿은 항상 에글렌타인과 함께 있고 싶은 '미칠 듯한 욕망'에 대해 열정적으로 편지를 썼다. 그리고 둘이 결혼을 할 수만 있다면 '아이를 낳을 생각과 다른 모든 걸 기꺼이 포기하겠다고' 맹세했다. 아이들을 키우고 싶은 마음이 없었던 에글렌타인으로서는 자신과 마거릿이 나누는, 아마도 윤리적으로 '더 숭고한 형태의 사랑'이 완벽할 수도 있다고 여길 만도 했다.

하지만 그즈음 마거릿은 장차 노벨상을 받을 남자를 이미 만나고 있었다. 그리고 나중에 마거릿은 그 남자와 결혼을 해서 네 명의 아이를 둔다. 에글렌타인은 이번에는 개구리 해부학 교수에 밀려 다시 버림을 받을 운명이었다.

마거릿은 저명한 생리학자이자 트리니티칼리지의 선임연구원으로 AV라는 애칭으로 알려진 아치볼드 비비언 힐을 1912년 5월에 만났다. 두 사람은 이상주의를 기저로 실용적이고 현실적이며 능률적인 사업에 뜻을 둔 어젠더 클럽의 회원으로 만났다. 아치볼드는 잘생기고 우수한, 인상적인 인물로 과학적인 진리에 열정적인 관심을 보였다. 그 당시에 아치볼드는 그 열정을 고양이의 근육 역학에, 나중에는 연구를 위해 수입된 거대한 헝가리 개구리에 쏟았다. 아치볼드는 또한 모든 일을 정직하고 투명하며 공정하게 처분하는 일에도 관심이 많았다. 마거릿은 아치볼드를 보고 훌륭한 외모와 두뇌, 사회적 양심을 두루 갖추었다는 인상을 받았다. 마거릿은 에설 글레이즈브룩에게 다음과 같이 편지를 썼다.

'약간 군인 같은 분위기가 나. 키는 183센티미터이고 몸매가 굉장히 다부진 데다 아주 잘생긴 것 같아. 취미는 요트와 달리기, 사격이고…… 사회사업과 자선조직협회에도 관심이 아주 많아.'

마거릿은 에글렌타인에게는 더욱 조심스럽게 다음과 같이 말했다.

'아마 당신은 아치볼드와 여러 가지로 생각이 비슷할 거야. 그 남자는

군대에 관심이 있지만 주전론자는 아니고, 교회에 관심이 있지만 편협하지는 않아. 그리고 자선가야.'

사실 에글렌타인이 아치볼드의 생각에 동조하지 않을 부분도 많이 있었다. 아치볼드는 인도주의자이기는 했지만 보수적인 정치 성향을 띠었을 뿐 아니라 보수당원이기 때문이었다.

아치볼드는 5월에 차를 마시러 왔고, 8월에는 소년고용센터 위원회에 가입을 했다. 마거릿과 아치볼드의 친구들과 양가 가족들은 둘이 연애를 하도록 부추겼다. 폴로렌스 케인스는 자기 딸 마거릿이 에글렌타인과 관계가 점점 깊어지는 것을 주시하고 있던 터라 아치볼드와 잘되기를 바라는 마음이 컸다.

마거릿은 아치볼드를 좋아하기는 했지만 1912년에 에글렌타인에 대한 열정이 절정에 이르렀다. 그리하여 마거릿은 아치볼드를 전보다 자주 만나면서도 여전히 에글렌타인에 대한 꿈을 꾸고 있었다. 급기야 마거릿과 에글렌타인은 '결혼'과 집을 사서 함께 살 수 있을 가능성에 대해 다시 의논을 했다. 타이는 둘 사이를 축복했지만, 세상 물정에 더 밝은 플로렌스는 못마땅하게 여겼다.

에글렌타인을 변함없이 사랑하는 스물여덟 살의 마거릿은 갈등에 빠졌다. 아치볼드와 결혼을 하면 재정적으로 안정된 생활을 할 수 있었다. 또한 사회적으로 허용되는 관계를 맺는 것일 뿐 아니라 아이를 낳을 수도 있었다. 그러던 어느 날 아치볼드는 마거릿에게 달콤한 청혼을 했다.

"우리 둘이 동업을 해서 회사를 차립시다. 그래서 인류의 발전에 크게 이바지합시다. 당신은 도덕적 가치를 높이고 나는 기구를 정비하는 거죠."

청혼을 받은 마거릿은 에글렌타인에게 다음과 같은 편지를 썼다.

'그 남자가 무슨 뜻으로 하는 말인지 알아봐야겠어.'

아치볼드는 어머니에게 마거릿 케인스와 결혼을 할 것이라고 편지를 적어 보냈다. 한편 마거릿은 에글렌타인에게 '이미 최고의 친구와 최고의 부모와 형제들이 있는데 세상에서 가장 훌륭한 남편을 얻게 되어 운이 좋다.'는 내용의 편지를 썼다. 약혼이 공식적으로 발표되고 나서 메이너드는 던컨에게 소식을 전했다.

'마거릿은 한껏 들떠 있어. 가족들은 아주 흡족해하고. 그 동성애자도 문제를 일으키지 않더라. 마거릿이 나한테 그러던데. 그 친구는 아주 분별 있는 사람이라서 그럴 리 없다고.'

에글렌타인이 아무리 분별 있는 사람이라고 해도 마거릿의 말은 큰 상처가 됐을 것이고, 그 상실감이 얼굴 표정에 드러나지 않게 꼭꼭 숨기기란 불가능했을 것이다. 에글렌타인과 마거릿은 서로 숨기는 성격이 아니라서 분명 그 시기에 두 사람은 힘겨운 대화를 나누었을 것이다. 그때 에글렌타인은 불안해하는 플로렌스를 안심시키려고 에글렌타인과 마거릿이 마음은 늘 함께이지만 각자의 길을 가겠다는 내용의 편지를 썼다. 에글렌타인은 그 약속대로 즉시 해외여행을 떠날 준비를 한다. 이번에는 혼자 하는 여행이고 일을 시작하기 위한 여행이었다. 또한 지난 4년간 마거릿과 편지를 주고받으면서 소홀히 했던 일기를 다시 꺼내어 자신의 입장을 정리했다.

그동안 많은 일이 있었다. 마거릿과 우정을 나누었다. 내 인생 최대의 축복이었다. 사랑스럽고 아름다운 마거릿! 마거릿을 통해 나는 세상과 인류와 삶과 조화를 이루며 살지 않았던가! 내가 인간의 노동과 관심사와 포부에 깃든 선의를 깨닫고 숭배하게 만든 사람은 바로 마거릿이다. 내가 자연의 선의를 숭배했던 것처럼. 마거릿은 내게 인생을 해석해 주었다. 전에는 불가능한 일이었지만 나는 마거릿을 통해 인류를 이해할 수 있게 되었다. 그 덕택에 나는 인간이 인류를 이해하는데 예수님이 왜 필요한지 좀 더 깨닫게 되었다.

마거릿과 아치볼드는 1913년 6월 13일에 결혼을 했다. 에글렌타인은 마침 해외여행에서 돌아와 결혼식 전날 밤에 열린 디너파티에 갔다. 하지만 마음속으로는 상실감을 느꼈고, 그로부터 6개월 뒤에도 마거릿을 몹시 그리워하며 외로워했다.

한편 마거릿은 아치볼드와 신혼여행에서 즐거운 시간을 보내고, 그해 12월에 소년고용센터를 그만두었다. 그 당시 마거릿은 임신 3개월째였고, 그 다음 해 6월에 딸을 낳아 메리 에글렌타인이라고 이름을 지었다. 에글렌타인은 마거릿이 낳은 딸의 대모가 되어 주고 아기 이름으로 예금도 들어주었다. 하지만 두 에글렌타인은 서로 얼굴을 보는 일이 거의 없었고, 마거릿의 딸은 에글렌타인이라는 이름을 쓰지 않고 폴리라는 이름을 썼다. 폴리는 학교에서 이름 때문에 놀림을 받기도 했지만 마거릿이 에글렌타인 젭에 대한 죄책감을 덜려고 자신의 이름을 그렇게 지었다는 기분이 들어서 찜찜했다고 나중에 말했다.

에글렌타인과 마거릿은 완전히 연락을 끊는 일은 절대 없었지만 의례적인 편지를 주고받았다. 두 사람은 예전처럼 친밀하게 지내지 않았다.

마거릿은 사회적으로 허용되지 않는 두 사람의 관계를 더 편하게 받아들이는 쪽이었다. 마거릿의 남자 형제들 역시 양성애자였다. 마거릿은 행복한 결혼 생활을 했다. 하지만 마거릿의 아이들은 마거릿이 나중에 여자들과 심각한 관계를 맺고 있다는 사실을 눈치챘다. 어느 날 폴리가 한 방에 들어가 보니 엄마가 다른 여자, 대개는 더 젊은 여자와 손을 잡고 앉아 있었고, 그 모습을 발견하는 것이 얼마나 싫었는지 생생히 기억하고 있었다. 나중에 에글렌타인이 죽고 나서 마거릿은 정신적인 면에 초점을 두고 헌사를 했다.

'물질적인 것에 얽매이지 않는 사람, 그토록 보기 드문 사람을 알고 지냈다는 것이 굉장히 멋진 일이라고 생각합니다. 어떤 면에서 에글렌타인의 친구들은 그녀의 죽음에 대해 그다지 슬퍼하지 않을 겁니다. 에글렌타인의 육체는 그녀에게 별로 중요하지 않았고, 그녀의 영혼은 분명 어떤 형태로든 살아남아 있을 테니까요.'

아마 그 당시에 마거릿은 에글렌타인과의 우정에 대해 육체적이거나 성적인 욕망이 있었을 거라는 생각은 하지 않고 정신적인 교감을 나눈 것으로만 생각했던 것 같다. 하지만 마거릿은 두 사람이 정신적인 교감만을 나눈 관계가 아니었다는 사실을 누구보다 잘 알았을 것이다.

에글렌타인은 가장 친한 친구들, 즉 도로시 켐페와 루스 워즈워스 같은 여성들에 대한 감정이 깊었다. 하지만 마거릿에 대한 열정은 이전의 어떤 우정보다도 더 강렬했다. 마거릿이 결혼을 한 지 6개월이 되었을 때 에글렌타인은 자신의 고통을 '낮은 차원의 감정'으로 합리화하려 애썼다. 에글렌타인이 느끼는 더 고차원적인 감정은 마거릿이 행복하니까 그 사실만으로도 충분하다는 것이었고, 에글렌타인은 그것을 글로 적었다. 에글렌타인은 마거릿을 몹시 그리워했지만 자신이 갈망한 것이 육체적 접촉이 아니라 영혼의 일치라고 믿었다.

그 점에 대해 에글렌타인이 자신을 속인 것이 아닌지 문제 삼는 것은 적절치 않다. 왜냐하면 에글렌타인은 동성애에 대해 전혀 모르고 성장했으며 기독교인으로서 동성애를 편안하게 받아들였을 리 없기 때문이다. 에글렌타인은 마거릿과는 달리 그런 문제가 논의되는 사교 모임에서 활동을 한 적도 없었다. 두 사람은 성적인 욕망을 느끼기는 했지만 아마 에글렌타인은 자신의 감정을 인식하거나 이해하지 못했을 확률이 높다.

동성애에 대한 인식이 급격히 바뀐 오늘날의 시대에 에글렌타인이 살았다면 어땠을까? 아마 에글렌타인은 자신이 동성애자임을 떳떳하게 밝혔을 것이다. 아니면 많은 사람들과 덜 복잡한 관계를 맺고, 완전히 다른 사랑을 경험하고 사랑에 대해 달리 이해했을 것이다. 아무튼 에글렌타인이 마거릿과 가장 친밀하고 만족스러운 관계를 맺었던 건 분명하다. 그리고 그 관계가 끝까지 지속되지는 않았지만 사랑에 대한 경험 덕택에 에글렌타인이 더 넉넉하고 원만한 사람이 된 건 사실이었다.

에글렌타인은 마거릿이 결혼을 한 뒤에 평정심을 찾고 나서는 개인적인 연애에는 관심을 두지 않았다. 사심 없이 새로운 도덕적 목적에 자신의 인생을 헌신하고, 그 삶에 만족한다.

'한 가지, 내가 하고 싶은 일이 있다. 이제 그 일을 해야겠다.'

8
'야만적인 발칸 지역'에서의 구호활동
1913

'인정이 없다.'는 말에 이토록 익숙해지다니!

에글렌타인 젭, 1913년

　1913년 봄에 에글렌타인은 마거릿을 영원히 뒤로한 채 전쟁이 일어난 발칸 지역으로 갔다. 그곳에서 〈마케도니아구호기구〉의 활동이 원활히 이루어지고 있는지 감독하기 위해서였다. 에글렌타인으로서는 난생 처음 전쟁터를 본 것이었다. 이때 인간성의 말살은 물론이고 비참함과 고통, 공포, 그리고 불신을 목도한 경험은 에글렌타인이 평생 잊지 못할 기억으로 남았다.

　처음에는 마거릿도 에글렌타인과 함께 그 지역에 갈 생각이었지만 마거릿은 남편의 만류로 가지 못한다. 에글렌타인이 발칸 지역에 주목하게 된 것은 도로시의 남편인 찰리 벅스턴 때문이었다. 찰리와 그의 형 노엘은 마케도니아에 대한 오스만 제국의 탄압 정책에 깜짝 놀랐다. 이들은 작은 국가의 권리에 관한 글래드스턴의 이상에 영향을 받아 1902년에 〈발칸위원회〉를 설립했다. 발칸위원회는 주로 오스만 제국의 통치 아래 살고 있는 발칸 지역의 기독교도 주민을 위한 운동을 벌였다. 런던에 있는 조지 버나드 쇼의 집을 사무실로 삼았고 존경받는 자유당 정치인 브라이스 경이 회장, 기자이자 하원의원인 레너드 홉하우스와 찰스 매스터맨(훗날 제1차 세계대전 때 국가 선전 활동의 책임자가 됨) 등이 이사직을 맡았다. 위원회 운영 초기에는 어느 정도 성공을 거두었다. 그 다음 해에 찰리와 노엘은 발칸위원회의 독자적인 구호 지부로 〈마케도니아구호기구〉를 설립했다. 마케도니아 혁명군의 반란으로 일어난 대학살에 대한 대응책이었다.

마케도니아에는 오랜 분쟁의 역사가 있다. 1991년에 독립적인 국가가 되기까지 현대의 마케도니아를 형성하는 영토는 로마 제국에서부터 유고슬라비아 공화국에 이르기까지 많은 강대국의 지배를 받았다. 20세기 초까지는 500년이 넘는 기간 동안 오스만 제국의 지배를 받았다. 같은 발칸 반도의 그리스는 오스만 제국으로부터 1829년에 독립을 했고, 세르비아는 19세기 초에 두 번의 혁명으로 자치권을 일부 얻은 후 1877년에 러시아의 지원으로 완전히 독립했다.

현대의 마케도니아 지역을 포함한 당시 세르비아는 산업이나 현대적 기반시설이 거의 갖춰져 있지 않아서 농업의 비중이 압도적이었다. 하지만 에글렌타인은 세르비아의 땅이 매우 황폐하고 제대로 경작되지 않아 농작물 생산이 아주 적다는 사실을 알게 되었다. 그런 와중에 세르비아의 인구가 급격히 증가하고 있어서 국가적으로도 점점 더 시급한 문제가 되고 있었다.

찰리는 1906년에 처음으로 노엘과 찰스 매스터맨과 함께 발칸 지역에 가서 그 지역을 조사했다. 그리하여 그 지역이 '상호 의견 조율이 전혀 되지 않는 유럽의 화약고'라고 결론을 내렸다. 그 다음 해에는 찰리의 누이 빅토리아가 에글렌타인의 언니 릴과 함께 시리아를 가로질러 바그다드로 가는 모험을 감행했다. 두 사람은 5년 만에 돌아와 노엘과 함께 진상을 파악하기 위해 마케도니아에 갔다.

빅토리아는 잉글랜드로 돌아와서 마케도니아 사람들에 대한 대중의 관심과 연민을 불러일으키려고 노력했다. 그 일환으로 마케도니아에서 자행되는 잔혹 행위를 찍은 사진을 실어 에세이를 출간했다. 그 사진은 해당 지역의 경찰을 조사하기 위해 파견된 유럽 장교들이 1903년 이후로 보낸 것이었다. 빅토리아는 다음과 같은 글을 썼다.

'많은 망설임 끝에 이 사진을 모아 출간합니다. 우리는 우리가 목격한 끔찍한 광경을 쉽게 잊어버립니다. 하지만 악을 뿌리 뽑는 그날까지 우리는 악에 맞서 싸워야 하고, 큰 불행(가령 마케도니아의 불행)을 막기 위해서는 무엇보다도 대중이 사실을 아는 것이 중요합니다.'

첫 번째 사진에는 아버지와 어머니, 그리고 전통적인 소작농의 옷차림을 한 어린 딸의 모습이 보인다. 딸은 맨발이라 예쁜 발가락이 잘 보인다. 딸과 부모가 모두 그림 같은 건초 더미에 누워 있기 때문이다. 가족 뒤로는 작게 나뉜 밭이 아득히 펼쳐져 있다. 그것이 세기 전환기 유럽 동남부에서 추수 때 볼 수 있는 시골 풍경이다. 단지 다른 점이 있다면 그 가족이 밭에서 일을 하다가 이제 막 칼에 찔려 죽었다는 사실이다. 빅토리아의 소책자에는 살해된 사람들의 사진 여섯 장이 실려 있다. 그중에는 저마다 집에 있는 아내 곁으로 옮겨진 소작농 세 명, 밭에서 살해되어 시신이 훼손된 부부, 그리고 나무에 매달려 있는 교장의 사진이 있다. 그 나무에 감긴 밧줄 밑에는 다음 희생자가 적힌 쪽지가 담긴 흰 봉투가 끼워져 있다. 마지막 사진에는 비톨라에 소재한 아르메니아 고아원의 어린이 서른아홉 명이 있다. 그 고아원은 마케도니아구호기구의 지원을 일부분 받고 있었다.

빅토리아는 계속되는 그 지역의 분쟁에 잉글랜드의 책임이 크다며 잉글랜드가 책임을 져야 한다고 주장했다. 또한 시급히 대책을 강구하지 않으면 마케도니아에서 날이 갈수록 악화되는 유혈사태와 무정부사태가 정점에 치달아 전쟁이 일어날 것이고, 결국 유럽이 불바다가 될 것이라고 결론 내렸다. 안타깝게도 에글렌타인과 진보좌파 성향의 정치인을 제외하고는 빅토리아의 글을 읽거나 감화를 받은 사람은 거의 없었다.

발칸은 급속히 불안정해졌다. 러시아의 지원으로 세르비아가 영토를 늘리고 인근 지역에서의 위상이 오르자 깜짝 놀란 오스트리아 헝가리 제국은 1908년 10월에 보스니아 헤르체고비나를 합병하는 데 성공했다. 그곳에는 이미 그리스정교회를 믿는 세르비아인들이 거의 백만 명이나 거주하고 있었다. 당연히 세르비아는 그 침략을 격렬히 반대했다. 그 다음 해에 불가리아는 오스만 제국으로부터 독립하고, 1910년에 그리스는 더욱 국수주의적인 군사 체제를 갖추었다. 알바니아는 코소보에서 반란을 일으키고, 몬테네그로는 독립을 선언했다. 이러한 양상은 오스만 제국의 억압을 받았던 정치적, 경제적, 문화적, 종교적 자유의 회복을 의미했다. 동시에 그 지역은 극심한 정쟁과 불안정에 휩싸였다.

1912년 말에 새로 결성된 '발칸 동맹'(세르비아와 불가리아, 그리스, 몬테네그로 간의 일시적인 연합. ─옮긴이)이 오스만 제국에 전쟁을 선포했다. 표면적으로는 마케도니아를 해방시키는 것이 목표였다. 속내는 동맹국의 모든 국가가 그 지역에 대해 벌이고 있는 영토 분쟁에서 자신의 영유권을 주장하려는 것이었다. 사태는 극적으로 전개되었다. 발칸 동맹이 군사행동을 벌이고 나서 첫 몇 달 동안 큰 성과가 있었다. 오스만 제국이 그리스와 알바니아, 그리고 트라키아의 대부분 지역에서 축출되었고, 마케도니아의 수도로 지금은 스코페라고 부르는 옛 세르비아의 고대 수도 위스퀴브가 해방되었다. 이윽고 유럽에서 오스만 제국의 영토는 이스탄불(옛 콘스탄티노폴리스) 주위의 협소한 지역으로 줄었다.

하지만 전쟁이 발칸 지역의 도시와 마을을 휩쓸자 인명의 희생이 증가했다. 약 10만 명이 넘는 사람들이 마케도니아와 트라키아에 있는 집을 떠났다. 이들 다수가 알바니아인으로 주로 이슬람교도였고, 일부는 가톨릭교도, 몇 명은 그리스정교회를 믿었다. 이슬람교도들은 오스만 제국을 지원한 탓에 분노를 샀고, 기독교도들은 오스트리아를 지원했다는 의심을 받았다. 가톨릭을 믿는 수천 명의 알바니아인들이 승리의 진격을 하는 세르비아 군대에 대규모로 학살되었고, 소위 인종 청소라 할 수 있는 조직적인 계획하에 마을과 농작물 또한 파괴되었다.

1913년 봄이 되자 식량 부족에 시달릴 수밖에 없었다. 이어지는 전쟁 속에서 집을 잃은 사람들과 굶주린 사람들, 그리고 고아가 되거나 부모와 헤어진 많은 어린이들이 남았지만, 곧 겨울이 다가오는데도 그들은 아무 지원도 받지 못했다. 유럽 한복판에서 비참한 풍경이 펼쳐지고 있었다.

에글렌타인은 1912년까지 발칸 지역을 단지 국제적인 뉴스거리로 지켜보았다. 그 당시 에글렌타인의 관심은 온통 마거릿과 자신의 건강, 타이와의 여행, 그리고 글쓰기에 쏠려 있었다. 그해 찰리와 노엘은 이제껏 모은 〈마케도니아구호기구〉의 자금을 나눠주기 위해 특사를 보내기로 했다. 더불어 전쟁에서 승리한 세르비아인과 패배한 터키족(오스만 제국의 사람. -옮긴이)과 알바니아인들 사이에서 구호활동이 어떻게 이루어지고 있는지 알아보기로 했다. 찰리는 에글렌타인이 국내에서 한 일에 깊은 인상을 받은 적이 있었다. 또한 마거릿의 결혼식 날이 다가오자 에글렌타인의 주의를 다른 데로 돌려야 할 필요성을 느꼈다. 결국 찰리는 에글렌타인에게 그들 대신 그 임무를 맡아달라고 요청했다.

이제 서른여섯 살이 된 에글렌타인은 타이를 돌보면서, 케임브리지에서 마거릿의 도움 없이 사회사업을 하고 있었다. 그런 와중에 다른 곳에 에너지를 쏟을 기회가 생겼는데 그 기회를 놓칠 리 없었다. 1913년 1월에 에글렌타인은 여행에 앞서 응급구호기금을 모으느라 바쁜 나날을 보냈다. 전쟁이 잠시 중단되면 곧바로 떠날 생각이었다. 처음에는 친구들과 가족이 나서서 상당한 액수의 돈을 기부했다. 타이는 50파운드라는 가장 큰 돈을 기부했다. 지금으로 환산하면 3천 파운드에 해당하는 액수였다. 하지만 기금을 모으는 일은 쉽지 않았다. 마거릿은 에글렌타인에게 다음과 같은 편지를 썼다.

'사람들에게 도움이 필요한 상황을 알리는 게 얼마나 힘든지 몰라. 그 문제에 대해 속 시원하게 강의할 수 있는 사람이 어디 없을까? 사람들이 그 나라 사람들이 미개하다고 생각하니까 아무런 공감을 하지 못하는 것 같아. 미개한 사람들은 그냥 그렇게 살게 마련인데 무슨 도움이 필요하냐고 생각하거든.'

1913년 무렵 영국 여성이 혼자서 영국을 여행하는 일은 드물었다. 하물며 많은 사람이 '미개하다고' 여기는 지역의 전쟁터에 가는 건 말할 나위도 없었다. 남자를 동반하든 동반하지 않든 마찬가지였다. 예외가 있다면 몇몇 용감한 간호사뿐이었다. 그 당시 세르비아에는 국가적으로 간호사를 교육할 여력이 없어서 현지의 중산층 여성들이 자원봉사를 했다. 하지만 그들은 제대로 교육을 받지 못하고 경험도 없어서 나중에 에글렌타인이 만난 의사들은 그들이 도움이 되기는커녕 문제만 일으킨다고 불평을 했다. 예를 들면 심하게 부상을 입은 남자 옆에 앉아서 울기만 하더라는 것이다.

에글렌타인은 1913년 2월 18일에 불가리아와 세르비아, 그리스, 오스만 제국으로 들어갈 수 있는 여권을 발급받았다. 그런 다음 마케도니아구호기구에 소속된 간호사 캐서린 호지스와 함께 기차를 타고 불가리아를 경유해 베오그라드(세르비아의 수도. - 옮긴이)를 향해 갔다.

에글렌타인은 인도주의적인 성격의 임무를 띠고 떠난 만큼 객관적인 자세를 취하자고 결심했다. 기차에서 여러 사람을 만나 이야기를 들으면서 그런 결심은 더욱 확고해졌다. 휴가를 마치고 현역으로 돌아가는 한 젊은 불가리아 장교는 다음과 같은 주장을 했다.

"그자들은 인간도 아니에요! 부인, 제 말 좀 들어보세요. 발칸 반도에서 부인이 좋아할 사람은 딱 두 인종일 겁니다. 불가리아 사람과 터키족이죠. 터키족은 우리의 적이지만 그래도 그자들이 사람이라는 건 제가 인정합니다. 그리스인들은 사람이 아니에요. 세르비아인들은 더하고요. 그 사람들은 인정이 없어요."

그렇지 않아도 에글렌타인은 잉글랜드에서 월로비 드 브록이 알바니아인들을 가리켜 '사납고 미개하고 사악한 사람들'이라고 말하는 것을 들은 적이 있었다. 이제 에글렌타인은 발칸 지역을 여행하면서 종교와 인종이 얽혀 정치적으로 문제가 일어나고 편견이 생기는 이유를 알게 되었다. 세르비아에서 가톨릭교도라는 말은 혈통적으로 세르비아인이 아니고 천성적으로 세르비아에 반대하는 사람으로 통했다. 위스퀴브에서 만난, 가톨릭교를 믿는 알바니아 할머니는 에글렌타인에게 세르비아인들은 '야만적이고 인정이 없다'고 속삭였다. 에글렌타인이 기차를 타고 헝가리를 경유해 모국으로 돌아갈 때 만난 예의바른 젊은이 하나도 그리스인들은 인정이 없고 야만적이고 사악하고 잔인하며, 세르비아인들도 똑같이 나쁜 사람들이라고 에글렌타인에게 말했다.

에글렌타인은 신앙과 국적을 핑계로 사람들이 비인간적이 되고, 그로 인해 불안감과 편견, 갈등이 지속적으로 생긴다는 사실을 깨달았다. 그 엄연한 사실은 에글렌타인의 가치관과 미래의 정책 설정에 영향을 끼쳤다. 에글렌타인에게 국적과 신앙을 구분하는 일은 전혀 중요하지 않았다.

에글렌타인은 2월의 어느 추운 날 베오그라드에 도착했다. 다음 일정을 위한 기차표를 얻을 때까지 그곳에서 며칠을 보내기로 했다. 처음에는 그 도시에서 전쟁의 흔적을 거의 찾기 어려웠다. 단지 젊은이들이 보이지 않고 여기저기 건축이 중단된 곳이 있을 뿐이었다. 더구나 사람들은 호텔 카페에 걸린 교전 지역 지도 앞에서 밴드 음악을 들으며 대화를 나누고 있었다. 심지어 에글렌타인 스스로도 전쟁이 한창인 상황임에도 한 아일랜드 여자와 여성의 권리에 대해 토론을 벌이고 있었다. 그 여자는 은퇴한 세르비아 공무원의 아내로 호텔 카페에서 일하는 직원이었는데, 영토 분쟁 같은 문제가 아니라 여성의 권리를 주장하는 시위 때문에 베오그라드에서 창문 몇 개가 깨지는 것을 보는 게 자기 소원이라고 말했다.

하지만 전쟁의 흔적은 환자들이 붐비는 군인 병원과 제대로 갖춰져 있지 않은 민간 병원, 고아들을 수용하는 학교와 보육원이 점점 증가하고 있다는 사실, 그리고 전쟁으로 인해 과부가 된 여자들을 위해 마련된 빈민구호소에서 역력히 볼 수 있었다. 구호 환경은 에글렌타인이 보기에는 '열악했지만' 적어도 활동은 이루어지고 있었다.

에글렌타인은 위스퀴브에 도착해서도 그다지 위험하지 않다는 인상을 받았다. 그 당시 그곳은 전장에서 수 킬로미터 떨어져 있었다. 에글렌타인은 케임브리지에서의 생활이 편안하긴 했지만 갑갑함을 느꼈기 때문에 그곳에서 벗어나 위험한 상황에 맞닥뜨리기를 기대하고 있었다. 그런 모험을 하기는커녕 가는 곳마다 분위기가 평온해서 실망하지 않을 수 없었다. 그러나 에글렌타인은 전쟁이 일어나 남자들이 전투에 참여한 사이 여자들과 어린이들은 가장 큰 고통을 겪을 수밖에 없다는 사실을 깨달았다. 군인들은 '유럽의 영웅'으로 대접을 받는다. 하지만 아프고 굶주리고 무력하고 버려진 수천 명의 사람들은 아무리 모험과 승리를 바란다고 해도 그 불행이 덜어지지는 않는다. 전쟁의 희생양이 될 뿐이다.

민간인 의료지원과 긴급구호는 마케도니아구호기구 같은 독자적인 인도주의 기관이 제공하고 있었다. 에글렌타인이 도착했을 때 집이 없고 아프고 굶주린 피난민 5만 명이 아직도 그곳에서 절실하게 도움을 필요로 하고 있었다. 주로 여자들과 어린이들이었다. 그들은 전쟁이 절정에 이르는 동안 위스퀴브로 밀려 들어왔다. 눈이 높이 쌓인 들판에 마케도니아구호기구가 제공한 커다란 가마솥이 도드라져 보였다. 가마솥 뚜껑을 열자 김이 펄펄 나왔다. 수천 명의 실직자 중 한 명이 가마솥 옆에 서서 덜덜 떠는 아이가 내민 그릇에 연거푸 수프를 퍼주었다.

'발칸 지역을 다니면서 떨지 않는 난민 아이는 본 적이 없다. 수프를 이제 막 먹은 아이들만이 떨지 않았다.'

에글렌타인은 위와 같이 보고했다.

에글렌타인은 그 지역에 있는 마케도니아구호기구의 사무실 밖에서 떨고 있는 또 다른 피난민을 발견했다. 그 사람들은 주로 보스니아 이슬람교도 난민들이었는데, 그중 대부분이 아이들이었다. 그들은 고향으로 가는 긴 여행을 떠나기 전에 마케도니아구호기구가 나눠주는 옷을 받으러 온 것이었다. 그럼에도 불구하고 '그들 중 두세 명은 가는 길에 죽었다'고 에글렌타인은 말했다.

피난민이 되어 굶주리는 여자들과 어린이들, 그리고 턱없이 부족한 구호활동. 이것이 에글렌타인이 이제야 알게 된 전쟁의 현실이었다. 에글렌타인은 인도적인 해결책을 빨리 찾아내기 위해 정치적 상황을 실용적인 시각에서 접근했다. 그리하여 세르비아 당국으로부터 지지를 얻어 마케도니아구호기구가 구호활동을 할 수 있도록 최선을 다했다.

에글렌타인은 사람들 특히 어린이들이 고통을 겪는 모습을 직접 보았고, 그러한 경험은 에글렌타인에게 평생 잊을 수 없는 깊은 인상을 남겼다. 하지만 아직도 정신적인 괴리는 있었던 것 같다. 가령 저녁때마다 에글렌타인은 '가장 맛있는' 식사를 제공받거나 영국 영사인 페컴 씨의 바느질 솜씨를 보고 감탄했던 일을 신이 나서 보고하곤 했다. 그런데 에글렌타인은 그런 자신의 모습에서 아무런 아이러니도 발견하지 못했다. 국적과 신앙은 차치하고라도 가난한 사람들은 에글렌타인에게는 아직도 생경한 존재였다. 즉 에글렌타인과 사회적으로 동등한 수준의 욕구를 가지고 있지 않은 존재였다.

에글렌타인은 페컴 씨가 세르비아인들이 자행한 잔혹 행위에 대해 치를 떨며 말할 때 그 말을 선뜻 믿을 수가 없었다. 군인 병원에서 치료를 받던 부상당한 터키족 군인과 알바니아 군인 5백 명이 몸이 회복되어 병원을 나섰지만 세르비아 군인들에 의해 강에서 익사를 당했다는 이야기였다. 에글렌타인은 그런 비참한 소문이나 소식에 대해 들을 때마다 흑색선전이라 생각해서 믿지 않았다. 하지만 시체가 강에서 떠올랐다는 사실을 알고 나서는 페컴 씨한테 들은 이야기를 신빙성이 없다고만 볼 수는 없었다. 이때부터 인간 본성에 대한 에글렌타인의 믿음은 흔들리기 시작했다. 그 이후에도 에글렌타인은 세르비아인들이 프리즈렌(세르비아 남부 코소보주에 있는 도시. - 옮긴이) 외곽에서 가톨릭을 믿는 알바니아인들을 학살했다는 비슷한 보도를 들었다. 당시 에글렌타인은 구호활동을 펼치기 위해 프리즈렌 외곽으로 가던 중이었다.

이제 캐서린 호지스는 오늘날 그리스 북쪽의 테살로니키에 해당하는 살로니카로 갔고, 에글렌타인은 통역사 니콜라스만을 동반하고 기차를 타고 프리즈렌으로 갔다. 에글렌타인은 도중에 기차에서 내려 그 지역 주둔군의 소령이 제공하는 점심을 먹었다. 그 바람에 한 세르비아인의 안내로 소령의 자가용을 타고 프리즈렌까지 가게 되었다. 철도가 프리즈렌까지 깔려 있지 않았기 때문이다. 중간에 디미트로비치 대위가 에글렌타인을 안내했다. 디미트로비치 대위는 전에 위스퀴브에서 세르비아 영사직을 맡은 일이 있고, 마케도니아 경제 자원에 관한 저서를 여러 권 쓴 작가이기도 했다.

에글렌타인은 그 지역 민간인을 살상했다는 영국 신문의 보도가 틀리기를 바라는 마음에서 대위에게 질문을 했다. 대화는 순조롭지 않았다. 에글렌타인은 화제를 돌리려 했으나 대위는 검문소를 들를 때마다 '이 부인이 대학살에 관심이 많다.'고 대놓고 말하며 화제를 돌리려 하지 않았다. 결국 대위는 알바니아 민간인을 데리고 와서 대위가 흡족해할 만한 증언을 하게 했다. 그러고는 '아직도 대학살이 일어났다고 믿나요?' 하고 에글렌타인에게 물었다. 에글렌타인은 나중에 분노하며 그 과정이 너무도 유치해서 그 대위가 도대체 자신을 얼마나 우습게 봤는지 모르겠다는 내용의 글을 썼다. 에글렌타인은 세르비아인들이 정말로 뭔가 숨기는 것 같아 더욱 걱정이 되었다.

그날 저녁 프리즈렌에 도착한 에글렌타인과 니콜라스는 그리스정교회 신부의 미망인 집에서 머물렀다. 디미트로비치 대위는 다음날 아침 만날 것을 약속하고 갔다. 에글렌타인은 디미트로비치가 자신이 알바니아 가톨릭교도들과 만나지 못하게 할 것을 알고 좋은 생각을 해냈다. 우선 니콜라스를 통해 그 지역 알바니아 가톨릭교도들에게 편지를 전해 누구든 그녀와 만나서 이야기를 나누고 싶은 사람이 있다면 만나겠다는 내용을 전했다. 이윽고 미스터 마크라는 저명한 알바니아 가톨릭교도가 에글렌타인에게 전화를 걸어 그날 오후에 자신의 집으로 오라고 초대를 했다.

하지만 가장 시급한 일은 프리즈렌에 마케도니아구호기구의 구호품을 배분하는 일이었다. 에글렌타인은 그 일을 위해 디미트로비치의 도움을 얻어 프리즈렌을 관리하고 있는 세르비아 장군과 만났다. 에글렌타인은 프리즈렌의 가난한 지역을 직접 둘러보고, 종교가 무엇이든 관계없이 도움이 필요한 사람들에게 공평하게 구호품을 주고 싶다고 세르비아 장군에게 말했다. 다행히 세르비아 장군은 에글렌타인의 뜻을 지지했다.

에글렌타인은 오전에 도시를 둘러본 뒤에 시청 역할을 하는 작은 방에서 그리스정교회와 이슬람교, 그리고 가톨릭 대표자들을 만났다. 그들은 세르비아 장군의 후원 덕택에 그 지역의 마케도니아구호기구 위원회의 위원으로 지명되었다. 에글렌타인은 효과적으로 구호품을 배부할 방법을 논의하면서 '구호품을 나눌 때 어떤 종교적 정치적 편견도 개입되어서는 안 되고, 자선활동은 서로 종교가 다르다고 할지라도 형제처럼 화합하는 마음으로 해야 한다.'고 강조했다. 그것이 인도적인 입장에서 에글렌타인이 공식적으로 표명한 발언이었다. 에글렌타인은 처음에 2백 파운드(지금으로 환산하면 대략 만 4천 파운드)를 위원들에게 주고, 참석한 모든 사람들과 악수를 한 뒤에 시청에서 나왔다.

위원회에서 가톨릭교도 대표로는 미스터 마크와 미스터 지가 있었다. 미스터 지는 평판이 엇갈리는 사람이었다. 에글렌타인은 미스터 지가 세르비아가 행한 잔학 행위를 부정할 수도 있고 낱낱이 알려줄 수도 있는 사람이라는 것을 알았다. 에글렌타인은 그런 미스터 지가 두려웠다. 하지만 미스터 마크와 만나기로 한 사실을 미스터 지에게 알려주었다. 에글렌타인이 미스터 마크를 만나러 갈 때 디미트로비치 대위가 나타나서 에글렌타인은 그와 함께 출발을 했다. 미스터 마크 집에 들어간 에글렌타인은 미스터 마크 부인과 터키족의 즐거움에 대해 15분 동안 대화를 나누었고, 디미트로비치 대위는 이 집에서 나가자고 제안을 했다. 에글렌타인은 공손하게 좀 더 있다 가겠다고 했다. 대위는 알바니아 가톨릭교도 집에 더 이상 있을 수가 없다면서 혼자 가버렸다.

그러자 에글렌타인은 1월 이전에 프리즈렌에서 5천에서 6천 명의 사람들이 살해되었다는 것이 사실인지 알고 싶다고 물었다. 미스터 마크는 5백 명 중에서 네 명이 학살되었다고 알려주었다. 나중에 미스터 지도 그 자리에 오게 되었다. 에글렌타인은 미스터 마크와 미스터 지에게 여러 질문을 하면서 대학살을 당한 인명의 수가 부풀려졌다는 사실을 알게 되었다. 소문 중에는 확인할 수 없는 것도 있었다. 하지만 알바니아 민간인 30명에서 40명이 세르비아 군인들에게 잡혀 프리즈렌으로 이송되었고 재판도 없이 총살된 끔찍한 일도 있었다는 사실을 새롭게 알게 되었다.

에글렌타인은 미스터 마크의 집에 디미트로비치 대위보다 고작 20분을 더 머물렀다. 하지만 미스터 마크 부부는 벌써부터 불안해했다. 미스터 마크 부부는 에글렌타인에게 '이곳은 모든 것이 위험하고, 당신이 우리 집에 이렇게 있다는 것도 위험해요…….' 라고 말했다. 그리하여 에글렌타인과 니콜라스는 미스터 마크의 집에서 나와 어딘지 모를 장소에서 계속 이야기를 나누었다.

미스터 지는 학살된 사람들의 명단과 출신지, 그들이 프리즈렌으로 호송된 날짜가 적혀 있는 목록을 주며 자신이 이 명단을 주었다는 사실을 누구에게도 말하지 말라고 했다. 에글렌타인은 라틴어로 그 내용을 옮겨 적었다. 라틴어를 아는 사람은 거의 없기 때문에 그렇게 하는 것이 안전했다. 에글렌타인은 명단을 안주머니에 넣어 두었다가 나중에는 아예 옷에 꿰매었다. 며칠 뒤에 에글렌타인은 디미트로비치 대위에게 작별 인사를 했다. 그 순간 에글렌타인은 옷 안쪽에 넣어둔, 살해된 사람들의 명단이 심장을 누르는 것 같아 가슴이 아파서 눈물이 나올 뻔했지만 꾹 참았다.

에드워드 7세 시대의 점잖은 숙녀가 세르비아가 점령한 프리즈렌의 알바니아인 안가에 뛰어드는 모험을 하면서까지 인류에게 저질러진 죄의 증거를 확보하는 모습은 상상하기 힘들 것이다. 그 일로 인해 인간의 본성에 대한 에글렌타인의 생각은 근본적으로 바뀌었다. 그래도 에글렌타인은 세르비아인들을 무조건 비난하지는 않았다. 에글렌타인은 프리즈렌의 세르비아인들이 알바니아인들에 대해 이야기할 때 한결같이 소름끼치게 무시무시하다는 반응을 보인다는 점을 알아챘다. 그래서 에글렌타인은 세르비아인들이 알바니아인들에 대해 맹목적으로 공포를 느끼기 때문에 자신들의 안전을 위해 알바니아인들을 죽였다고 짐작했다. 나중에 한 남자가 전쟁을 술 취한 상태에 빗대어 그런 상태에서는 어떤 사람이라도 이성을 잃고 동물이 돼버릴 것이라고 말했다.

에글렌타인은 그 이야기를 듣고 진정한 적은 어떤 개인이나 인종이 아니라 바로 전쟁이라고 결론을 내렸다. 유럽의 다른 지역에서 제1차 세계대전에 대비해 준비를 하고 있는 상황에서 그러한 결론을 내린다는 자체가 대단한 통찰력이 아닐 수 없다. 에글렌타인의 그러한 통찰력은 요즘 일어나는 반전운동에 가깝다고 볼 수 있다. 그때부터 에글렌타인은 국제 안보가 근본적으로 중요한 문제이고, 구호활동은 꼭 필요한 일이기는 하지만 안보가 보장되지 않고서는 미봉책에 불과하다고 깨달았다. 그러한 깨달음은 에글렌타인의 가치관을 형성하는 바탕이 되었다.

에글렌타인이 기록한 마케도니아구호기구 활동보고서는 아직도 세이브더칠드런 기록보관소에 보관되어 있다. 그 보고서는 첫 번째 전쟁을 치르고 두 번째 전쟁이 일어나기 전 평화로웠던 짧은 시기에 발칸 지역의 상황이 어땠는지 생생하게 보여준다. 또한 구호활동과 인도적 의제를 우선시하는 것이 중요하다는 사실, 그리고 국제적인 전쟁은 물론이고 내전의 원인과 결과에 대한 에글렌타인의 견해가 점점 발전해

가고 있다는 사실을 보여준다. 그런 자료가 남아 있다는 건 참 다행스러운 일이다. 왜냐하면 도로시가 나중에 다음과 같은 글을 썼기 때문이다.

'1914년 이후로는 에글렌타인도, 나도 우리의 경험을 기록할 여유가 전혀 없었다. 그 당시 긴급한 도움을 필요로 하는 사람들이 많아서 그 일 이외에는 시간이나 에너지를 쏟을 여력이 없었다.'

에글렌타인은 프리즈렌에서의 마지막 날, 디미트로비치 대위와 세르비아 군대의 장군, 서른 명의 장교들과 점심을 먹고 민간 병원에서 페트로비치 부인과 정부 고위 관리, 의사들과 함께 저녁을 먹었다. 그리고 나서 그 다음 날 아침에 모나스티르(비톨리의 터키명. ─옮긴이)를 향해 떠났다.

에글렌타인이 모나스티르에 도착해 보니 도시가 감당할 수 없을 정도로 피난민이 몰려와 있었다. 대부분 이슬람교도들이 사는 마을에서 온 피난민들이었다. 그들의 마을은 전쟁 중에 적에 의해 불에 탔는데, 간혹 기독교를 믿는 이웃이나 군인이 불을 지르기도 했다. 모나스티르에 있는 피난민 중 반 이상이 굶어 죽기 직전의 상태였다. 그나마 마케도니아구호기구가 제공하는 식사로 연명을 하고 있었다. 그 당시 모나스티르에는 5만 명의 주민이 있었고, 전쟁이 끝나기 전까지 3만 명의 난민이 들어왔다. 에글렌타인은 도시를 둘러보면서 한 집에 열한 가구가 함께 살거나 서른두 명이 한 방에서 사는 경우도 있다는 사실을 알게 되었다. 그 결과 굶주리는 사람이 많았고, 독감과 기관지염, 폐렴, 장티푸스, 천연두 같은 전염병이 돌기까지 했다.

마케도니아구호기구는 모나스티르에 있는 병원을 지원하기도 했다. 에글렌타인은 그곳에서 모나스티르 마케도니아구호기구의 책임자로 병원을 개업한 맥퀸 간호사와 그녀의 친구이자 에글렌타인이 몇 주 전에 함께 여행을 했던 캐서린 호지스 간호사의 환대를 받았다. 에글렌타인은 동포와 함께 있는 데다 맛있는 빵을 대접받자 고향에 온 것 같은 기분이 들었다. 그리고 가족과 떨어져 열악한 곳에서 봉사를 하며 희생하는 두 사람을 보면서 순수한 도덕적 의무와 사랑이 바탕에 깔려 있지 않고서는 그 일을 할 수 없다고 생각한다. 에글렌타인은 지원 물품이 너무도 부족한 것을 보고 분개했다. 영국 영사가 에글렌타인에게 잉글랜드로 돌아가면 기금을 더 모아달라고 부탁하자 에글렌타인의 고민은 더욱 깊어졌다.

그 다음 날 에글렌타인은 고향을 향해 떠났다. 군인들로 가득한 느린 기차를 타고 오랫동안 지루하게 여행을 했다. 많은 군인이 병들었고, 일부는 독감에 걸린 것이 역력했다. 기차가 비엔나에 도착했을 때 에글렌타인은 독감에 걸려 더 이상 여행을 할 수 없게 되었다. 기차역 인근에서 값싼 호텔을 간신히 찾아내 겨우 방까지 가서는 옷도 벗지 못하고 그대로 쓰러졌다. 이윽고 에글렌타인은 의식이 혼미한 상태에서 정신을 차렸다가 이내 잃어버리기를 반복하면서 악몽에 시달렸다. 악몽 속에서 맥퀸 간호사는 병원 문을 닫고 구호 음식을 나눠주는 일을 중단할 수밖에 없는 상황에 이른다. 그 다음 며칠 동안 에글렌타인은 똑같은 말을 반복했다.

"잉글랜드로 돌아가야 해. 돌아가야만 해. 사람들이 죽어가고 있어.

죽어가고 있어. 너무 많은 사람들이 죽었어. 돌아가야 해. 돌아가야 해."

에글렌타인은 일주일 뒤에도 피난민 아이들이 덜덜 떨며 줄을 서서 구호기금을 절실히 필요로 하는 악몽에 여전히 시달리며 잉글랜드로 돌아왔다. 그 즉시 에글렌타인은 마케도니아구호기구의 구호활동을 늘리고, 피난민들이 자기 나라로 돌아가 재정착하기 위한 계획을 마련할 것을 촉구했다. 그 계획은 나중에 세이브더칠드런의 프로그램에서 체계화된다. 하지만 추가 기금이 없으면 아무 일도 할 수 없었다.

에글렌타인은 그해 봄과 여름에 잉글랜드와 스코틀랜드를 돌며 공개 연설을 하기 시작했다. 필요한 기금을 모으기도 하고, 영국 사람들 대부분이 들어본 적도 없는 지역의 전쟁에 대한 관심을 높이기 위해서였다. 그렇게 해서 결국 적은 액수의 현금을 모았다. 에글렌타인은 다음과 같이 탄식했다.

"대부분의 사람들이 마지못해 그 돈을 내게 주면서 잉글랜드에도 굶주리는 사람들이 많은데 이렇게까지 해야 하느냐고 말했다."

에글렌타인이 홍보를 하자 성과가 조금 있었다. 4월 말에 「글래스고 헤럴드」가 모나스티르에 관한 기사를 실었다. 그 기사에서 에글렌타인은 다음과 같은 글을 썼다.

'사실상 모든 아기들이 죽었다. 전쟁 통에 가장 가엾은 건 어린이들이었다.'

굶어 죽고 병드는 비참한 사례 중 가장 충격적인 모습은 교사들이 싸우러 나가는 바람에 기숙사에 버려진 터키족 소년 서른 명의 처지였다.

식량이 바닥나자 그 소년들은 침대에 누워 죽을 때만을 기다렸다. 그나마 그 아이들은 마케도니아구호기구 회원에게 발견되었다.

하지만 5월 말이 되자 영국 대중의 관심은 다시 시들해졌다. 에글렌타인은 더욱 장기적인 구호활동이 필요하다고 계속 주장했다. 그리고 에글렌타인의 기사는 구호활동이 긴급구호에 그치지 않고 건설적인 활동을 할 수 있도록 기부를 해달라는 요청으로 끝나곤 했다. 하지만 호응이 거의 없었다. 그러자 에글렌타인은 자신이 쓴 소설의 등장인물을 통해 씁쓸한 기분을 표현했다. 그 등장인물은 신문을 큰 소리로 읽으면서도 기사 내용에는 관심이 없고 머릿속으로는 새 드레스에 어떤 장식을 할까 하는 생각만 한다.

제1차 세계대전 동안에 발칸 지역에서 활동하던 간호사들과 의사들이 딱 일 년 뒤에 잉글랜드로 돌아오자 그들은 신문의 1면에 실렸다. 에글렌타인은 5월의 기사를 다음과 같이 마무리했다.

'이제 병원이 문을 닫았다. 하지만 나는 유럽을 횡단하는 꿈을 꾼다.'

에글렌타인은 1913년 보고서에 씁쓸하게 결론을 적었다.

'미스 맥퀸의 식량배급 활동은 한동안 계속되었다. 한 달 혹은 두 달 뒤에 세르비아와 불가리아 간에 전쟁이 일어났고…… 그곳은 다시 쑥대밭이 되었다. 마케도니아구호기구가 겨울 내내 구한 모든 사람들이 아마 다시 시작된 기근으로 죽었을 것이다.'

한동안 에글렌타인의 여동생 도로시가 에글렌타인이 예전에 했던 것처럼 모나스티르로 가서 맥퀸 간호사를 도왔다. 상황은 여전히 절박했고, 구호 물품이 부족해서 나눠줄 때 신중을 기해야 했다.

흥미로운 부분은 에글렌타인이 교직을 그만둔 뒤로는 도움을 받는 수혜자들과 직접 대면하는 일이 두 번 다시 없었다는 것이다. 그 점이 도로시와 달랐다. 에글렌타인은 발칸 지역에서 직접 봉사하는 것보다는 정책을 개발하는 역할이 자신에게 맞는다는 것을 알게 되었다. 그 뒤로도 에글렌타인은 정책 개발 분야에서 뛰어난 능력을 발휘한다.

하지만 에글렌타인은 발칸 지역을 여행하는 동안 많은 사람들의 도움을 받았고 그들에게 진 빚을 잊지 않았다. 그래서 모나스티르에서 사무를 보았던 터키족 두 명이 영국 취업 비자를 얻을 수 있는지 알아봐 주기까지 했지만 성공하지는 못했다. 에글렌타인이 학살된 알바니아인 명단을 몰래 가지고 와서 무엇을 했는지에 대한 기록은 남아있지 않다. 어떤 언론 매체에서도 그 잔혹행위에 관해 다룬 기사는 찾을 수가 없었다. 아마 에글렌타인은 그 명단을 마케도니아구호기구의 찰리 벅스턴에게 주었을 것이다. 찰리 벅스턴은 외교 인사들과 인맥이 있고, 그것을 전할 만한 좋은 지위에 있기 때문이었다. 에글렌타인은 분명 찰리 벅스턴과 함께 마케도니아구호기구 활동보고서를 마무리해 잘 보관해 두었을 것이다. 하지만 명단에 오른 사람들을 보호하기 위해 결코 출간하지는 않았다.

찰리와 노엘은 발칸 지역, 특히 마케도니아에 외교적으로 개입하고 구호품을 조달하기 위한 운동을 계속 적극적으로 벌였다. 하지만 1913년 7월에 불가리아가 발칸 연합군에 대해 전쟁을 선포함에 따라 그 지역은 다시 전쟁의 소용돌이에 휩싸였다. 오스만 제국을 패배시킨 뒤에 약속받은 땅을 합병하려고 했지만 약속이 지켜지지 않았기 때문이다.

발칸 전쟁이 벌어지는 동안 약 12만 2천 명이 죽었다. 또한 2만 명이 부상으로 죽었으며 8만 2천 명이 굶주림으로 악화된 질병 때문에 죽었다.

그 다음 해 1914년 6월에 세르비아는 사라예보를 방문한 오스트리아의 프란츠 페르디난트 대공을 암살한 뒤로 유럽에서 주목의 대상이 되었다. 세르비아는 러시아와 영국, 프랑스, 루마니아와 연합을 맺었음에도 일 년 뒤에 독일, 오스트리아, 불가리아의 공격을 받았다. 이로써 제1차 세계대전이 발발했다.

마케도니아구호기구는 잇따르는 전쟁 속에서 인지도가 떨어질 수밖에 없었고, 이윽고 회의도 중단되었다. 그때까지 찰리와 노엘은 어쨌든 로이드 조지와 윈스턴 처칠, 네빌 체임벌린의 지원을 받아 외교 사절 역할을 했다. 그리하여 불가리아가 독일과 연합하지 않도록 설득했다. 영국의 외무부 장관 에드워드 그레이 경은 찰리와 노엘이 공식적인 정부 차원의 임무를 수행하는 것이 아니라 개인적으로 여행을 하는 것으로 하고, 불가리아가 중립을 지키면 그 보상으로 마케도니아 합병을 약속할 수 있는 것처럼 하라고 철저히 당부했다. 결국 찰리와 노엘의 협상은 실패했다.

그럼에도 불구하고 그들은 신문의 1면을 장식했다. 그 이유는 찰리와 노엘이 루마니아 왕의 장례식에 참석했을 때 청년 터키당(오스만 제국의 청년 장교들 중심으로 결성된 비밀 조직. 전제 지배를 배제하고 입헌을 주장함. -옮긴이) 대표가 암살을 시도했는데 두 사람이 간신히 살아남았기 때문이었다. 직사거리에서 여섯 발이 발사되었다. 한 발은 노엘의 턱을 부쉈다. 이에 대해 독일 베를린 신문은 '영국의 것이 아닌 것에 대해서 교활하고 거만한 말을 지껄이는 입'이 다물어진 것을 축하하기에 이르렀다. 또 다른 총알은 찰리의 폐를 관통했지만 심장까지는 이르지 못했다. 그것은 가슴에 달린 주머니에 수첩이 있었던 덕분이었다.

찰리와 노엘은 병원에서 회복을 하는 동안 체포된 암살범인 후산 탁시즘과 이야기할 기회가 있었다. 그들은 허버트 스펜서, 존 스튜어트 밀, 그리고 정치 암살의 윤리에 대해 논의했다. 탁시즘은 고위직에 있는 젊은 정치가였다. 노엘은 정치적 증오의 심리를 잠깐 시험해 보기도 했다. 장전하지 않은 총을 테이블에 놓고 잘못을 뉘우칠 줄 모르는 탁시즘에게 자신을 쏠 수 있는 두 번째 기회를 주었다. 탁시즘이 거절하자 노엘은 다음과 같은 결론을 내렸다.

'우리는 서로가 하나의 존재라는 사실을 또렷하게 인식했다. 우리는 더 이상 서로에게 막연한 존재가 아니었다. 한 사람은 암살범이고, 다른 한 사람은 터키족과 반대 입장에 있는 존재였다. 모든 사람이 자신의 상상력에 머물지 않고 감정이라는 어두운 장벽을 꿰뚫을 수 있다면 범죄는 물론이고 전쟁에서 살인을 하는 일은 불가능할 것이다.'

찰리는 그 일을 계기로 인간이 서로 공감하는 것이 얼마나 중요한지 깨달았고, 곧 에글렌타인과 그 점에 대해 논의한다.

찰리와 노엘은 돌아오자마자 국제 평화와 안전을 위해 발칸 지역이 '굉장히 중요하다'는 점을 계속 강조했다. 그들은 암살이 미수에 그친 사건을 계기로 인지도와 인기가 높아졌다. 그리하여 찰리와 노엘을 기려 소피아의 한 거리에 벅스턴 브라더스 불러버드라는 이름이 붙었다.

찰리와 노엘은 영국으로 돌아온 뒤에 한동안 비중 있는, 유명한 외교인 사가 되었다. 그들은 이러한 분위기를 이용해 1915년 4월에 『전쟁과 발칸 지역 The War and The Balkans』이라는 저서를 공동으로 집필했다. 그 책은 평화를 위한 노력의 일환으로 유럽이 양보 정책을 세울 것을 제안했다. 그 뒤에도 찰리와 노엘은 로비활동을 멈추지 않았다.

에글렌타인은 찰리와 노엘처럼 영국 사람들의 무지와 나태에 반대하는 것에 머물지 않고, 더 나아가 국제적으로 논란이 되는 일을 떠맡았다. 에글렌타인은 말버러와 케임브리지에서 가난한 사람들과 함께 일을 한 경험이 있는데도 발칸 지역의 전쟁이 야기한 비인도적인 죄와 대대적인 시민 추방, 굶주림에 대해 굉장한 '공포와 두려움'을 느꼈다. 그럼에도 인간 본성에 대한 근본적인 믿음을 저버리고 싶지 않았고, 그래서 무턱대고 인간을 불신하지 않았다. 또한 자신이 목도한 공포와 고통의 원인이 무지와 편견, 그리고 사람을 비인간화하는 전쟁의 영향 때문이라고 보았다. 그러한 판단은 연민이 어린, 전보다 성숙한 시각이라 할 수 있다. 그 이후로 에글렌타인은 구호활동과 지속적인 발전, 시민의식의 증진을 통해 국제 전쟁과 내전을 막는 일에 중점을 둔다.

1914년에 다시 전쟁이 일어난 뒤 에글렌타인은 '야만적인 발칸인들'이라는 제목의 기사를 썼다. 의도적으로 자극적인 제목을 단 것이었다. 기사에서 내린 두 가지 주요 결론은 한 국가를 오로지 그 국가가 저지른 죄로만 규정해서는 안 된다는 것, 그리고 잘못된 행위는 관련된 자들의 순수한 정의만으로는 결코 바로잡을 수 없다는 것이었다. 에글렌타인은 다음과 같은 글로 기사를 끝맺었다.

'예전에 어떤 사람이 "인정이 없다."는 말을 한 것을 나는 기억하고 있다. 우리 대부분의 인간에게 문명은 겉가죽일 뿐이다. 누구든지 전쟁이 일어난 지역에 던져지면 다시 야만인이 되지 않으리라는 보장은 없다. 난 그 사람에게 결코 돌을 던지지 못한다. 이런저런 사건으로 볼 때 분명 발칸의 모든 인종은 야만적이다. 하지만 그 야만성은 그들이 아니라 전쟁 자체에 있다.'

9

죽은 사람과의 대화

1914 ~ 1915

죽음이 존재하지 않는다는 생각은
많은 위대한 발견의 출발점이 된다.

에글렌타인 젭, 1914년

'죽은 사람들은 잊히지 않고 싶어서 외친다.'

저명한 낭만파 전기작가 리처드 홈스가 한 말이다. 홈스가 그 말을 곧이곧대로 들으라고 한 말은 아닐 테지만, 전기작가들은 때로 자신이 쓰는 전기와 관련된 유령들에 사로잡히기도 한다. 그 점에서 나는 좀 서운한 마음이 들지 않을 수 없었다. 에글렌타인이 어린 시절을 보낸 더 리스에서 잠을 잘 때나 제네바에 있는 그녀의 묘지에 꽃을 올려놓을 때도 죽은 사람들은 나에게 아무 반응도 보이지 않았다.

하지만 에글렌타인은 달랐던 모양이다. 어느 나라를 가든 죽은 사람들이 자신에게 외치는 소리를 몇 년 동안 들었으니 말이다. '죽은 사람들과의 긴밀한 교감'은 에글렌타인에게 큰 해방감을 주기도 했지만 괴

그림 : 도로시가 그린, 어린 시절에 대한 스케치로 제목은 '에글렌타인의 뇌의 환영'

롭고 고통스러운 경험이기도 했다.

에글렌타인은 1885년에 겨우 여덟 살 때 처음으로 유령을 경험했다. 그녀의 언니와 오빠인 에밀리와 릴, 딕이 셔츠 소매에 나무 막대기를 넣고 소파 위에 고정시켜 유령 팔을 만들었다. 그런 다음 밧줄을 당기면 팔이 움직이게 했다. 그것은 조잡하기는 해도 상상력과 창의력을 있는 대로 발휘해 만든 즐거운 장난감이었다. 릴은 '희생양' 에글렌타인을 데리고 왔다. 에밀리는 옆방에 숨어 있다가 때맞춰 소리를 질러댔다. '누가 들어도 기겁할 만큼, 귀청이 찢어질 듯 무시무시한 소리'였다. 에글렌타인은 '사람을 잡아먹는 귀신'의 존재를 믿어야 할지 말아야 할지 어리둥절했지만, 용감한 표정으로 그 자리를 지켰다. 나중에 가해자들은 에글렌타인이 발까지 부들부들 떨더라고 고모에게 자랑삼아 이야기했다. 어린 시절 장난에 불과했지만, 유령 이야기가 줄곧 더 리스에서 일상의 한 부분을 차지했다는 건 분명하다. 에글렌타인은 그때부터 '유령'이 있을지도 모른다는 생각을 하게 되었다.

에글렌타인은 아가씨 때부터 심각한 영적 체험을 하기 시작했다. 세기 전환기에는 죽은 남동생 개멀이 에글렌타인과 도로시의 꿈에 나타나기 시작했다. 그래서 두 사람은 개멀이 나타나는 것이 단순히 그들이 개멀의 죽음을 슬퍼해서가 아니라 뭔가 초월적인 의미가 있기 때문이라고 믿게 되었다. 그 다음 몇 년에 걸쳐서 에글렌타인은 영적인 삶에 점점 매료되었다. 하지만 동시에 심적 고통으로 괴로워하기도 했다. 1914년에 제1차 세계대전이 일어나 유럽 전역에서 인명이 살상되자 에글렌타인은 '저승'에서 들려오는 새로운 목소리를 듣기 시작했다. 놀랍게도 에글렌타인은 이번에는 그 소리에 대답을 할 뿐만 아니라 모든 내용을 부지런히 받아 적었다.

심령론이 처음으로 대중의 관심을 끈 건 1870년대 후반이었다. 그 당시에는 태어나는 순간부터 병으로 어린 나이에 죽는 경우가 허다했다. 슬픔에 빠진 사람들에게는 헤어진 사랑하는 사람들과 직접 소통하는 심령론이 국교회에서 주는 형식적인 위안보다 더 매력적이었다. 1860년대에 다윈의 진화론 때문에 성서의 권위가 흔들린 탓도 있었다. 게다가 산업혁명으로 야기되는 사회 문제에 교회가 적절히 대처하지 못하고 있다는 인식이 많은 사람들에게 깔려 있었다.

당시는 과학이 비약적으로 발전하는 시대였다. 물리학 법칙이 발견되고, 보이지 않는 전기의 힘이라든가 매력적인 사진술 같은 새로운 기술이 처음으로 사용되었다. 전에는 알지도 못했고 기적으로만 보이던 물리적 법칙이나 힘이 발견되는 것을 보면 인간의 지식은 한계가 있어서 절대적으로 옳다고 자신할 수 없는 부분이 있었다. 그렇기 때문에 초자연적인 경험과 관련해 나도는 말은 더욱 그럴 듯해 보였다. 심령술 연구원 중에는 전기처럼 유한한 어떤 힘을 조만간 대대적으로 발견하게 될 것이라고 생각하는 사람도 있었다. 젊은 대학 교수들도 심령연구협회의 과학적인 조사 내용을 부정하지 않았다.

심령술에 대한 관심은 제1차 세계대전 동안 사망자 수가 증가하기 시작하면서 정점에 이르렀다. 심령술과 관련된 협회가 1914년에는 145개가 있었는데 1919년경에는 309곳으로 늘었다. 아서 코난 도일 경은 셜록 홈스의 저자이자 심령술의 옹호자였다. 그는 서섹스주 크로보로에 살던 타이와 에글렌타인의 이웃이기도 했는데, 1914년에 다음과 같은 글을 적었다.

'전쟁은 우리 모든 영혼을 진실하게 한다. 우리 자신이 가진 믿음을 깨닫고 그 가치에 대해 다시 생각하게 한다.'

기존의 언론과 성직자들은 유족의 비통한 심정을 이용한다며 새로 일어나는 심령술을 비난했을 수도 있다. 하지만 합리적인 훌륭한 탐정을 창조해낸 작가마저 다른 많은 사람처럼 심령술에서 위안을 얻는 게 현실이었다. 심령술은 영혼이 존재함을 입증하며 '깊은 고통의 시대를 사는 인류에게 희망을 주고 길잡이가 되어 준다.'고 받아들여졌다. 에글렌타인은 1914년까지 이미 동생의 죽음과 마케도니아에서 일어난 전쟁과 내전의 트라우마를 경험했다. 타이는 심령술을 탐탁치 않게 여겼지만 크로보로에서 이런저런 생각을 하면서 여유롭게 요양을 하던 에글렌타인으로서는 한창 유행하면서 사람들에게 위안을 주는 심령술에 대해 생각해 볼 수밖에 없었다.

에글렌타인은 1914년에 전쟁이 시작된 직후에 처음으로 영혼을 보았다고 믿었다. 어느 날 저녁 기차 여행 중에 에글렌타인은 텅 빈 객차에 혼자 앉은 소녀 옆에 앉았다. 기차가 움직이기 시작하자 갑자기 또 다른 '사람'이 에글렌타인의 눈에 띄었다. 그 사람은 에글렌타인에게 소녀에게 말을 걸어보라고 재촉했다. 에글렌타인은 '대화를 나눌 생각도 없고 뭐라고 말을 시작해야 할지 몰라서' 망설이다가 전시에 운행되는 기차라 그런지 조명이 어둡다고 말을 건넸다. 그러자 소녀는 전쟁으로 하루아침에 가족을 잃은 사람들이 너무 가엾다는 이야기를 했다. 에글렌타인은 또 다른 '사람'이 꽤 젊은 여자인 것이 마음에 걸렸다. 그래서 화제를 돌려 소녀에게 가족을 잃은 사람들의 슬픔이 얼마나 크겠냐고 말했다. 그러자 그 말을 들은 소녀는 마음의 문을 열어 친언니를 잃은 슬픔을 털어놓았다. 그 뒤에 이어지는 이야기는 나중에 루스 워즈워스가 다음과 같이 말했다.

"에글렌타인은 소녀에게 그 유령에 대해서는 한마디도 하지 않았어요. 그저 보이지 않는 세계와 자신의 믿음에 대해 말해 주었지요. 우리의 눈에 보이지 않는 사람들이 우리 생각보다 훨씬 더 우리와 가까이 있다는 얘기를 한 거죠. 에글렌타인은 이상하게도 그 소녀가 그 이야기를 듣고 위로를 얻었다고 말했어요."

에글렌타인은 어쩌다 심령 체험을 하게 된 걸까? 아마도 종교에 심취하여 신비주의와 영적 세계를 궁금해하고 신의 실체, 즉 하나님과 친밀한 관계를 맺고 싶어 했던 욕망 때문이었을 것이다. 심령술과 거의 같은 시기에 신비주의가 부활하고 있었다. 타이는 다음과 같은 글을 썼다.

'과학의 발전이 오히려 속인들로 하여금 물질적이고 세속적인 것에서 벗어나 경이로운 심연의 진실에 눈뜨게 해 주었다.'

타이는 개멀이 죽은 뒤에 개인의 영성을 존중하는 작은 기독교 종파인 가톨릭 사도 교회에 다녔다. 타이는 곧 신비주의에 완전히 빠져들었다. 에글렌타인은 종교적이고 영적인 세계가 있다고 믿었기 때문에 날로 두터워지는 엄마의 신앙에 큰 관심을 갖고 크게 영향을 받았다. 또한 다른 자매들과는 달리 타이의 개종을 이해하고 지지했다. 그것은 에글렌타인이 개멀의 죽음을 계기로 대학에서 더더욱 빨리 신비주의에 대해 알게 된 덕분이었다. 에글렌타인이 인류와 세상이 하나라는 초월적인 느낌을 받은 것은 대학에서 신비로운 계시에 대해 공부한 탓이기도 하고, 그 뒤에 교실에서 그리스도의 얼굴을 환영으로 본 체험 때문이기도 했다.

그 다음 십 년 동안 에글렌타인은 초월적 체험을 했고, 그러고 나면 기분이 좋아졌다. 그리고 그때 체험한 내용을 계속 기록했다. 하지만 건강이 악화되어 케임브리지에서 하던 사회사업을 줄일 수밖에 없는 상황에 놓이게 되었다. 그러자 에글렌타인은 자신을 아무 쓸모도 없는 사람이라고 여기며 점점 더 괴로워했다. 신비로운 체험을 하는 횟수도 전보다 줄어들었다.

1911년에 에글렌타인은 '초자연적인 삶'에 관한 글을 썼다. 에글렌타인에게 초자연적인 삶이란 '이기적이고 물질적인 세계에 대한 관심을 거두고 정신적인 세계에 관심을 두는 인생의 중간 단계'를 뜻했다. 그러려면 그 전에 영적인 생각과 행위에 도달해 있어야 했다. 에글렌타인은 '이상적인 삶은 품위와 실용성을 갖춘 삶'이라고 적었다. 그리고 '현대의 신비주의자'로서 하나님과 교감하고, 이기심을 버리고 사랑을 베풀겠다고 서약했다.

하지만 이런 고귀한 '초자연적인 삶'을 살려는 에글렌타인의 포부는 실패에 대한 두려움으로 인해, 그리고 이런 이상이 '터무니없는 것'일 수도 있다는 생각에 무너지고 말았다. 에글렌타인은 괴로워하다가 실패와 수치심을 받아들일 줄도 알아야 한다고 결론을 내렸다.

1913년은 마거릿이 결혼을 하고, 에글렌타인이 발칸 지역에 다녀온 뒤 다시 일어난 발칸 전쟁이 유럽 전역으로 확대된 해였다. 에글렌타인의 구호활동은 생각만큼 흡족하지 않았고 성과를 거두지도 못했다. 전쟁이 고조되는 분위기 속에서 대중의 관심도 줄어 구호기금을 제대로 모으지 못했다. 두 번째 발칸 전쟁으로 발칸 지역에서 에글렌타인과 친구가 되었던 많은 사람들이 전쟁이나 굶주림, 질병으로 목숨을 잃을 확률이 높았다.

에글렌타인은 구호활동을 해봐야 아무 소용도 없다는 생각에 좌절감이 클 수밖에 없었다. 12월이 되어 마거릿의 결혼식 날이 다가오자 에글렌타인의 실패감도 커졌고, 점점 더 우울해졌다. 결혼을 해서 평범한 삶을 사는 친구들을 동경하는 마음도 있었지만 자신이 그런 삶을 살다가는 천벌을 받을 것 같은 느낌도 떨칠 수 없었다. 에글렌타인은 자신을 희생하고 사랑을 베푸는 기독교적인 삶에 안착하지 못하는 스스로를 원망했다. 밤에는 죽고 싶은 충동에 사로잡히기까지 한다.

그러다가 그해가 끝나갈 무렵 에글렌타인은 마음을 추스르고 봉사를 하는 '이상적인 삶'으로 다시 돌아간다. 에글렌타인은 다음과 같은 결론을 내렸다.

'우리가 다른 사람들을 위해 살고, 우리의 힘과 장점을 그들에게 후하게 베풀면 그것이 곧 우리의 삶을 찾는 것이다.'

문제는 에글렌타인이 자신의 장점을 쏟을 대상이 없다는 것이었다. 이제 에글렌타인은 서른일곱 살이었고, 피로를 자주 느꼈으며 흰 머리도 생기기 시작했다. 그럼에도 에글렌타인은 여전히 자신의 능력과 의무, 인생의 방향에 대해 의심하고 불안해하며 괴로워했다. 그런 에글렌타인에게 필요한 것은 외부의 지원과 인정이었다. 한마디로 말해서 직업이 필요했다.

마침 1914년경에 릴은 농업협동조합을 설립하는 일에 나섰고, 결국 농업조직협회의 이사가 되었다. 릴은 자신의 언니 에글렌타인이 편집을 잘한다는 것을 떠올리고 에글렌타인을 농업조직협회의 편집장으로 앉혔다. 에글렌타인은 편집 일을 즐기고 그 일에 전념했다. 또한 토지 사용과 농사법에 대해 많은 아이디어를 내기도 했다. 나중에 에글렌타인은 그 아이디어를 세이브더칠드런의 난민 재정착 프로그램에 적용했다. 하지만 일을 하다가 지쳐서 오전 11시 이후로는 아무 일도 하지 못하는 날이 자주 있었다.

에글렌타인은 농업조직협회에서 헨리 라이어널 필킹턴 대령과 함께 일하며 그의 도움을 종종 받았다. 헨리 라이어널 필킹턴 대령은 전쟁에 참전하고 훈장을 받은 육군 장교로 이제는 농업조직협회의 총무였다. 에글렌타인보다 스무 살 가량 더 많은, 쉰여섯 살이었다. 두 사람의 친구인 모드 홀게이트는 헨리 라이어널 필킹턴 대령을 '사고방식과 몸가짐이 기품 있는 남자'로 평가했다. 헨리 라이어널 필킹턴 대령은 에글렌타인처럼 전쟁의 참화를 목격했고, 그 역시 개인적인 아픔을 겪었다. 아내 루이자가 신경쇠약으로 요양원에 갔다가 그곳에서 죽음을 맞이한 상처를 지니고 있었다. 아마 이러한 공통점 때문에 헨리 라이어널 필킹턴 대령과 에글렌타인 사이에는 자연스럽게 공감대가 형성되었을 것이다. 두 사람은 서로를 소중히 여겼고 계속해서 친밀하게 우정을 쌓아갔다. 그런데 헨리 라이어널 필킹턴 대령이 1914년 봄에 잠시 병을 앓다가 갑작스럽게 죽고 말았다.

3월이 시작될 무렵 기력을 회복한 에글렌타인은 스위스의 마조레 호수에서 휴가를 보내는 중에 필킹턴 대령이 폐렴으로 죽었다는 소식을 듣게 되었다. 에글렌타인은 헨리 라이어널 필킹턴 대령이 아플 때 아무런 도움을 주지도, 장례식에도 참석하지도 못한 걸 무척 슬퍼했다. 에글렌타인은 몇 주 동안 헨리 라이어널 필킹턴 대령과 마지막으로 만난 날을 자주 떠올렸다.

에글렌타인은 필킹턴 대령을 너무 그리워한 나머지 이윽고 그가 아직도 어떤 식으로든 자기 곁에 있을 거라고 생각하기 시작했다. 그때까지도 스위스에 있던 에글렌타인은 눈이 깊이 쌓인 산을 가이드 없이 올라가겠다고 고집을 피우거나 방에 들어가 문을 잠그고 한동안 있어서 주위 사람을 불안하게 했다. 런던으로 돌아온 뒤에는 편집 일을 하기는 했지만, 사무실에 가면 기운이 쭉 빠져서 대체로 집이나 침대에서 일을 했다.

그로부터 두 달 뒤에 타이는 에글렌타인에게 휴양지로 명성이 높아지고 있는 크로보로에 함께 가자고 고집을 피웠다. 바로 그곳에서 에글렌타인은 필킹턴의 '유령'과 대화를 나누게 된다. 그 대화는 1914년의 지루한 겨울 내내 이어져 그 다음 해 봄까지 계속되었다. 에글렌타인의 일기 『죽은 사람들과의 대화』는 극적으로 시작된다.

나는 내 방에 들어갔다. 하지만 나는 울음이 터져 나올 것 같아서 문을 잠갔다. 그가 나에게 와서 말했다.

"왜 이렇게 기분이 안 좋아요?"

"당신이 죽다니 정말 유감이에요."

그는 웃음을 터뜨리더니 말했다.

"죽다니, 죽다니요! 그런 단어는 쓰지 않으면 좋겠어요. 나는 전보다 훨씬 더 살아있는 기분이니까요. 나보다도 당신이 훨씬 더 죽은 사람 같은 거 알아요?"

논픽션을 읽고 있는 독자들로서는 위와 같은 글을 어떻게 받아들여야 할지 난감할 수도 있다. 가족을 잃은지 얼마 안 된 유족이나 전기작가가 심령 체험 혹은 영적 체험을 하는 경우가 있기는 하다. 보통 우리는 정신적으로 아주 예민한 사람이나 정신질환이 있는 사람, 사기꾼이나 잘 속는 사람이 심령 체험을 한다고 생각한다. 에글렌타인이 죽은 필킹턴 대령과 나눈 대화는 정말로 경험한 것일 수도 있고, 필킹턴 대령이 살아 있는 동안에 두 사람이 거의 매일 나눈 대화를 기록한 원고일 수도 있다. 에글렌타인도 처음에 그 체험을 했을 때는 너무 좋아서 믿지를 못했다. 그래서 죽은 대령과 나눈 대화를 자신의 풍부한 상상력이 빚어낸 산물로 인식했다.

에글렌타인은 출간은 하지 못했지만 쉬지 않고 소설을 썼기 때문에 인물과 대화를 만들어내는 일에 익숙했다. 필킹턴 대령과 평생을 알고 지낸, 독실한 성공회교도 모드 홀게이트는 에글렌타인이 소설을 쓸 때 등장인물에 대해 곰곰이 생각하다가 어느 순간 그 인물이 할 만한 말을 무의식적으로 떠올리듯이 영적 대화가 생겨났을 수도 있다고 생각했다. 그럼에도 불구하고 모드는 대화문을 읽다가, 에글렌타인이 영적인 통찰력이 있으므로 정말로 대화를 했을 가능성도 있다는 점을 인정했다. 모드는 그런 소름끼치는 습관에 집착하는 것이 걱정되어 에글렌타인에게 더 이상 심령 대화를 하려고 애쓰지 말라고 조언했다. 모드는 다음과 같이 결론을 내렸다.

"정확한 진실은 아무도 알 수 없죠. 하지만 에글렌타인은 친구의 대답을 듣고 있다고 확신했고, 저는 그것이 에글렌타인에게는 신성한 경험이었다고 생각해요."

에글렌타인이 필킹턴과 나눈 대화의 주된 내용은 개인적이고 물질적인 삶에서 벗어나 더 고차원적이고 영적인 삶을 추구해야 한다는 것이었다. 에글렌타인은 그 대화를 통해 하나님과 일치를 이루기 위해서는 우선 삶과 일치를 이루어야 하고, 그것은 실천과 일을 통해 구현되어야 한다고 깨닫는다. 그리고 그것이 곧 하나님의 뜻을 이루는 것이라고 생각한다. 마침내 몇 년 뒤에 에글렌타인은 어린이 복지와 권리를 전 세계에 촉구하는 일이 자신의 신조와 맞다는 결론에 이른다. 또한 죽음은 영적 존재의 또 다른 형태에 불과하다고 믿게 된다. 그리하여 에글렌타인은 확신에 차서 다음과 같은 글을 적었다.

'죽음이 존재하지 않는다는 것을 확실히 알 때…… 그것이 많은 위대한 발견의 출발점이 된다.'

에글렌타인과 필킹턴의 대화는 좌절해 있던 에글렌타인이 지적 에너지를 분출하게 해주었고, 막연했던 에글렌타인의 생각을 표면화해 준

창조적인 방법이었다. 또한 자신이 사랑한 사람이 자신을 거부하거나 죽음으로써 겪게 된 슬픔을 긍정적으로 극복하게 해 주었다. 하지만 무엇보다도 그 대화는 에글렌타인에게 자신감을 심어주었다. 그 덕택에 에글렌타인은 그토록 갈망하는, 공익에 도움이 되는 사회적 역할에 착수할 수 있었다.

에글렌타인은 필킹턴의 영혼과 나눈 대화를 1915년 봄 이후로는 기록하지 않았지만 심령과 무의식에는 평생 관심을 두었다. 1918년에는 주위의 친구들이나 친척이 죽는 환영을 보게 되면서 영적 세계와 교감을 하는 것이 꼭 좋은 것만은 아니라는 사실을 깨닫는다. 그래서 에글렌타인은 물질적인 세계에 집중을 하게 되었고, 마침내 세이브더칠드런이 그 다음 해에 설립되었다. 하지만 물질적인 세계에서 에글렌타인이 추구하는 의미 있는 삶이 실현되기 전까지 넘어야 할 장애물은 아직도 많이 남아 있었다.

10

행동에 앞서 건강을 회복하다

1914 ~ 1916

**나태함 속에서
행복해진다는 것은 불가능한 것 같아.**
에글렌타인 젭

1914년에서 1918년은 모든 영국인을 포함해 에글렌타인의 삶에 제1차 세계대전의 그늘이 드리워져 있었다. 많은 젊은이가 목숨을 잃었고, 남편과 형제, 친척을 잃은 유족들은 슬퍼했다. 국민 모두가 전쟁의 공포와 인명 피해에 깊은 충격에 휩싸여 있었다.

에글렌타인의 자매들은 전쟁을 지지하거나 다른 방향으로 국가 정책에 영향을 미치려고 했다. 하지만 최근까지 발칸 지역에서 적극적으로 활동을 했던 에글렌타인은 조용히 있었다. 에글렌타인은 평화와 더 공정한 국제사회를 갈망했지만 전쟁이 확대되는 것을 바라볼 수밖에 없는 자신의 무능함에 고통스러워할 뿐이었다.

1918년 11월에 휴전이 될 때까지 많은 젊은이가 죽자 여성이 결혼을

그림 : 에글렌타인이 소파에 기대어 앉아 있는 모습을 타이가 그린 것. 날짜는 적혀 있지 않음.

해서 가정을 꾸릴 수 있는 확률도 낮아졌다. 전쟁이 선포되었을 때 에 글렌타인은 서른여덟 살로 이미 노처녀 취급을 받았는데 그녀 자신도 결혼에는 전혀 관심이 없었다.

한편 전쟁으로 인해 남성들이 징병됨에 따라 뜻밖에도 많은 영국 여 성에게 사회 진출 기회가 생겼다. 여성들은 노동 시장에 나아가 돈을 벌거나 공공기관에 취직을 하기도 했다. 그리하여 여성이 할 수 있는 일에 대한 인식이 대대적으로 바뀌었다. 마침내 1918년에 대학졸업자 나 재산이 있는 서른 살 이상의 여성들은 투표권을 얻었다. 전쟁으로 인해 여성의 지위가 급격하게 바뀐 것이다. 또한 많은 여성이 용기를 내어 사회적, 지리적 경계를 뛰어넘어 전쟁 중인 해외로 나아가 간호사 와 구호활동가로 일하기도 했다. 그것은 평화로운 시기에는 생각도 못 했을 일이었고, 그 당시 남자들의 고정관념을 깨는 일이었다. 스코틀랜 드 여의사 엘시 잉글리스가 도울 일이 있으면 돕겠다고 하자 영국 육군 성이 '아가씨, 집에 가서 얌전히 있기나 하시죠.' 라고 답변을 보냈다는 일화는 유명하다. 잉글리스는 독자적으로 프랑스와 세르비아, 그리스, 살로니카, 러시아, 로마에 스코틀랜드 여성병원을 세웠다.

에글렌타인은 마케도니아에서 지내면서 이러한 용감한 여성들과 함 께 일을 한 적이 있었다. 하지만 이제는 봉사활동을 하지 않았다. 능률 적인 구호활동을 조직하는 일은 환영했지만 간호를 한다든지 하는, 개 인과 직접 대면하는 일은 꺼려했다. 유럽 전역에 걸쳐 적대감과 전쟁, 절망감이 걷잡을 수 없이 확대되자 자신의 구호활동이 가치가 있는지 도 미심쩍어했다. 한편 에글렌타인의 자매와 친구들은 모두 전쟁과 구호활동, 그리고 국제적인 정치 논쟁에 의미 있는 기여를 하려고 노력했다.

릴은 농촌 개혁과 농업 생산을 촉진함으로써 농업조직협회의 이사로서 능력을 인정받았다. 릴은 전쟁으로 인해 농업 인력이 부족해지자 여성국토경영군단(나중에 여성농업지원단으로 유명해짐. – 옮긴이)을 설립했다. 그리하여 많은 여성들이 들에서 땅을 파는 일을 하게 되었고, 결국 릴은 농업 위원회의 하부조직인 여성 위원회의 이사가 되었다.

에밀리는 아일랜드인 남편과 결혼해 전쟁 초기에는 조용히 가정생활을 하고 있었다. 그러다가 1916년에 에글렌타인이 아일랜드에 와서 몇 달을 지내는 동안 영국이 부활절에 아일랜드에서 일어난 반란을 무자비하고 부당하게 진압하는 광경을 보고 충격을 받았다. 에밀리는 그 경험을 바탕으로 사심이 없는 젊은 남매가 반란을 일으키면서 겪는 모험을 그린 소설을 썼고, 그 소설은 출간되어 베스트셀러가 되었다. 마침 그 무렵에 아일랜드 부활절 봉기(1916년 4월 부활 주간에 아일랜드 독립을 위해 일어난 반란. – 옮긴이)에서 생존한 사람들이 의회를 구성해 1919년 1월에 아일랜드 공화국을 세운 사건이 화제에 오른 것도 원인으로 작용했을 것이다.

도로시와 찰리는 전쟁이 벌어지는 동안은 물론이고 평생 동안 지칠 줄 모르고 평화와 국제 정의를 위한 운동을 벌였다. 찰리는 전쟁에 반대하는 정치적 압력 단체인 민주통제동맹을 설립했다. 전쟁에 반대하는 내용이 담긴 찰리의 출판물은 대중의 분노를 샀고, 찰리는 협상을 통해 평화를 되찾자는 강연을 하고 다니다가 자유주의 연합에서 쫓겨나기도 했다. 찰리와 도로시는 계속되는 전쟁 정책에 염증을 느껴 1917년에 전쟁에 반대하는 유일한 정당인 독립노동당에 들어갔다. 이윽고 두 사람은 전쟁을 지지하는 국교회의 입장에 반대한다는 뜻으로 프렌드교파(퀘이커 교파의 정식 명칭. -옮긴이)에 들어갔다. 도로시는 평화와 자유를 위한 여성국제연맹에 가입하기도 했다.

마거릿 케인스도 에글렌타인보다는 더욱 적극적으로 전쟁을 치렀다. 마거릿은 당시 케임브리지에서 네 명의 어린 자녀를 키우고 있었다. 그럼에도 불구하고 백 명이 넘는 불가리아 난민들을 위한 숙소를 그 지역에 마련하기까지 큰 역할을 했다.

한편 에글렌타인은 1915년에 런던에 본부를 둔 농업조직협회 일을 서서히 그만두고, 크로보로에서 타이와 함께 지내는 날이 점점 많아졌다. 에글렌타인은 크로보로의 방에서 필킹턴 대령의 유령과 이야기를 나누곤 했다. 에글렌타인은 전쟁이 일어나기 전에 타이가 유럽을 여행하고 싶어 해서 케임브리지에서 사회사업을 중단해야 했고, 그 바람에 수년 동안 좌절해 있었다. 일반적으로 여성들 특히 에글렌타인에게 그 어느 때보다도 국기의 공부에 기여할 수 있는 기회가 더 많아진 시기에 에글렌타인이 활동을 하지 않은 것은 무척 아이러니하게 보인다. 하지만 한동안 에글렌타인은 일을 할 수 있는 몸 상태가 아니었다.

에글렌타인과 아주 가까운 사람들은 에글렌타인이 승마와 자전거 타기, 등산을 무척 좋아하지만 선천적으로 몸이 약하다고 생각했다. 실제로 에글렌타인이 일을 너무 열심히 할 때마다 약한 체력은 늘 걸림돌이 되었다. 그런 이유 때문에 타이는 에글렌타인에게 교직을 그만두고 스위스의 휴양지로 가자고 한 것이었다. 에글렌타인 역시 자신의 일기에 늘 피곤하고 자주 아프다고 적어 놓았다. 통증 때문에 에글렌타인은 신경통일 거라고 짐작하기도 했다. 하지만 가장 큰 원인은 머릿속에 생각이 많기 때문일 거라고 여겼다. 그래서 건강을 유지하려면 신경을 덜 써야겠다고 일기에 적기도 했다. 건강이 안 좋아질 때마다 타이와 의사들은 일을 그만두고 쉬라는 처방을 내렸고, 그때마다 에글렌타인은 좌절했다. 그로 인해 안 좋은 기분이 더 악화되자 결국 에글렌타인은 마거릿에게 편지를 썼다.

'나태함 속에서 행복해진다는 건 불가능한 것 같아.'

마거릿은 에글렌타인의 건강이 그녀의 정신 상태와 밀접한 관계가 있다는 것을 알았다. 그래서 1911년에 다음과 같이 편지를 썼다.

'그렇게 완전히 지쳐버리면 우울증에 빠진다는 걸 이제는 인정하도록 해.'

마거릿은 그 다음 해에는 더 노골적으로 편지를 썼다.

'신경쇠약에 걸린 것 같으니 우울한 기분이 들면 그 증상이 나타나는구나 생각을 해.'

에글렌타인은 처음에는 자신의 병을 긍정적인 마음자세로 극복하려고 노력했다. 에글렌타인은 자신감과 에너지가 넘치다가도 극도로 우울해했고, 때로는 죽음을 통해 삶의 고통에서 벗어나고 싶어 했다. 하지만 그것은 조울증은 아니었고 나중에 갑상선 질환으로 진단을 받았다. 그 증상을 볼 때 에글렌타인은 갑상선기능항진증을 앓았을 가능성이 높다. 그 당시에는 푹 쉬고 신선한 공기를 마셔도 증상이 나아지지 않으면 수술을 해야 한다고 여겼다. 에글렌타인이 크로보로에서 집을 짓고 타이와 영원히 살기로 동의한 것은 아마 수술을 피하고 싶은 마음에서였을 것이다.

에글렌타인은 1914년에서 1917년 사이에 쓴 개인 편지에는 전쟁에 대해 거의 언급을 하지 않았다. 매일 쏟아지는 전쟁에 관한 뉴스와 토론의 세부 내용은 멀리하고, 오로지 누가 혹은 무엇이 전쟁을 일으키는가에 골몰했다. 급기야 에글렌타인은 1915년 말에 '누가 전쟁을 만드는가?' 하는 질문을 종이에 적었다. 그 질문은 그 다음 40년 동안 유럽에서 정치 토론은 물론이고 문화 토론을 지배한 주제였다.

당시에는 다른 나라의 문화를 탓하는 풍조가 만연했는데, 인류 공동의 인간애와 인도적 책임을 강조하는 에글렌타인의 관점은 신선하고 매우 선견지명이 있었다. 그렇기 때문에 에글렌타인의 생각이 그런 공공 토론회에서 공론화되지 않았다는 점은 대단히 안타깝다. 다른 많은 사람과는 달리 에글렌타인은 인간, 즉 독일인이나 다른 특정한 사회 무리를 전쟁을 일으킨 장본인으로 비난하지 않았다. 그렇다고 해서 여성이나 자칭 '기독교인' 혹은 심지어 '평화주의자'에게 아무 책임이 없다고 하지도 않았다. 그들은 국제 전쟁은 비난하지만 계층 간의 전쟁은 지지하기 때문이었다. 대신에 에글렌타인은 인간에 대한 증오심을 버리고, 개개인이 형제애를 가지고 서로를 품는 새로운 공동의 책임이 필요하다는 점을 내세웠다. 에글렌타인은 다음과 같은 열정적인 글을 적었다.

'용기를 갖고 진실을 마주하자. 전쟁을 일으키는 것은 특정한 나라나 계층이나 정치인이 아니다. 그렇다고 군국주의자도, 무기 제조업자도,

공포 조성자도, 언론도 아니다. 그 장본인은 바로 여러분과 나이다. 그들은 운명의 꼭두각시이고, 우리는 운명의 창조자이다.'

에글렌타인은 모든 사람이 자신의 이익 추구보다는 사랑을 실천하여 원수, 이방인의 감정을 없애야 한다는 도덕적 믿음이 단단했다. 그리하여 인류 공동의 인간애, 광범위한 사회적 책임을 구현할 수 있다고 생각한 것이다. 그러한 견해에서 시민 하나하나의 자질이 중요하다고 믿는 에글렌타인의 신념이 드러난다. 그때부터 에글렌타인은 자신의 개인적인 신념을 바탕으로 사회 공공 정책을 고안해낸다.

그럼에도 불구하고 에글렌타인은 시민의 자유를 제약하는 정부의 전쟁 정책에 아무런 저항도 하지 않았고, 국제적인 협상도 지지하지 않았다. 또한 대중의 저항을 선동하지도 않고, 개인의 도덕적 책임에 대한 자신의 사상을 고취시키지도 않았다. 에글렌타인은 열정은 있었지만 자기 성찰과 수동적인 태도에 머물고 말았다. 그것은 단지 자신의 병을 다스리고 공적 생활을 적극적으로 할 체력이 없었기 때문이었다.

에글렌타인은 쉽게 피로해지고 우울해지는 원인이 신체적 질병에 있다는 것을 알고 안심했다. 그래서 자신의 병과 더욱 잘 싸울 수 있었다. 의사는 에글렌타인에게 스코틀랜드의 하이랜드로 가서 겨울을 지내며 기력을 회복하라고 권했다. 에글렌타인은 그 처방을 받아들고 기뻐하며 조용한 작은 집을 구해서 지냈다. 간혹 몇몇의 이웃 여자를 접하는 것 외에는 거의 은둔 생활이나 다름없었다. 에글렌타인은 사회생활을 하고 싶은 욕구와 혼자 있고 싶은 마음, 일하고 싶은 욕구와 자기 내면에 집중하고 싶은 마음 사이에서 늘 갈등했다. 그래서 그곳에서의 시간을 축복으로 여기고, 최소한의 물건만 소유하고 엄격한 식이요법을 하며 소박하게 지냈다. 그런 뒤에 1916년 봄에 잉글랜드로 돌아와서 8월 14일에 수술을 했다. 수술은 성공적이었고, 에글렌타인은 큰언니 에밀리와 함께 아일랜드로 가서 요양을 했다.

에글렌타인은 1916년 말에 집으로 돌아왔다. 처음에는 타이와 지냈지만 기력이 회복되자 런던에 있는 도로시와 찰리에게 점점 이끌렸다. 에글렌타인은 가족 모두에게 헌신적이었지만, 특히 도로시와는 신념과 정치면에서 서로 가장 잘 통했다. 이제 에글렌타인은 도로시의 새로운 프로젝트에 열렬히 관심을 보이기 시작했다. 도로시의 프로젝트는 영국의 적들을 더욱 인도적인 관점에서 이해하도록 촉구하고, 그와 더불어 평화 협상의 가능성을 증진시키는 것이었다.

에글렌타인은 걸핏하면 건강이 나빠졌지만 생활이나 적극적인 사회사업에서 두 번 다시 발을 빼지 않았다. 몇 주씩 시골에서 산책을 하거나 글을 쓰는 호사도 더 이상 누리지 않았다. 기력이 없거나 일이 없어서 시간을 허비하며 산다는 이유로 깊은 좌절감에 빠지는 일도 두 번 다시 없었다. 몇 년 동안 요양을 할 때면 자신이 사회적으로 해야 할 일을 결정하고, 일의 순위를 정했다.

에글렌타인은 도로시와는 달리 정치적으로 세상에 기여하고 싶어 하지는 않았다. 대신 인류는 영적으로 하나라는 신념을 가지고 공정하고 평화로운 사회를 만들기 위해 개인의 책임을 고취하는 노력에 집중했다.

11

번역으로 진실을 알리다

1917 ~ 1919

> 지금까지 내색하지 않았지만
> 점점 의심이 튼다.
> 정부가 한 짓이라고 우리가 말을 해도
> 신은 우리에게 면죄부를 주지 않을 것이다.
> 에글렌타인 젭, 1919년

제1차 세계대전이 한참일 때 영국의 언론은 자국이 행한 잔혹 행위는 거짓말로 은폐하고, 적국에 대해서는 적대적인 소식만을 전했다. 많은 정치인과 사회분석가, 평화주의자, 그리고 페미니스트는 언론의 그러한 편파적인 보도에 넌더리가 났지만 굳이 내색하지 않았다.

그런 분위기 속에서 영국 신문에 맞선 사람은 바로 에글렌타인의 여동생 도로시였다. 도로시는 여성국제의회에 대한 편향된 보도와 독일의 전쟁 범죄에 대해 커져가는 과도한 반응, 그리고 전쟁 정책에 대한 반대 의견을 보도하지 않는 언론에 분개했다. 그리하여 대중의 토론이 균형을 이루려면 적국과 중립국의 신문 보도를 발췌해서 출간하는 것이 가장 좋겠다고 결론을 내렸다. 도로시의 목표는 연합군과 적국에게 전쟁을 고집하지 말고 심사숙고해야 할 사안이 있다는 것을 보여줌으로써 평화협상을 촉구하는 것이었다.

하지만 1914년만큼 영국 언론이 엄격하게 통제된 적은 없었다. 그 계기는 50년 전 크림 전쟁(1853~1856년 러시아가 오스만 제국, 영국, 프랑스 등의 나라와 크림 반도, 흑해를 둘러싸고 벌인 전쟁. -옮긴이)까지 거슬러 올라간다. 당시 「타임스」의 기자 윌리엄 하워드 러셀은 군대의 무능함과 부당 행위를 솔직하게 폭로했다. 그와 함께 로저 펜턴의 사진이 전쟁 보도에 일대 변혁을 일으켰다. 그리하여 좋은 소식이든 나쁜 소식이든 전쟁의 참화가 전례 없이 신속하게 국내 독자들에게 그대로 전달되었다. 그후 세기 전환기에 일어난 보어전쟁의 참화와 거기에 영국이 정책적으로 전쟁에 관여했다는 사실이 널리 밝혀짐으로써 정부는 어마어마한 타격을 입었다. 그 결과 1906년 총선거에서 보수당이 대패하기에 이르렀다.

자유당원들은 그 일에 교훈을 얻어 제1차 세계대전이 시작됨과 동시에 최초로 영국 언론 검열을 실시했다. 이러한 상황에 비추어 볼 때 정부가 검열되지 않은, 분노를 일으킬 소지가 큰 적국 언론의 기사를 배포하자는 한 여성 평화주의자의 제안을 받아들일 리 만무했다.

1914년에 영국의 자유당 정부는 평화를 수호하고 외교 문제에 개입하지 않는다는 관례를 깨고 독일에 전쟁을 선포할 필요성을 느꼈다. 전쟁에 대한 노력을 지속하기 위해 자유당원들은 애국심을 부추겼고, 언론 검열은 물론이고 음식 배급에서 징병, 그리고 여권 도입에 이르기까지 광범위한 규제 조치를 취했다. 이러한 모든 조치는 자유당의 신조에 충실했던 도로시와 에글렌타인의 태도, 전쟁의 추이와 영향을 바라보는 그들의 시각에 변화를 주었다.

도로시는 언론에 대한 검열 자체가 아니라 전쟁을 정당화하기 위해 독일 사람들을 고의로 마구 욕하는 것을 걱정했다. 1912년에 독일에 대한 적대감이 커지자 도로시는 영국에 살고 있는 독일 국민들의 안전이 걱정되었다. 그래서 한 독일인 가족을 집으로 오게 하여 같이 살았다. 전쟁이 선포되고 나서는 자신의 가족을 임대아파트에 이사하게 하고, 더 넓은 자신의 집은 런던에서 오도 가도 못하는 독일 여성들이 거주하도록 했다.

당시 육군성은 외국 언론의 보도를 매일 검토하면서 배포를 철저히 통제하고 있었다. 도로시는 새로운 총리인 데이비드 로이드 조지의 허락을 간신히 얻어내 중립국과 적국의 신문을 정기적으로 들여올 수 있었다. 정부는 도로시가 개인적으로 발행하는 신문 부수가 큰 관심을 불러일으키지는 않을 것이라고 예상했던 것이다.

하지만 도로시는 큰 영향을 미칠 계획을 세우고 있었다. 도로시는 자기 집에 있는 넓은 다락방을 번역 작업실로 마련하고, 번역을 할 친구들을 가능한 많이 끌어들였다. 그리고 어머니의 승용차를 팔아서 속기사를 고용했다. 그리하여 도로시는 에글렌타인이 건강 악화로 일을 그만둘 수밖에 없게 되었던 1915년 8월부터 외국 신문의 발췌문을 익명으로 인쇄해 '외국의 언론 기사'라는 명칭의 전단을 일주일에 한 번씩 뿌렸다.

일이 눈덩이처럼 커져서 언어학자와 시사전문가들이 자원을 한 덕택에 큰 번역전담팀을 운영하게 되었다. 프랑스와 독일, 오스트리아, 이탈리아, 러시아, 헝가리, 루마니아, 그리고 핀란드에서 들여온 백 개가 넘는 신문을 일주일 동안 번역하고 왕정주의자와 사회주의자, 보수주의자, 공화주의자, 그리고 무소속 인사의 사설을 고루 실었다.

도로시는 연합국이든 적국이든 전쟁을 바라보는 다른 나라의 시각을 제시하는 것이 공식적인 목표였다. 그러한 시각을 영국 언론을 통해서는 접할 수 없었기 때문이다. 하지만 속내는 균형 잡힌 의견을 제공해 여론과 정치인들 모두에게 영향을 미침으로써 궁극적으로는 전쟁을 하루빨리 끝내는 것이었다. 그것은 당시로서는 굉장히 대담한 도전이었고, 따라서 기존 언론의 비판을 거세게 받았다. 중고 서적업자이자 대학 주간지 「케임브리지 매거진」의 편집자인 찰스 케이 오그던의 입장에서 그 번역물을 게재한다는 것은 대단한 용기가 아니고는 할 수 없는 일이었다. 오그던은 「케임브리지 매거진」에 8페이지를 할애해 번역물을 실었다. 이윽고 「케임브리지 매거진」은 전쟁을 반대하는 선도적인 출간물로 발전했다.

카리스마 있고 개성 넘치는 합리적 지식인인 오그던은 케임브리지 인맥을 통해 도로시를 알게 되었다. 찰리의 자유당원들을 통해서도 간접적으로 알았다. 제인 해리슨과 루퍼트 브룩, 프랜시스 다윈, 버트런드 러셀, 길버트 머레이가 오그던의 잡지에 기고를 했기 때문이었다. 다른 정기적인 기고자들로는 토머스 하디와 조지 버나드 쇼, 아놀드 베넷이 있었고, 이들 모두가 훗날 도로시와 에글렌타인의 사회사업에 공개적인 지지를 보낸다.

오그던이 번역물을 게재하기로 한 이유는 그가 본질적으로 말과 정보의 자유를 지지하기 때문이었다. 게다가 오그던은 근본적으로 전쟁에 반대하는 입장이기도 했다.

에글렌타인은 1917년 초에 도로시의 번역팀에 합류했고, 불어와 독일어가 유창했으므로 프랑스와 스위스, 이탈리아, 러시아 신문을 맡아서 번역했다. 에글렌타인은 도로시의 옆집에 살았지만, 일을 마치기 위해서 도로시의 집에서 일을 하는 경우가 종종 있었다. 에글렌타인은 도로시처럼 언론 프로젝트에서 새로운 목적의식을 찾았다. 두 사람은 그 기회를 놓쳐서는 안 된다는 것을 절실히 알고 있었기에 집요하게 일을 했다. 그래서 저녁 늦게까지 일을 할 때가 자주 있었다.

도로시는 이런저런 상황에 굴하지 않고 가족을 돌보는 것도 뒷전으로 미루고 그 일에 전념했다. 도로시는 체력이 강했지만 밤낮으로 일을 하고 과로를 한 탓에 간질이 생기고 말았다. 에글렌타인과 도로시는 오래전부터 자신의 건강과 가정생활, 사회적 지위보다 일을, 그리고 개인의 일보다는 고통받는 인류를 위한 일을 우선시했다.

도로시와 에글렌타인은 번역을 할 때 인도주의적인 의제에 초점을 두고 포로에 대한 처우, 그리고 무엇보다도 전쟁이 유럽의 사회적 경제적 환경에 미치는 영향을 살펴보았다. 농장 일꾼들이 전쟁에 참여함으로써 농업 생산력이 급격히 줄었고, 유럽 운송체계가 대체로 붕괴되었다. 그것도 모자라 국경이 폐쇄되어 자원을 배분하는 것이 힘들었다. 1915년경에 이미 식량과 의약품, 연료가 바닥이 났다. 이러한 사실은 영국의 경제봉쇄 정책으로 인해 적국의 군대뿐 아니라 중앙유럽과 동부유럽의 민간인들에게도 보급품이 차단되고 있다는 것을 보여주었다.

1916년경에는 많은 나라에서 보급품이 위태로울 정도로 부족해졌다. 그래서 유럽 전역에 걸쳐 노인들과 여성들, 아이들이 굶어 죽어가고 있었다. 번역된 기사는 그런 실상을 잘 보여주었다. 핀란드 사람들은 나무껍질을 먹고, 루마니아인들은 연료가 없어서 추위로 죽어갔다. 벨기에와 룩셈부르크, 폴란드의 어린이들은 굶주린 개처럼 쓰레기통을 뒤졌다. 굶주림에 이어 장티푸스와 폐결핵 같은 질병이 퍼지고, 엄마들은 배급량이 줄지 않도록 죽은 자식들의 시신을 숨기기도 했다. 비엔나의 인구 대부분이 굶주림에 서서히 죽어갔고, 엄마들은 아기들을 먹일 수가 없어서 눈물을 흘리며 죽인다는 보도가 전해졌다. 사실 그 아기들은 아기가 아니라 여섯 살짜리 아이들이었다. 영양 부족으로 키가 작고 너무 말라서 두 살밖에 돼 보이지 않은 것이었다.

번역 기사를 읽은 사람이라면 누구를 막론하고 전쟁으로 인해 유럽이 전례 없이 인류를 위기로 몰아가고 있다는 것을 확연히 알 수 있었다. 그러한 상황이 경제봉쇄로 악화된 측면도 있었다. 그것은 윤리적으로 정당하지 않고, 유럽의 안전에도 도움이 되지 않았다. 독일과 오스트리아 내에서도 평화협상을 해야 한다는 운동이 확산되고 있었다. 그런데도 영국 정부는 그러한 운동을 무시하는 것 같았다.

하지만 안타깝게도 「케임브리지 매거진」을 더 이상 국내에 배포할 수 없게 되었다. 많은 서적업자들이 「케임브리지 매거진」을 들여 놓는 것을 거절했기 때문이었다. 결국 도로시는 개인 구독을 장려했고, 번역 기사는 여론형성가들 사이에서 금세 필독서가 되었다. 그리하여 1917

년에서 1918년에 2만 부 이상이 배포되었다.

도로시는 독자들로부터 감사의 편지를 받기도 하고 대단한 여자라는 칭송을 받기도 했다. 수백 명에 이르는 영국의 정치가들과 사회운동가들도 번역 기사를 읽었다. 이름을 밝히지 않은 한 정치가는 도로시에게 국내 언론의 기사는 다분히 의도적인데 번역물이 그 차이를 메워준다는 점에서 번역 기사가 굉장히 중요하다고 말했다. 수많은 유명 인사들이 공개적으로 지지를 보냈고, 오그던은 유명한 정치가들과 학자들, 성직자들로부터 격려의 편지를 받기도 했다.

번역 기사를 반대하는 의견도 있었다. 사람들은 자국의 인명 손실도 많은데 적국의 고통을 다루는 기사에 지면을 할애하는 것에 분개했다. 오그던은 신변에 위협을 받았고, 휴전이 선언된 날 밤에는 오그던의 「케임브리지 매거진」 사무실이 쑥대밭이 되었다. 얼마 뒤에는 애국심 강한 케임브리지 대학생들로부터 공격을 받기도 했다. 결국 오그던은 1919년에 번역 기사 게재를 중단했다.

1918년 11월 11일에 휴전이 성립되었다. 영국에서는 12월 말에 자유당원들과 보수당원들의 연합당인 국민자유당이 선거에서 압도적으로 승리해 로이드 조지가 총리직을 유지했다. 그리하여 총리는 유럽을 파괴한 정치적, 경제적인 처벌로 전쟁에 들어간 모든 비용을 독일이 지불하게 하자고 요구했다.

1919년에 로이드 조지는 배상에 대한 의제를 들고 베르사유로 가서 미국 대통령과 이탈리아 총리, 프랑스 수상과 평화협정 조건을 체결하기 시작했다. 프랑스 수상은 독일의 경제와 정치 체제를 파괴하는 데 훨씬 더 골몰했다. 그 자리에는 영국의 재무차관 메이너드 케인스도 있었다. 메이너드 케인스는 경제봉쇄를 해제하고, 굶어죽는 유럽을 먹일 공채를 걷고, 독일의 경제 보상을 제한하고, 유럽 대륙의 경제를 회생시키는 등의 인기 없는 재건 프로그램과 공정하고 현실적인 해결책을 주장했다. 그러나 메이너드 케인스의 의견은 전혀 받아들여지지 않았고, 결국 휴전 이후에도 경제봉쇄는 계속하기로 결정되었다.

에글렌타인과 도로시는 그 소식을 듣고 무척 착잡해했다. 도로시는 지난 4년 동안 모든 에너지와 개인 수입과 시간을 투자해 번역 기사를 내면서 평화를 촉구하려고 노력했다. 에글렌타인은 1917년 초에 도로시의 팀에 합류한 뒤에 건강이 종종 악화되었지만 쉬지 않고 일했다. 두 사람 모두 오로지 전장에서 젊은이들이 대규모로 죽고, 노인들과 여자들과 아이들이 굶어 죽는 현실을 하루빨리 끝내고 싶어서 개인과 집단의 질책을 무릅썼다. 그런 그들에게 평화가 선포된 뒤에도 영국의 권위를 강화할 정치적인 수단으로 경제봉쇄를 계속 시행한다는 정책은 도저히 납득할 수 없는 것이었다.

도로시는 전쟁이 끝난 뒤에는 번역 기사 게재를 줄이고 싶었지만 계속 하기로 마음먹었다. 이번에는 프랑스와 독일이 평화협정 조건에 대해 뭐라고 평하는지에 중점을 두기로 했다. 프랑스 국민은 그러한 평화협정 조건은 미래에 전쟁의 씨앗을 뿌리는 것이라고 주장했다. 번역물은 「가디언 위클리」에 실렸다.

하지만 오래전부터 도로시와 에글렌타인은 번역 기사를 게재하는 것만으로는 한계가 있다는 것을 깨달았다. 번역 기사 덕택에 덜 가혹한 평화협정과 경제봉쇄 해제에 대한 대중의 지지를 끌어 모을 수는 있었다. 하지만 생명을 신속하게 살리려면 훨씬 더 집중적으로 로비를 해야 할 필요가 있었다. 그리하여 도로시와 에글렌타인은 함께 새로운 운동에 뛰어들었다.

에글렌타인과 도로시는 번역 기사를 통해 유럽의 상황을 잘 알고 있었고 생사를 넘나드는 긴박한 유럽의 상황에 마음이 급해졌다. 그래서 같은 의견을 가진 여성국제연맹의 지인들과 함께 단일 현안을 위해 정치적 압력을 가하는 새로운 단체를 결성했다. 바로 〈기아투쟁위원회〉였다. 자유당원 파무어 경이 의장직을 수락했다. 에글렌타인과 도로시는 12월 내내 쉬지 않고 일을 해서 잠재적인 많은 지지자들을 만났다. 주로 프리랜서 기자와 작가, 온건한 정치인, 경제학자, 교수, 성직자, 그리고 「케임브리지 매거진」을 지지한 유명인사 몇몇이었다. 에글렌타인과 도로시는 접촉한 모든 사람을 설득하지는 못했지만 든든한 인사를 확보했다.

에글렌타인과 도로시는 운동을 적극적으로 추진하고 싶어 했다. 하지만 파무어는 유럽의 상황에 관한 새로운 보도가 나올 때까지 기다려야 한다고 생각했다. 명예간사 마리안은 상황이 날로 위태로워지고 있어서 굉장히 걱정스러운 상황이므로 서둘러야 한다고 주장했다. 결국 기아투쟁위원회가 공식적으로 시작되기 전에 비공식적인 운동이 전개되었다. 마리안의 부추김으로 파무어는 영국 신문에 자신의 이름이 적힌 편지를 올려 영국과 유럽 대륙의 독자들을 접촉했고, 런던을 방문한 윌슨 미국 대통령을 만나 국제연맹의 설립을 지지한다는 뜻을 나타내기도 했다.

기아투쟁위원회는 1919년 1월 1일에 웨스트민스터, 센트럴 홀에서 열린 공개회의에서 정식으로 발족되었다. 기아투쟁위원회의 공식적인 목표는 명백히 정치적이었다. 기아가 일어나는 지역의 상황을 파악하기 위해 정보를 수집하고 홍보하여 경제봉쇄를 해제하는 것, 그리고 유럽의 경제가 되살아나도록 국제적인 융자를 확보하는 것이었다.

언론을 통해 기아근절 운동을 전개하는 것으로는 성에 차지 않아서 전단지를 지속적으로 찍어냈다. 전단지에는 경제 동향 보고와 정치적 분석에서부터 대중의 동정을 얻으려는 의도로 '사람들의 죽음'과 '아기들이 굶어 죽게 내버려둬야 할까요?' 같은 자극적인 제목이 실렸다. 의회에 나가 발언을 하기도 했다.

1919년 2월에 윈스턴 처칠은 경제봉쇄가 영국 국민에게는 불쾌한 일이라는 내용의 글을 「타임스」에 기고했다. 기아투쟁위원회는 교황과 접촉을 하기도 했다. 교황은 기아투쟁위원회 담당자들에게 축복을 보내고, 구제활동에 협조할 것을 약속했다. 하지만 파무어는 기아투쟁위원회가 정치적 행동에 좀 더 집중하기를 원했다.

한편 에글렌타인과 도로시는 주로 영향력 있는 런던의 거실을 돌며 순회 연설을 했다. 두 사람은 연설을 통해 유럽의 경제 붕괴가 장기적으로 볼 때 영국에 이익이 되지 않으며 기아 자체가 무정부주의와 혁명을 촉발함으로써 국제적인 불안정을 야기하고, 무고한 사람들이 죽게 놔두는 것은 윤리적으로 옳지 않다고 주장했다.

하지만 처칠의 주장에도 불구하고 정부의 입장은 돌아서지 않았고 여전히 대중의 지지에 영합했다. 영국 국민은 지긋지긋한 전쟁으로 인해 인내심이 한계에 이를 정도로 세금을 징수당했고, 각자의 슬픔에 빠져 앞으로 살아갈 방도를 마련하는 데 여념이 없었다. 또한 수많은 젊은이의 생명을 앗아간 나라에 여전히 큰 적대감을 보였다.

그 결과 대부분의 사람들은 경제봉쇄 때문에 유럽에 매일 벌어지는 참상을 제대로 알지 못했다. 많은 사람들이 도로시와 그녀의 번역 팀이 유럽인들의 고통을 과장하고 있다고 믿었고, 기아투쟁위원회가 적에게 연민을 갖고 영국의 관심과 자원을 유럽으로 돌리려고 한다며 분개했다.

그럼에도 불구하고 1919년 3월에 기아투쟁위원회는 자원센터를 마련했다. 그리하여 기아에 대한 정보를 모으고, 홍보를 강화하고, 경제 봉쇄 해제와 신속한 구호 대책을 요구하는 공개회의를 열었다. 그 결과 독일과 오스트리아와 러시아를 제외한 몇몇 국가의 경제봉쇄가 풀렸다. 하지만 경제봉쇄가 풀린 나라는 구매 능력이 없었고, 더군다나 유럽의 운송체계가 무너져서 굶주리는 대다수 국민들에게 구호 식품이 전달될 수가 없었다.

마침내 로이드 조지는 1919년 12월에 중앙유럽의 상황이 심각하므로 가능한 모든 방법을 동원해 어려운 상황을 개선하겠다고 하원에 말했다. 하지만 좋은 의도로 한 이러한 공개적인 발언은 만족스런 실천으로 이어지지는 않았다. 기아투쟁위원회가 이미 1년 동안 추진 중인 기본 정책 즉 '경제봉쇄의 완전한 해제, 평화협상 조건의 수정, 신속한 구호 활동과 장기적인 투자의 제공'에는 미치지 못한 것이다. 기아투쟁위원회는 1921년까지 계속 정보를 수집하고, 경제봉쇄를 끝내고, 파리 평화 조약의 '가혹하고 부당한' 조건을 수정하기 위해 로비를 벌였다.

하지만 1919년 4월에 에글렌타인과 도로시는 정치적 로비활동으로는 원하는 만큼의 일을 성취할 수 없다고 결론을 내렸다. 유럽 전역에 걸쳐 어린이들이 굶어 죽어가고 있는 상황에서 생명을 구하기 위해서는 하루빨리 구호활동을 할 수 있도록 자금을 확보해야 했다.

12
세이브더칠드런
1919

정상적인 인간이라면
굶주림으로 죽어가는 아이를 살리려는 노력없이
그저 바라만 보고 있을 수 없다.
에글렌타인 젭, 1919년 5월

세이브더칠드런의 기록보관소에 구겨진 전단지가 하나 있다. 전단지에는 오스트리아 어린이 사진이 있고, 사진 위에는 '굶어 죽어가는 아기'라고 적혀 있다. 사실은 아기가 아니라 영양 결핍으로 신체 발육이 되지 않은 어린 여자아이였다. 커다란 머리와 영리해 보이는 얼굴 아래로 아기 같은 몸통에 아주 작은 팔과 가느다란 다리가 붙어 있다. 여자아이는 일어서 있을 힘도 없어서 간호사의 부축을 받고 카메라를 바라본다. 영국이 주도한 전후 경제 정책이 빚어낸 모습이다.

지금 같으면 세이브더칠드런이 그런 사진을 홍보에 활용한다는 건 상상도 못할 일이다. 오로지 동정을 얻기 위해 전쟁이나 자연재해로 피해를 입은 희생자의 비참한 모습을 공개하는 일은 인간의 존엄성을 존중하는 세이브더칠드런의 이미지 정책 지침에 어긋나기 때문이다. 하지만 1919년에는 계속되는 영국의 경제봉쇄 정책으로 독일과 독일 연합국 어린이들이 직접적인 피해를 입었고, 에글렌타인은 영국 국민이 그 사진을 봐야 할 윤리적 의무가 있다고 결론을 내렸다. 국민의 압박이 있어야만 영국 정부가 경제봉쇄를 풀고, 그 결과 중앙유럽에서 일어나는 불필요한 굶주림을 끝낼 수 있을 것 같았다. 이윽고 에글렌타인의 '굶어 죽어가는 아기' 전단지는 대중의 논쟁거리가 되었고, 그 결과 〈세이브더칠드런 기구〉가 발족되었다.

에글렌타인은 1919년 4월에 정치 시위가 일어나는 단골 장소인 런던의 트라팔가 광장에서 전단지를 돌린 혐의로 체포되었다. 그 당시 에글렌타인은 마흔세 살이었다. 중년이 되어 열정이 수그러들 법도 한데 또다시 사회에 대한 분노에 휩싸여 나선 것이다. 갑상선 질환으로 기력을 잃기도 했지만 다시 기력을 회복한 후 에글렌타인은 인간에 대한 공감과 사회 정의에 대한 열정을 런던 한복판에서 발산하고 있었다. 광장에서 두어 번 시위를 했다고 해서 대중의 지지를 크게 얻은 것도 아닌데 체포까지 하는 건 기혹한 처사였다.

하지만 기아투쟁위원회는 영국의 정치적 중심부인 웨스트민스터에서 점점 지지를 얻고 있었다. 또한 의회에서는 전쟁과 전후 정책, 특히 독일에 배상금을 물리게 하자는 로이드 조지의 공격적인 의제를 놓고 반대 의견이 모아졌다. 결과적으로 에글렌타인은 '굶주린 아기' 전단지를 돌려서 톡톡히 효과를 본 셈이었다. 전단지 사진이 주저하는 여론을 움직여 의회의 흐름을 주도했기 때문이다.

휴전이 타결된 뒤로 대중의 관심은 평화를 축하하고 국내 회복에 집중할 때가 되었다는 쪽으로 급격히 돌아섰다. 그도 그럴 것이 영국은 전쟁으로 큰 후유증을 겪고 있었다. 가난한 지역에 영양결핍이 만연해 1년 전부터 식량을 배급해야 했다. 그 결과 휴전이 성립된 뒤에 국내에서 자선활동이 크게 부활했다. 또한 보건성을 통해, 특히 모자 복지 프로그램에 국가적인 투자가 대대적으로 이루어졌다. 하지만 영국과 적으로 싸웠던 국가에 대한 외국 원조는 예외였다.

상황이 그렇기 때문에 영국 언론은 아무 도움도 주지 않았다. 영국의 적국이 겪는 불행이 과장되었다고 믿고 그 근거를 찾는 데 급급했다. 에글렌타인과 도로시는 전쟁으로 고통받는 아이들의 수를 파악해야만 방해 세력과 싸우고 여론을 모을 수 있다고 생각했다.

에글렌타인은 의사 헥터 먼로의 도움을 받아 새로운 조사단을 비엔나에 보내기로 했다. 먼로는 전쟁 중에 벨기에 적십자와 함께 봉사활동을 하고 나서 서부 전선에서 개인 야전 병원을 세운 것으로 칭송을 받았다. 그리고 런던 서부에서 성황리에 병원을 운영하는 존경받는 의사였다. 유명한 좌파 평화주의자이자 여성 권리 옹호자이기도 했다. 에글렌타인은 먼로를 찾아가 수익이 좋은 런던의 병원을 그만두고 굶주리는 비엔나로 가줄 것을 부탁했다. 에글렌타인의 이타심과 현실적인 유머에 설득이 된 먼로는 그날 오후 짐을 쌌다. 나중에 먼로는 다음과 같은 글을 썼다.

'에글렌타인의 말을 듣고 있으니 다른 모든 일은 전혀 중요하지 않다는 생각이 들어서 그녀의 말에 따르지 않을 수가 없었다.'

타협할 줄 모르는 인도주의자인 먼로는 조사를 하러 여행을 다니면서 위태로웠던 적이 한두 번이 아니었다. 오스트리아에서는 부유한 비엔나 커피 상인을 도와 헝가리에 있는 루마니아 점령지에서 대량의 와인을 불법으로 수입했다. 그 대가로 만 천 파운드를 받고 어린이를 위한 병원 보급품을 마련했다. 루마니아에서는 감옥에서 굶어 죽어가고 있는 전직 헝가리 장교들을 찾아낸 뒤 그 감옥을 폐쇄해 버렸다. 국경을 당장 넘지 못하면 죽음을 면치 못한다고 간곡히 부탁하는 젊은이에게 자신의 여권과 차편을 주는 바람에 불가리아에 발이 묶인 적도 있었다.

마침내 먼로의 비엔나 보고서가 기아투쟁위원회에 도착했다. 보고서에는 유럽의 기아가 얼마나 심각하고 어떤 영향을 미치는가를 확인해 주는 충격적인 통계와 목격담이 제시되어 있었다. 보고서에 실린 먼로의 글은 아래와 같다.

정말 처참한 상황이었다. 어린이들이 길바닥에서 죽어가고 있었다. 뼈가 약해져서 엉덩이 뼈가 골절되어 고통받는 여자들도 보였다. 아이들의 뼈는 고무처럼 흐물흐물했다. 결핵이 만연했다. 의류가 심각하게 부족했다. 아이들은 종이로 몸을 감쌌고, 병원조차 종이 붕대밖에 없었다. 아이들은 스무 명씩 병원으로 이송되어 줄줄이 누운 채 죽을 때를 기다렸다. 노인들은 다른 사람들이 허기를 채울 수 있게 자살을 했다. 어머니들은 아기들이 엄청나게 고통스러워하는 것을 차마 볼 수 없어서 아기들을 죽였다.

그러한 상황을 목도한 것은 먼로만이 아니었다. 오스트리아 적십자는 1918년 11월부터 오스트리아에서 굶어 죽는 어린이들에 대한 보고를 본부에 보냈다. 그에 대한 응답으로 제네바의 국제적십자는 프레드릭 페리에르 의사를 파견해 상황에 대해 보고하게 했다. 페리에르는 공중위생학 전문가로 적십자와 40년 동안 일을 했고, 전쟁이 벌어지는 동안 민간인 구호와 보호를 위해 일을 했다. 나중에는 세이브더칠드런에서 일을 했고, 에글렌타인의 훌륭한 협력자가 되었다. 페리에르의 보고서에 적힌 내용도 만만치 않았다. 경제봉쇄로 식품과 의료품이 부족해서 어린이들과 아기들이 죽고 있었다. 병원이 절대적으로 필요한 상황에서 문을 닫고 말았다. 급기야 중립국인 스위스가 1918년 12월에 식품을 오스트리아에 보냈지만 그것으로는 턱없이 부족했다.

독일의 상황도 비슷해서 사람들이 굶거나 병에 걸려 죽었으며 도둑질이 횡행했다. 배를 채우기 위해 매춘을 하는 아이들도 있었다. 기아투쟁위원회는 그러한 상황을 직접 목격하고 영국으로 돌아온 다음 전단지를 배포했다. 전단지에는 인도적인 이유를 들어 경제봉쇄를 반대하는 영국의 장교들의 말이 인용되어 있었지만 효과가 거의 없었다.

자국민을 보호하지 못할 정도로 폐허가 된 국가의 이러한 비극적 양상은 중앙유럽 전역에서 흔히 볼 수 있는 광경이었다. 폴란드에서는 엄마들에게 영양이 부족해서 모유가 나오지 않았고, 그 여파로 수많은 아기들이 죽었다. 죽은 사람을 부검하면 뱃속에서 모래나 나무가 발견되기도 했다. 상황은 더 안 좋아졌다. 풀과 나무껍질, 산딸기 등으로 목숨을 부지하던 피난민들이 1918년과 1919년 겨울에 폴란드의 도시로 대거 몰려오기 시작했기 때문이다. 그중에는 얼어 죽은 사람들도 있었다. 극심한 추위에 얼어 죽을 위험을 무릅쓰고 간신히 기차를 탄 피난민들의 경우, 그들은 석탄이 없어서 나무로 불을 뗐다. 그러다가 기차가 고장 났고 눈은 그칠 줄을 몰랐다. 자그마한 아기들은 나체가 된 엄마의 몸에서 얼어 죽은 채 발견되었다. 엄마들이 벗은 옷은 아기들 몸에 덮여 있었다. 몇몇 아기들 볼에는 눈물이 얼어붙어 있었다.

1919년 3월에 도로시는 앞으로 국제연맹이 될 협회의 회의에 참석하기 위해 프렌드교파와 여성연맹의 대표로서 스위스로 갔다. 프렌드교파는 오스트리아와 독일에 있는 가족들에게 식품과 의류를 보내도 된다는 허가를 간신히 얻었다. 도로시와 그녀의 동료인 퀘이커교도 대표 존 프라이는 오스트리아의 어린이들에게 긴급구호활동을 벌이는 일에 천 파운드까지 써도 된다는 허가를 받아냈다. 도로시와 존은 정작 그 두 배의 금액을 써서(도로시는 자신의 기금을 기부했다.) 비엔나에 식품을 보냈다. 에설 스노든 역시 여성평화십자군을 대표해 회의에 참석했다. 그녀는 구호품을 스위스 오스트리아 국경으로 통과시키기까지 절차가 너무 오래 걸린다는 점을 안타까워했다.

도로시는 그해 4월에 돌아와 기아투쟁위원회 회의에 참석했다. 도로시는 그 회의에서 신속하게 도우려면 비정치적인 구호기구를 설립해야 한다고 제안했다. 그러려면 한 가지 중요한 문제가 남아 있었다. 바로 독일과 연합국의 고통받는 국민들에 대해 대중의 관심을 어떻게 불러일으킬 것인가였다.

바로 그 무렵에 에글렌타인이 도로시가 스위스에서 가져온 사진을 실은 전단지를 돌린 혐의로 체포되었다. 1919년 5월 15일에 재판이 거행되었다. 전단지에는 다음과 같은 내용이 실려 있었다.

'영국은 무엇을 상징하는가? 아기들을 굶겨 죽게 하는 나라, 여자들을 고문하는 나라, 노인들을 죽이는 나라?'

그 전단지는 1914년의 영국국토방위령(1914년 제1차 세계대전 참전 직후 영국이 제정한 명령으로, 전쟁에 필요한 자원의 징발 및 국내 사기 진작에 필요한 조치를 허가함. - 옮긴이)에 의거해 정부의 승인을 받지 않은 것이었다. 벌금은 배포된 전단지 한 장당 5파운드까지 나올 수 있고, 아니면 상당한 실형을 선고받을 수도 있었다. 에글렌타인은 그 재판이 뉴스거리가 될 만한 가치가 없는데도 이 사건을 이용해 대중의 관심을 끌 작정이었다.

에글렌타인은 자신을 직접 변호했다. 자신이 한 행동을 전적으로 개인의 책임으로 돌렸다. 에글렌타인은 기아투쟁위원회의 승인을 받을 새도 없이 서둘러 전단지를 준비했다고 증언한 다음 그 즉시 간사직을 그만두었다. 그런 다음 자신은 법을 어기지 않았다고 주장했다. 전단지가 정치적인 선전이 아니라 인도주의적인 목적을 위한 광고물이기 때문에 법에 저촉되지 않는다는 것이었다. 또한 에글렌타인은 전쟁의 후유증으로 고통받는 사람들의 이야기를 들려주며 도의적인 측면을 강조했다. 그럼에도 불구하고 에글렌타인은 유죄를 선고받았다. 하지만 5파운드 벌금형 혹은 11일간 구금형에 불과했다. 그러나 어떤 면에서는 에글렌타인이 이긴 것과 다름없었다. 에글렌타인은 법정에 있는 사람들의 마음을 얻었고, 검찰총장 보드킨의 개인적인 후원을 받았다. 재판이 끝나자 보드킨은 상징적인 액수 5파운드를 기부했다. 그 돈은 유럽의 어린이들을 위한 긴급구호 즉 세이브더칠드런에 제공될 최초의 기부금인 셈이었다.

에글렌타인과 도로시는 에글렌타인의 재판이 홍보 효과가 있다는 것은 인정했지만, '적을 사랑하라'는 내용의 기사를 내보내기에는 시기가 아주 좋지 않다는 사실을 알고 있었다. 재판이 있던 날에는 공교롭게도 영국 간호사 이디스 캐벌의 국장이 치러졌다. 이디스 캐벌은 4년 전에 적의 점령지에서 연합국 병사들 2백 명이 탈출하는 것을 도운 혐의로 브뤼셀에서 독일군에게 총살당했다. 캐벌의 죽음으로 영국 국민은 깊은 충격을 받았다. 연합국 선전원들은 적의 비인간적인 면모를 드러내는 증거라며 전쟁 정책을 정당화하는 동시에 미국의 참전을 촉구했다.

홍보에 탁월한 감각이 있는 에글렌타인은 독일이 행한 가혹행위가 아니라 영국 영웅의 위대한 인간성에 초점을 맞춘 공개적인 편지를 써서 언론에 보냈다.

'애국심만으로는 충분하지 않습니다. 우리는 어느 누구에게도 증오심을 품어서는 안 됩니다. 이 메시지를 가슴에 새기고 실행에 옮깁시다. 국적에 관계없이 유럽의 어린이들을 구하는 데 동참합시다.'

에글렌타인은 어린이들의 역경이 자신이 벌이는 운동의 본질인 인류애를 자극한다는 점을 인지했다. 그래서 모성애와 페미니스트 사상을 의도적으로 자극하는 발언으로 다음과 같이 호소했다.

우리 동포 여성들에게 호소합니다. 정치적 문제를 떠나 유럽 어린이들의 생명을 구하는 일에 동참해 주십시오. 남성들이 정파에 휘둘려 실행하지 못하는 일을 이 나라 여성들이 앞장서서 합시다.

그로부터 나흘 뒤인 1919년 5월 19일에 에글렌타인과 도로시는 로열 앨버트홀에서 기아 대책 회의를 열었다. 긴급구호를 위한 자금을 모으는 것이 목표였다. 그렇게 넓고 명망 있는 장소에서 행사를 여는 것 자체가 어마어마한 도박이었다. 에글렌타인은 행사가 성공하면 앞으로 본격적인 운동이 전국으로 확산될 거라고 예상했다.

앨버트홀이 수용할 수 있는 인원이 어마어마한데도 에글렌타인과 도로시는 자리가 모자라서 애를 먹었다. 하지만 안타깝게도 앨버트홀을 가득 채운 사람들과 밖에 모여 있는 사람들이 전부 호의적인 사람들은 아니었다. 그중에는 기아에 대한 보도에 회의적인 사람들이 많았다. 적국의 아이들을 먹여 살릴 자금을 걷으려 하는 '반역자들'에게 던질 작정으로 썩은 사과를 들고 온 사람도 있었다. 반감이 있는 청중 앞에 서서 연설을 하는 것은 선거운동을 하면서 연설을 한 경험이 많은 도로시에게도 만만치 않은 일이었다. 건강이 아주 좋을 때도 대중 앞에서 연설하는 것을 싫어하는 에글렌타인은 엄두도 낼 수 없었을 터였다.

회의는 충격적인 목격담으로 시작되었다. 기자 헨리 노엘 브레일스포드가 경제봉쇄가 베를린과 비엔나의 평범한 시민들의 삶에 어떤 영향을 미치고 있는지 설명했다. 뼈밖에 남지 않은 여성들과 커다란 눈을 뜨고 가만히 죽어가는 어린이들에 대해 이야기하다가 무장하지 않은 남자들이 거리에서 말에 탄 경찰과 싸운 이야기를 했다. 그 남자들은 공권력에 맞선 것이 아니었다. 오로지 배를 채우려고 경찰이 탄 말을 잡아서 그 자리에서 말을 죽여 나눠 가졌다. 그것은 충격적인 이야기였고, 비로소 청중들은 기아에 허덕이는 사람들이 얼마나 절박한지 뼈저리게 깨달았다. 영국에도 고통받는 사람들이 많을 테지만, 고기를 얻으려고 훈련된 말을 길에서 도살할 정도로 궁지에 몰린 사람은 없었기 때문이다.

브레일스포드 뒤를 이어 광부연맹의 회장으로 저명한 로버트 스밀리가 무대에 올랐다. 기아투쟁위원회의 확고한 지지자인 스밀리는 이제는 세이브더칠드런의 가장 강력한 옹호자 중 하나였고, 공개적으로 몇 년 동안 그 운동을 도와주었다. 또한 광부 노조를 대표해 3만 파운드가 넘는 액수를 기부하기도 했다. 스밀리는 기근 지역의 끔찍한 상황을 해결할 효과적인 구호 조치의 실행을 촉구하고, 특히 어린이들이 더 이상 죽지 않도록 행동에 나서야 한다고 주장했다.

그 다음으로 에글렌타인과 도로시가 무대에 올랐다. 에글렌타인은 짧지만 강력한 메시지를 전달했다.

"정상적인 인간이라면 굶주림으로 죽어가는 아이를 살리려는 노력없이 그저 바라만 보고 있을 수 없어요. 우리의 단 하나의 목표는 가능한 한 더 많은 아이를 구하는 것입니다. 우리에겐 오직 하나의 원칙만이 있어요. 국적이나 종교에 상관없이 아이들을 도와야 합니다."

그러고 나서 도로시는 세이브더칠드런 기구의 실정에 대해 자세히 설명했다. 인도적인 원조를 제공하지 않을 경우 발생할 정치적 결과에 대해 이야기하면서 폴란드와 아르메니아, 비엔나의 어린이들을 위해 강력하게 호소했다.

점점 약해져서 죽어가는 자식을 살려줄 힘이 없어서 그저 그 모습을 바라보기만 해야 하는 수많은 부모의 심정이 어떨지 잊지 말아 주십시오. 여러분 개개인의 마음을 모아 보내는, 아기들의 식량이 담긴 캔 하나가 절망에 빠진 한 엄마에게는 인정의 상징이자 새로운 희망의 메시지가 될 것입니다.

도로시는 조용해진 관중을 둘러보며 다음과 같은 즉흥적인 말로 회의를 마무리했다.

"그 어떤 신조보다도 이 캔 하나에 더 실질적인 도덕성이 담겨 있습니다."

도로시는 요란한 박수 소리에 응답하듯 머리 위로 연유 캔을 흔들어 보이며 소리쳤다. 회의는 성공적이었고, 이로써 자발적으로 모인 관중이 꽉 들어찬 홀에서 세이브더칠드런이 창설되었다.

에글렌타인과 도로시는 세이브더칠드런을 설립함으로써 서로 마음과 머리를 모아 계속 함께 일할 수 있는 기회가 주어졌다고 여겼다. 도로시는 언론과 정치계의 인맥을 이용해 세이브더칠드런에 대한 지지를 얻는 데 중점을 두면서 중앙유럽의 기아현황과 구호활동에 대한 정보를 계속 제공했다. 에글렌타인은 기금 확보에 아주 중요한 홍보활동을 지휘하는 일을 포함해 세이브더칠드런을 실질적으로 운영하는 일을 맡았다. 도로시는 그해 7월에 타이에게 다음과 같은 편지를 썼다.

'언니와 이 일을 함께 하게 되어 얼마나 기쁜지 몰라요. 마치 오래 전에 우리가 함께 같은 나무에 올랐던 것처럼 말이죠.'

도로시는 에글렌타인과 함께 무척 즐겁게 일을 했다. 두 사람은 몇 년 동안 함께 일하면서 서로에게 용기와 열정을 불어넣었다. 타고난 정치 감각이 있는 도로시는 점점 로비활동에 집중하게 되었다. 그러다가 결국 정치를 해야겠다며 1921년에 세이브더칠드런의 일에서 완전히 손을 뗐다.

반면 에글렌타인은 인도적인 긴급지원을 유럽에 제공할 수 있는 기회와 세이브더칠드런의 발전 가능성에 무척 고무되어 있었다. 에글렌타인은 세이브더칠드런을 통해 세상을 영구히 바꿀 수 있다고 믿었다. 도로시의 욕구를 충족시키기에는 미흡할 정도로 비정치적인 성격의 세이브더칠드런이 에글렌타인에게는 굉장히 흥미로웠다. 에글렌타인은 이제 국적의 장벽을 무너뜨리고 사람들을 바라보는 세상의 시각을 바꿔 도덕성을 고취시킬 수 있기를 희망했다. 이윽고 에글렌타인은 세이브더칠드런이 영국의 구호기구로서 긴급구호활동에 그치는 것이 아니라 지속적으로 발전하는 영구적인 국제기구가 되게끔 탈바꿈시키기 시작했다.

사실 에글렌타인은 어린이에게만 중점을 둔 인도적인 활동으로는 성에 차지 않았다. 그래서 세이브더칠드런과 비슷하지만 어른들을 대상으로 긴급구호활동을 하는 〈국민구호기금〉을 설립할까 제안을 한 적도 있었다. 그럴 경우 자금 조달에 어려움이 생길 것이라는 세이브더칠드런 위원회의 우려로 그 제안은 받아들여지지 않았다.

하지만 에글렌타인은 얼마 뒤에 다른 전략적인 이유로 어린이에게 중점을 둘 수밖에 없다는 사실을 깨달았다. 우선 국제적십자를 비롯해 여러 구호기구가 활동을 하고 있지만, 어린이의 필요에만 중점을 둔 구호기관은 없는 실정이었다. 세이브더칠드런은 특별히 세계의 어린이를 위해 설립된 최초의 자선기관이었고, 공교롭게도 여성이 세운 최초의 기관이었다. 에글렌타인은 또한 어린이가 곧 미래라는 보편적인 생각에 동의했다. 어린이의 복지를 위한 투자는 윤리적인 의무일 뿐 아니라 사회를 위한 전략적인 투자였다. 에글렌타인은 언니 에밀리에게 다음과 같이 성의껏 설명해 주었다.

'더 나은 세상을 위해 무엇보다 먼저 필요한 것은, 아이들이 육체적 정신적 도덕적인 행복을 누리기 위해 필요한 모든 것을 갖추는 거야. 더 나은 사회 질서를 수립하려면 그것을 수립할 수 있는 남자와 여자가 필요하잖아. 지금 굶주리고 있는 어린이를 구하는 일이 어린이가 더 이상 굶주리지 않는 세상을 건설하는 첫 단계야.'

세이브더칠드런을 통해 어린이 복지는 물론이고 '더 나은 사회 질서'를 세운다는 생각은 설득력이 있다. 에글렌타인은 어린이에게 특별히 애착은 없었지만 인류의 화합을 바탕으로 도덕성을 함양하고 싶어 했다. 세이브더칠드런은 영국과 유럽의 적국들 간의 사회적 관계를 개선시킬 기회뿐만 아니라 국제사회와 인류의 공통된 권리를 중시하고 존중하는, 새로운 세대를 키워낼 기회를 제공했다.

얼핏 보면 어린이가 공정하고 평화로운 사회를 위한 에글렌타인의 비전을 실현시키는 수단으로 비쳐질 수도 있다. 하지만 어린이는 에글렌타인의 수단이 아니었다. 엄밀히 말하면 어린이 복지가 에글렌타인의 비전을 실현시키는 수단일 뿐 아니라 목적이었다. 그것은 에글렌타인이 1919년 말에 구호활동 현장에서 세이브더칠드런 기금을 배분하는 일을 감독하려고 비엔나에 가서 도로시에게 쓴 편지에 잘 나타나 있다.

생이 다하는 날까지 내 머릿속에서 아이들의 울음소리가 그칠 날이 오진 않을 것 같아. 세이브더칠드런이 그 아이들을 구하기 위해 뭔가를 할 수 있어 다행이야.

13

마음의 태도

1919 ~ 1920

문제는 돈의 부족이 아니라 마음의 태도이다.

에글렌타인 젭, 1920년

전쟁이 끝난 지 6개월도 되지 않은 상황에서 어린이를 위한 기금을 모은다는 건 굉장히 용감한 행위였다. 에글렌타인과 도로시가 앨버트 홀에서 연 회의가 큰 성공을 거두기는 했지만 기금을 모으는 일이 불가능할 것이라고 믿는 사람들이 많았다. 국내에도 도움을 필요로 하는 사람들이 있는데 굳이 외국 아이들을 왜 도와줘야 하는지, 도와줘 봐야 그 아이들이 이다음에 성인이 되면 전쟁을 일으켜 자신을 죽이지 않겠냐고 묻는 사람들이 있었다. 아무튼 기금을 모으는 일에 대해 사람들의 의견이 분분했지만 에글렌타인은 세이브더칠드런을 설립한 자신의 신념에 확신이 있었기 때문에 사람들을 설득하려고 끊임없이 노력했다.

이윽고 국제연맹의 설계자 중 한 명인 로버트 경의 주도하에 굶주린 어린이의 긴급구호를 일 순위에 둔 정치가들과 기자들이 모여 위원회를 구성했다. 부유한 자유당원 정치가이자 자선활동가인 웨어데일 경 역시 위원회에 들어왔다. 웨어데일 경은 에글렌타인의 친밀한 협력자가 되었고, 죽을 때까지 의장으로 남았다. 에글렌타인은 루이스 골든을 총서기로 임명했다. 루이스 골든은 러시아에서 태어난 영국 시민으로 「데일리 메일」의 기자였고 인맥이 넓었다. 그는 1917년 10월 혁명 이후에 러시아에서 탈출해 체코슬로바키아에서 구호활동을 하고, 이제 막 돌아와 세이브더칠드런에 동참한 것이었다.

세이브더칠드런의 나머지 팀에는 「케임브리지 매거진」과 기아투쟁위원회, 그리고 여성연맹 출신의 친구들이 많이 영입되었다. 정치색이 짙은 조직에 있었던 인물이 들어오자 보수적인 성향을 띤 지지자들은 기금 모금에 나쁜 영향을 미칠 것을 우려했다. 훗날 영국 파시스트 연맹의 설립자가 되는 오스왈드 경의 부인이 자금을 모으는 일을 돕겠다고 했을 때 에글렌타인이 그 제안을 받아들이자 보수성향이 덜한 지지자들은 언짢아하기도 했다.

에글렌타인은 6개월도 되지 않아 총리의 부인인 마거릿 로이드 조지를 세이브더칠드런의 부회장으로 임명했다. 그것은 여러 측면에서 볼 때 국민의 합법적 지지를 폭넓게 얻을 수 있는 파격적이고 환상적인 영입이었다. 하지만 데이비드 로이드 조지가 경제봉쇄에 직접적인 책임이 있었으므로 그 인사에 공분하는 지지자들도 있었다. 인도적인 구호기금을 모으는 일이 놀랍게도 정치적인 문제로 확대되었다. 그리하여 초당파적 입장을 견지하는 에글렌타인의 정책이 종종 위태로워지곤 했다.

세이브더칠드런의 첫 본부는 런던 소호에 있는 오래된 집이었다. 에글렌타인은 늘 아담한 집을 선호했다. 이제 사무실을 소박하게 꾸린다고 해서 아무도 뭐라고 할 사람이 없었다. 사무실에는 카펫이 깔려 있지도 않았고, 기다란 탁자와 나무 의자는 불용군수품이었다. 색인 카드는 낡은 옷상자 안에 보관되었다. 1919년에 세이브더칠드런의 임시 비서였던 위니 엘킨은 사무실 분위기가 어수선해서 무척 힘들어했다.

아무도 세이브더칠드런이 영구적인 기관으로 발전할 것이라고 기대하지 않았다. 때문에 첫 직원들은 6주 단위 계약직으로 일을 했고, 사무실은 소명 의식이 없으면 버티기 힘든 저임금을 받는 직원과 여성 자원봉사자들이 뒤섞여 운영되었다.

1924년에 세이브더칠드런은 사업이 확장되어 블룸즈베리에 있는 더 넓은 사무실로 이사를 했다. 그때 에글렌타인은 2층으로 옮겨 경비를 절약했다.

에글렌타인의 인생은 세이브더칠드런을 중심으로 전개되었다. 에글렌타인은 사무실에서는 물론이고 국내외에서 개최되는 회의에 참석하며 장시간 일을 했다. 주말이 되면 타이를 보러 갈 겸 서류를 챙겨서 크로보로에 가서 일을 했다. 세이브더칠드런은 더 넓고 더 싼 사무실을 전전하다가 마침내 고든스퀘어에 자리를 잡았다.

에글렌타인은 굉장히 소박하게 생활을 했고 허투루 돈을 쓰지 않았다. 심지어 수녀처럼 실용적인 갈색 옷을 즐겨 입었고 옷가지도 얼마 없었다. 에글렌타인의 수수한 옷은 오랫동안 사치스러운 사회를 거부하고 소박한 삶을 동경해온 그녀의 가치관을 나타내는 것이었다. 에글 렌타인과 그녀의 자매들은 모두 자유롭게 몸을 움직일 수 있는 편안한 옷을 선호했다.

에글레타인의 이미지는 이미 성자에 가까웠다. 그래서 에글렌타인은 다른 모든 사람들이 가장 중요시하는 것과 자신의 관점이 왜 다른지 이해하지 못할 때가 종종 있었다. 그러한 괴리감은 다른 사람들을 돕는 일에 헌신함으로써 영감을, 심지어 구원을 받았다고 믿는 많은 사람들이 흔히 느끼는 것이었다.

에글렌타인이 가장 먼저 개혁해야 할 사안으로 꼽은 것은 부도덕한 공금 오용이었다. 중앙정부의 국방예산도 그렇지만 담배와 영화표 같은 작은 사치와 패션에 사적으로 돈을 쓰는 것도 마찬가지였다. 이제 에글렌타인에게 가장 중요한 일은 기금을 거두는 것이었다. 따라서 어린이 구호에 쓰일 수 있는 돈이 한 푼이라도 낭비되는 것은 에글렌타인으로서는 도저히 용납할 수 없는 일이었다. 에글렌타인은 다음과 같이 주장했다.

우리는 우리의 이상을 실행하는 데 필요한 물질 자원이 없다고 쉽게 포기해서는 안 됩니다. 미국에서는 화장품과 여러 종류의 미용술에 하루 백만 파운드가 소비된다고 합니다. 우리는 내부 분쟁에 하루 백만 파운드를 기꺼이 씁니다. 여성들은 외모를 꾸미는 데 하루에 백만 파운드를 기꺼이 소비합니다. 도대체 우리는 언제 고통과 절망에 빠진 어린이들을 구하는 데 하루에 백만 파운드를 기꺼이 소비할까요?

에글렌타인은 언론에 기고를 하고 연설로 기부를 호소했다. 기자 헨리에타 레슬리가 모금 운동을 벌이자 각 지역 자원봉사자들이 케이크 판매와 거리 모금, 댄스 공연을 하여 기금을 모았다. 공장에서 일하는 소녀와 광부가 기부를 했고, 어린이가 돈을 보내기도 했다. 아주 가난한 사람도 기부를 했다. 하지만 그런 방식으로 기금을 모으려면 어마어마한 시간과 노력, 외교적 수완이 필요했기에 에글렌타인은 다음과 같은 결론을 내렸다.

'문제는 돈의 부족이 아니라 마음의 태도이다. 우리는 세상의 상상력에 호소하는 방식으로 사실들을 알릴 방법을 고안해야 한다.'

에글렌타인은 늘 사업 수완을 발휘해 자선활동을 하고 싶어 했다. 그래서 어떤 상업적인 홍보 전략을 구사하면 세이브더칠드런을 널리 알릴 수 있을지 찾아보았다. 에글렌타인은 1920년 3월에 선구적인 운동을 벌였다. 신문의 개인 광고란에 점잖게 작은 광고를 게재하는 전통적인 방식을 버리고, 「타임스」 같은 전국 신문에 전면 광고를 낸 것이다. 하지만 전면 광고비가 어마어마하게 비쌌기 때문에 세이브더칠드런 위원회의 위원들은 크게 반대를 했다. 많은 위원들은 철저하게 검소한 생활을 하는 에글렌타인이 어떻게 그런 위험한 투자를 생각했을까 도무지 이해하지를 못했다. 게다가 광고 내용이 점잖게 호소하던 기존의 방식과는 상당히 거리가 멀었다. 한 광고의 내용은 다음과 같았다.

우리는 전쟁에서 이겼습니다. 그러니 우리가 자부심을 느끼는 건 당연하지요. 우리는 충분히 누릴 자격이 있는 즐거움을 누리고 편안한 식사를 하는 데 매일 자그마치 수백만 파운드를 소비하고 있습니다!

그런데 바깥으로 눈을 돌리면 아무 힘도 없는 수많은 어린이와 고통받는 어머니가 먹을 것과 옷이 부족해 죽어가고 있습니다. 천 명도, 2천 명도, 10만 명도 아니고 수백만 명이! 그런 일이 중국이나 티베트가 아닌 유럽에서 일어나고 있습니다. 지금 여러분이 이 광고를 읽고 있는 장소에서 그리 멀지도 않은 곳입니다. 그들이 고통받는 것은 우리가 운명으로 치부하거나 측은하게 여기고 금세 잊어버릴 수 있는 자연재해 때문이 아닙니다. 우리가 거둔 영광스러운 승리 탓입니다. 아무 죄 없는 가난한 어린이들이 대가를 치르고 있습니다.

에글렌타인은 광고에 감정을 자극할 수 있는 통계 수치를 실었다.

1파운드면 굶주리는 한 어린이를 먹이고 입힐 수 있습니다. 100파운드면 일주일 동안 천 명의 아이를 먹일 수 있습니다. 영국의 모든 근로자가 딱 두 달 동안 하루에 1페니를 기부하면 유럽의 모든 아이들을 구할 수 있습니다. 각 기부금은 스물네 시간 안에 사용될 것입니다.

광고에는 굶주리는 어머니들과 아이들의 삽화가 실려 시선을 끌었다. 거기에 함부르크와 브레멘 등의 도시에서 배급받은 자신의 식량을 굶주리는 아이들과 나눠먹은 경험이 있는 영국 군인들과 영웅들의 증언을 인용해 광고에 실었다. 그리고 마지막에는 다음과 같은 글을 덧붙였다.

'어서 기부를 하세요. 당신이 망설이는 그 순간 또 다른 무고한 생명을 잃게 될 테니까요.'

한 위원회의 여성위원은 광고가 천박하다며 항의의 뜻으로 사퇴를 했고, 노동당의 친구들은 그 비싼 광고를 일컬어 '역겹다'고 했다. 하지만 에글렌타인으로서는 '그런 손실을 입느냐, 아니면 어린이들을 죽게 놔두느냐는 두 가지 문제를 놓고' 내린 선택이었다.

국민의 반응은 예상을 뛰어넘었다. 단 이틀 만에 「데일리 뉴스」에서는 7천 파운드의 기금을 거두었다. 익명의 기부자가 만 파운드를 보내오기도 했다. 이러한 경이로운 현상에 고무된 에글렌타인은 비용 효율이 높은 다른 광고 방식을 서둘러 창안해냈다. 근로자들에게는 하루치 봉급을, 기업에는 하루치 이익을, 국민에게는 어린이 한 명을 후원해줄 것을 부탁하는 혁신적인 기부 방안이었다. 그 뒤로 그것은 기금을 모금하는 방식으로 정착되었다.

세이브더칠드런은 그렇게 사람들의 이목을 끌면서 자칫 신뢰를 잃을 수도 있었다. 유럽의 상황이 심각하다는 주장을 의심하는 사람들도 있었기 때문이다. 에글렌타인과 도로시는 국민의 신뢰를 얻기 위해 유명인사들을 접촉했다. 그중에서 지그문트 프로이트와 알버트 아인슈타인, 러시아 무용수 안나 파블로바, 그리고 인기 있는 영국 작가인 제롬 K. 제롬, A.A. 밀른, 그리고 토머스 하디는 세이브더칠드런을 위해 어린이들이 처한 곤경에 관해 감동적인 글을 써서 광고에 인용하도록 했다. 세이브더칠드런을 지지하는 공개편지를 언론에 보내기도 했다. 그래도 오스트리아와 독일에 원조를 보내는 것에 대해 못마땅하게 여기는 분위기가 남아 있는 상황에서 조지 버나드 쇼는 다음과 같은 강력하고 단순한 글로 세이브더칠드런을 홍보해 주었다.

'나는 일곱 살 밑으로는 적이 한 명도 없어요.'

아주 효과적인 홍보였다.

도로시는 몇 개월 전에 조지 버나드 쇼에게 『경제봉쇄하의 독일 가정의 삶 Family life in Germany under the Blockade』이라는 작은 책자의 서문을 써달라고 부탁한 적이 있었다. 그 글은 다음과 같다.

전쟁 초기에 자원입대 할 신병을 모집할 때 우리는 인상적인 광고 문구를 접했습니다. 언젠가 우리 아이들이 대전쟁이 벌어지는 동안 우리는 무엇을 하고 있었냐고 물을 거라는 내용이었지요. 그런 질문은 징병제가 도입되면서 더 이상 거론되지 않았습니다. 하지만 그런 질문은 다음과 같은 형식으로 다시 거론될 수도 있습니다.

"아빠, 전쟁이 끝났을 때 아빠는 뭘 하셨어요?"

"나는 독일에서 굶주리는 가난한 어린이들과 내 배급 식량을 나눠 먹었어."

이렇게 대답할 수 있는 사람이 있겠지요. 이 사람은 "나는 독일 황제를 교수형에 처하는 데 찬성하는 표를 던졌어. 그런데 결국 그 사람은 교수형을 받지 않았지."라고 말하는 사람보다 도덕적 수준이 월등합니다.

에글렌타인이 1919년 말에 대대적으로 기금 모금에 성공한 것은 무엇보다 교회의 적극적인 지지를 얻었기 때문이었다. 그해 여름에 에글렌타인은 영국 국교회에 가서 유럽의 고통받는 어린이들을 위해 도와 달라고 부탁했다. 하지만 캔터베리 대주교인 랜들 데비드슨은 관심을 보이지 않았다. 에글렌타인은 단념하지 않고 교황 베네딕트 15세가 말이 더 잘 통할 수도 있겠다고 생각해서 로마에 편지를 보냈다. 교황 베네딕트는 이미 전쟁 중에 평화협상을 촉구하려고 노력했고, 에글렌타인과 다른 담당자들에게 축복을 내림으로써 기아투쟁위원회에 대한 지지를 표현한 적이 있었다. 교황은 에글렌타인의 편지를 받자 전 세계의 가톨릭교회에 회칙(로마 교황이 교회 전체와 관련된 문제에 대하여 전 세계의 주교에게 보내는 칙서. - 옮긴이)을 보냈다. 회칙에는 세이브더칠드런을 위해 기금을 모아달라는 요청이 적혀 있었고, 그것은 전례가 없는 일이었다. 가톨릭교회가 특정 종교에 관계없는 운동을 지지한 건 그때가 처음이었다.

그 일이 있기 전에 에글렌타인은 교황을 알현했다. 교황은 에글렌타인과 만나고 나서 칙서를 보내기 전에 자신의 기금 2만 5천 파운드를 기부했다. 또한 그 다음 해인 1920년 무죄한 어린이들의 순교축일(헤롯왕 명으로 베들레헴의 남자 아기들이 살해된 것을 애도하는 날, 12월 28일. - 옮긴이)에도 같은 내용의 칙서를 보내겠다고 약속했다. 그러자 캔터베리 대주교도 생각이 바뀌어 무죄한 어린이들의 순교축일에 호소문을 보내는 것에 동참했다. 이윽고 그리스정교회와 다른 많은 종교 단체가 뒤따랐다. 1922년에 교황이 사망하자 에글렌타인은 베네딕트 15세를 '아이들의 교황'이라고 부르며 헌사를 보냈다. 교황이 기부를 많이 한 탓에 바티칸 기금은 바닥이 났고, 교황의 장례비용은 빚을 내서 치러졌다.

교회가 힘을 모아 기금 모금을 호소하자 유럽뿐만 아니라 미국과 중국, 인도, 사모아에서 사상 최대의 액수가 모아졌다. 핏케언섬에서 구호물자를 보내기도 했다. 두 달 뒤에 유럽 회의에 참석한 도로시는 타이에게 다음과 같은 편지를 썼다.

'스위스에 와보니 에글렌타인에 대해 온갖 찬사가 들리더라고요. 각양각색의 사람들이 에글렌타인을 흠모하고 깊이 존경하고 있어요. 정말 놀랍지요. 사람들은 에글렌타인이 아주 대단한 사람이라고 생각하는 것 같아요. 에글렌타인이 여기저기에 깊은 인상을 남긴 게 분명해요.'

그즈음 영국 국민 사이에서 그들 자신처럼 아주 많은 것을 잃은 사람들과 화해하고 그들에 대해 연민을 느끼는 분위기가 점차 퍼지고 있었다. 그에 따라 세이브더칠드런에 대한 영국 국민의 태도도 바뀐 것 같았다. 1918년에는 피로감과 무관심, 환멸, 증오심을 내보였던 대중의 감정이 1919년에는 연민으로 바뀌었다. 루스 워즈워스는 이러한 대변혁의 공을 에글렌타인과 도로시, 세이브더칠드런에 돌렸다. 그러나 에글렌타인은 대중의 관대함과 연민 덕택에 세이브더칠드런이 일을 추진할 수 있었다고 말했다. 루스 워즈워스는 두 자매가 먼저 해야 할 일이 무엇인지 알고 사람들의 양심에 호소함으로써 세이브더칠드런의 발전에 기여했다고 결론을 내렸다.

에글렌타인의 고무적인 지도와 유명 인사들과 교회의 지원으로 세이브더칠드런은 금세 대중의 상상력을 자극했고, 그 결과 어마어마한 기부금이 쏟아져 들어왔다. 기부금은 구호활동 기관에 배분되고 세르비아에 대한 지원도 이루어졌다. 계속해서 기부금이 들어와 수천 명의 생명을 구할 수 있는 획기적인 성과를 이루었다. 전쟁으로 회복이 불가능해 보였던 인도주의 정신이 승리를 거둔 쾌거였다.

1920년 말에 세이브더칠드런은 그 전 해에 창설되었을 당시에 에글렌타인과 도로시가 가능할 것이라고 믿었던 것보다 훨씬 더 많은 것을 성취했다. 그것은 에글렌타인의 열정과 연민과 과감한 홍보가 어우러져 빚어낸 결과였다. 이제 에글렌타인에게 한계란 없었다. 에글렌타인은 다음과 같은 글을 썼다.

종종 세이브더칠드런의 목표가 실현 불가능하다는 말을 듣곤 한다. 고통받는 아이들은 언제나 있어왔고 앞으로도 있기 마련이며 해결은 불가능하다고 말이다. 그러나 그것은 불가능하지 않다는 걸 분명히 알자. 비참함에서 아이들을 구하기 위해 필요한 것은 세 가지, 돈, 지식, 그리고 선한 의지다. 사람들은 돈이 있지만 다른 곳에 쓰고 지식이 있지만 적용하지 않는다. 우리가 세상의 아이들과 인류의 미래를 구하기 위해 돈과 지식을 단호히 사용할 수 있도록 선한 의지를 키우는 것은 불가능한 걸까?

14
초국가주의
1920 ~ 1923

유일한 세계 공용어는 아이의 울음소리다.
에글렌타인 젭

에글렌타인은 경계를 넘는 건 몰라도 경계를 긋는 사람은 결코 아니었다. 대학에 오자마자 규율이 적힌 책자를 받았을 때 대학에 남아서 모든 규칙을 깰 것인가 이대로 발길을 돌릴 것인가 고민할 정도였다. 에글렌타인은 많은 규칙과 사회적인 관습을 보란 듯이 어겼다. 그것은 에글렌타인이 시민의식이 없어서가 아니라 인간의 규칙과 경계와 행동 규범이 모든 사람들을 위해 신이 만든 보편적인 도덕률보다 하위에 있다고 믿기 때문이었다. 그래서 에글렌타인은 깊이 뿌리박힌 계층 간의 차이와 불안정한 국경을 넘나들었고, 인간 최후의 경계 너머 즉 무덤으로부터 메시지를 받았다고 믿기에 이르렀다. 그 결과 신비주의적인 에글렌타인의 기독교적 신앙은 하느님의 법 아래에 인간이 평등할뿐만

그림 : 세이브더칠드런 연맹 로고, 1920년.

아니라 영적으로 모두 하나라고 인식했다. 그래서 에글렌타인은 사람이건, 사회단체건, 국가건 이기적인 행동을 용납하지 못했다. 협동하고 서로 돕는 것을 늘 미덕으로 여겼다.

그런 에글렌타인에게 세이브더칠드런의 가능성이 보이기 시작했다. 건설적인 어린이 복지를 통해 기아 구호활동을 할 뿐 아니라 국가 간에 화해를 조성하고 새로운 국제주의(에글렌타인은 이것을 '초국가주의'라고 일컬었음.)를 촉진할 수 있었다. 에글렌타인은 세이브더칠드런을 통해 인류가 하나이며 한 가족이라는 사실을 효과적으로 심어줄 수 있다고 생각했다.

에글렌타인이 생각하는 국제주의는 그녀의 신념과 연관된 지극히 개인적인 것이었다. 국제주의는 1920년대에 발전하기 시작한 새로운 국제적인 관점이 성숙하는 데 기여했다. 영국에서 그러한 국제주의가 천명된 것은 자유당과 노동당의 저명한 당원들이 국제연맹을 승인하면서부터였다. 그중에는 1924년부터 노동당 총리를 지낸 램지 맥도널드도 있었다. 램지 맥도널드는 '우리의 진정한 국적은 인류이다.'라고 주장했다. 수년 동안 여론을 거슬러온 에글렌타인으로서는 자신의 신념이 공개 토론과 정치 토론에서 계속 거론된다는 것 자체가 굉장히 고무적인 일이었다. 그럼에도 불구하고 에글렌타인은 그 시대의 냉정한 정치적 현실을 잘 알았다.

각국의 정부가 국가적 입장에 따라 행동을 하고, 국제주의가 움트는 추세와는 대조적으로 유럽을 더 작은 민족 국가로 분할하려는 움직임이 나타났다. 에글렌타인은 애국주의나 민족주의 자체를 반대하지는 않았다. 그것이 세상을 풍요롭게 하고 문명을 발전시킨다고 생각했다. 하지만 유럽이 전쟁으로 치닫는 과정에서 민족이라는 미명하에 사람들의 생명이 좌지우지되는 것에 매우 혐오감을 느꼈다. 에글렌타인은 그런 강렬한 민족주의가 세상 사람들을 단결시키기보다 분열시키는데도 많은 사람들이 '거의 종교시' 하고 있다고 생각했다. 에글렌타인은 제1차 세계대전이 그런 열렬한 민족주의의 결과물이고 오해와 증오를 키웠으며 가난과 불행만을 초래했다고 여겼다. 그래서 전쟁이 끝난 뒤에 원조를 필요로 하는 곳이 많은데도 불구하고 어린이들에 대한 국제사회의 책임이 오직 자원봉사자들에게 맡겨지고 있다고 믿었다. 자원봉사자들은 정부와 별개로 활동을 하거나 정부와 공조하기도 했다. 에글렌타인은 필요할 때마다 국가가 서로 돕는 자발적 운동을 국제적인 차원에서 조직하고 실행해야 한다는 비전을 가지고 있었다.

사회적 책임감으로 모든 인류를 껴안아야 한다는 생각은 국제연맹이 설립되기 전인 1920년까지만 해도 생소하고 놀라운 사상이었다. 에글렌타인 역시 자신의 비전을 전할 뚜렷한 전략을 세우지 못한 상태였다. 하지만 비전을 펼칠 수 있는 길이 열리기 시작했다. 세계가 조직적으로 공동의 노력을 기울일 수 있는 가능성이 처음 열린 것은 교황 베네딕트 15세가 지원을 약속하면서부터였다. 교황의 요청으로 전 세계의 가톨릭교회가 기금을 거두었고, 그 덕택에 세이브더칠드런은 에글렌타인과 도로시가 세이브더칠드런을 창설할 때만 해도 상상도 못했던 방식으로 국제적인 반열에 올랐다.

에글렌타인은 국외의 가톨릭교회가 겉보기에 프로테스탄트로 보이는, 런던에 있는 조직에 기금을 건네는 것을 내켜하지 않을 것을 걱정했다. 그래서 스위스의 도시 제네바에 중립적인 국제기구를 두어 기아에 시달리는 유럽 전역에 보조금을 공정하게 배분할 것을 제안했다.

그 결과 국제적십자와 국제연맹, 여성국제연맹이 있는 제네바에 본부를 두었다. 에글렌타인이 세이브더칠드런의 본부로 제네바를 선택한 데는 전략적인 의도가 깔려 있었다. 세이브더칠드런의 중립성을 강조할 뿐 아니라 확실히 정착된, 높은 평가를 받는 국제기구가 모여 있는 지역에 자리를 잡음으로써 국제사회의 동등한 일원이 되고자 했다.

세이브더칠드런 연맹은 1920년 1월 6일에 제네바에서 정식으로 창설되었다. 장소는 50년 전에 적십자가 설립되었던 사무소였다. 에글렌타인이 그곳을 택한 것은 세이브더칠드런의 활동이 적십자의 활동과 비슷하다고 생각했기 때문이었다. 적십자는 부상당한 군인을, 세이브더칠드런은 어린이를 돕는다는 기본 취지하에 인도적인 지원을 제공하고 평화를 위한 노력을 기울인다고 보았다. 그에 따라 에글렌타인은 전직 스위스 연방의 대통령이자 국제적십자 의장인 구스타프 아도르에게 새로운 세이브더칠드런 연맹 위원회 자리를 수락할 것을 요청했다. 아도르는 요청을 받아들였고, 적십자는 세이브더칠드런을 후원하고 국가가 어린이 복지를 도와주도록 조정해 주는 역할을 했다. 그럼으로써 세이브더칠드런은 탁월한 국제기구로 탄탄히 자리 잡았다.

에글렌타인은 이제 영국의 세이브더칠드런과 세이브더칠드런 연맹의 이사였으며 정기적으로 잉글랜드와 스위스를 오갔다. 정신없이 바쁜 일정을 소화하는 중에도 외로움을 느꼈고, 결국 갑상선이 악화되고 심장에도 무리가 왔다. 하지만 에글렌타인은 자신의 건강을 무시하는 것을 거의 즐기다시피 했다. 한 시간 전에 통보를 받고 침대에서 일어나 짐을 싸서 불가리아로 출발하면서 따뜻한 외투나 뜨거운 물주머니도 챙겨가지 않았다. 그만큼 에글렌타인은 사심 없이 일을 하며 자신과 다른 사람들에게 열정을 불어넣을 만큼 순수했다.

1920년대 초에 에글렌타인은 마흔네 살이었고 굉장히 말랐으며 창백한 피부는 얇고 건조했다. 머리카락은 은백색이 되어 가고 외모가 나이보다 훨씬 더 들어보였다. 외모에는 거의 신경을 쓰지 않았고 갈색 옷은 해지고 더러웠다. 이윽고 친구들은 에글렌타인을 '하얀 불꽃'이라는 애칭으로 불렀다. 나이보다 빨리 센 머리카락 때문이기도 했지만, 그것보다는 성자처럼 일하는 불타는 열정 때문이었다.

아이러니하게도 에글렌타인은 너무 아파서 1920년 3월에 제네바에서 시행된 세이브더칠드런 연맹의 개회 회의에 참석하지 못했다. 그럼에도 불구하고 개회 회의는 유럽을 위한 국제적인 구호활동 계획을 내놓으며 아주 성공적으로 치러졌다.

'좁은 국가 간의 벽이 네가 분 트럼펫 소리에 정말로 무너졌어.'

에글렌타인은 친구가 전해준 소식을 듣고 기뻐했다.

그 다음 해에 에글렌타인은 스웨덴의 세이브더칠드런 국제회의에서 감화를 주는 연사로서 명성을 확실히 굳혔다. 본래 에글렌타인은 연단에 올라서서 대중 앞에서 말하는 것을 두려워했다. 하지만 에글렌타인이 연설을 통해 많은 사람들에게 깊은 인상을 심어준 것은 분명했다. 작가인 안나 레나 엘그스트롬은 에글렌타인을 타고난 운동가이자 훌륭한 웅변가로 묘사했다. 급기야 1924년에 에글렌타인은 제네바의 성 베드로 대성당에 있는 유명한 칼뱅의 연단에서 연설을 해달라는 초청을 수락했다. 연설은 사람들에게 깊은 감화를 주었고 그 결과 많은 기부금이 들어왔다.

세이브더칠드런 연맹은 창설된 지 3주도 안 되어 총 2만 3천 파운드의 보조금을 기아가 극심한 아르메니아와 독일, 오스트리아, 헝가리, 그리고 폴란드에 배분했다. 그 과정에서 고심할 부분이 있었다. 각 구호기관과 국가에 보조금을 할당할 때 어느 곳부터 먼저 하느냐가 문제였다. 당시에는 기아 지역에 세이브더칠드런 사무실이 없었기 때문에 각 나라에서 자체적으로 기금을 얻으려 노력했다. 그리고 세이브더칠드런 연맹은 기금을 모으는 중앙기관 역할을 했다. 보조금은 지역 병원과 학교, 그리고 세이브더칠드런 기금이 일시적인 제휴관계를 맺고 있는 다른 조직에 할당되었다. 또한 적십자와 프렌드 구호협회, 구세군 같은 기관이 운영하는 안정적이고 독립적인 프로그램에도 주어졌다. 하지만 그런 방법은 문제가 있었다.

보조금을 요구하는 기관이 계속 있었기 때문에 에글렌타인과 팀은 우선순위를 정해야 했다. 에글렌타인은 좋은 뜻으로 설립되었지만 비능률적인 기관, 그리고 마음은 나쁘지 않은데 불미스럽게 일을 처리하는 사람들에게 실망하고 그런 기관과 사람들을 걸러냈다. 제휴기관 중에서 운영이 형편없는 곳과는 관계를 중단했다. 구호기관 사이에서도 경쟁과 다툼이 끊이지 않았다. 세이브더칠드런 기금이 공평하게 배분되어야 하는데 실상은 그렇지 않다는 비난도 있었다. 그래서 프렌드 구호협회가 퀘이커교도센터가 있는 베를린 같은 도시를 지원하자 그들의 종교적 정치적 관점을 심으려고 자선기금을 이용한다는 비난을 받기도 했다.

무엇보다도 가장 큰 문제는 세이브더칠드런 연맹 내부에서, 그리고 그들과 각국의 세이브더칠드런 조직 사이에 어느 기관이 구호금을 집행하기 가장 좋은가 하는 문제를 놓고 종종 상당한 의견 차이가 있다는 사실이었다. 한번은 영국 세이브더칠드런이 1921년 러시아 프로그램을 통해 퀘이커교도들에게 보조금을 할당하는 것에 동의하지 않은 일이 있었다. 그 퀘이커교도들이 볼셰비키 지지자들로 간주되었기 때문이었다. 반대의 표면적인 이유는 세이브더칠드런에 대해서 영국 정부에 잘못된 인식을 심어줄 수 있다는 것이었다. 그리하여 에글렌타인은 보조금이 제네바에 있는 세이브더칠드런 연맹을 통해 지급되도록 했다.

에글렌타인은 외교적 수완과 신중함이 필요한 그런 일을 감당하기 버겁다고 말했다. 하지만 실제로는 노련하게 잘했다. 그럼에도 불구하고 세이브더칠드런 위원회를 포함해 각 기관의 이기주의는 에글렌타인을 경악하게 했다. 에글렌타인은 티이에게 보내는 편지에 다음과 같이 투덜거렸다.

'모두가 교황의 돈을 원하고 다른 누군가가 가져갈까봐 안달을 하더라고요. 얼마나 이기적인지 몰라요.'

각 나라 중 어느 곳에 우선적으로 기금을 할당할 것인가 결정하는 문제는 기관 간에 기금을 나누는 일보다 훨씬 더 정치적이었다. 인도주의적 지원을 배분할 때 철저하게 중립을 지키라는 에글렌타인의 주장은 유명했고 존중되었다. 그래서 영국 세이브더칠드런은 수학적인 계산을 통해 각 나라에 할당될 기금을 지수로 나타내는 체계를 마련하려 했지만 너무 많은 노동이 소요되었다. 에글렌타인이 영국 세이브더칠드런 사무실 자리를 비우는 시간이 점점 많아지자 지원이 더 많이 필요한 독일과 러시아보다 오스트리아를 구호하려는 경향이 강해지기도 했다. 에글렌타인이 다시 기강을 잡아서 기금이 국가 간에 공정하게 배분되도록 할 필요가 있었다.

1919년 초에 에글렌타인은 처음으로 독일을 원조할 것을 주장했다. 영국 세이브더칠드런 위원회는 원칙상으로는 동의했지만 이의를 제기하기도 했다. 독일의 어린이들을 도움으로써 세이브더칠드런에 역효과를 불러올 수도 있다는 것이었다. 하지만 에글렌타인은 결심을 더욱 굳혔고, 1919년 6월에 독일에 최초의 보조금이 지급되었다. 하지만 독일에 대한 구호는 늘 가장 큰 논란을 불러일으켰다. 에글렌타인은 신문에 다음과 같은 글을 기고해 호통을 쳤다.

'우리는 상대가 적인지 친구인지를 물어서는 안 됩니다. 제가 경험을 통해 깨달은 사실이 있습니다. 독일 어린이에게 먹을 것을 주지 않으려는 사람들은 대개 체코슬로바키아 어린이에게 먹을 것을 주는 것도 싫어합니다. 그리고 우리나라에 식량이 부족한 상황이 오면 바로 그런 사람들이 가난한 집 아이들의 굶주림을 못 본 척할 것입니다.'

이러한 믿음은 1920년 겨울에 영국의 경제 상황이 훨씬 더 악화되면서 시험대에 올랐다. 에글렌타인은 영국의 어린이들이 극심한 역경에 처하면 세이브더칠드런이 기꺼이 돕겠다고 늘 주장했다. 아직도 해외의 어린이들 사정이 더 절박했기 때문에 에글렌타인과 도로시는 처음에는 '우리나라 아이들이 다른 어떤 나라의 어린이들보다도 우리에게 도움을 청할 권리가 있다.'고 주장하며 영국 어린이들을 돕는 것을 정당화했다. 그러한 입장은 에글렌타인이 오로지 도움을 가장 절실하게 필요로 하는 곳에 우선적으로 도움을 준다는, 종종 반복해서 표방한 믿음과는 맞지 않는 것이었다. 그것은 기금을 조달하는 결정에 기부자의 이해관계가 영향을 미쳤다는 것을 시사하며 그러한 현실은 지금도 마찬가지이다. 에글렌타인은 계속해서 다음과 같은 사실을 명확히 했다.

'세이브더칠드런은 도움이 가장 필요한 곳에 가장 많은 도움을 주는 것을 목적으로 하지만 도움이 필요한 곳은 어디든 조금이라도 도움을 줄 의향이 있다.'

하지만 사실 에글렌타인은 영국에 도움 주는 일을 그저 '따분하게 여겼다.' 이윽고 에글렌타인은 영국 세이브더칠드런이 상대적으로 기금이 풍부하고 영향력이 있다는 점이 그녀가 국제적으로 성취하고자 노력하고 있는 일에 장애가 된다는 사실을 깨닫기 시작했다. 이러한 양상은 세이브더칠드런 여맹의 분수령이 되는, 러시아에 구호를 제공하는 프로그램에서 가장 명확히 볼 수 있었다.

1921년까지 세이브더칠드런이 표방한 목표는 전후 유럽에 있는 '기아 지역의 어린이를 돕는 것'이었다. 유럽 경제가 점차 회복되자 세이브더칠드런의 활동을 중단하자는 이야기가 나왔다. 하지만 그해 여름에 러시아의 극심한 기근이 국제적으로 가장 시급한 문제가 되었다. 그 결과 세이브더칠드런의 목표는 '경제적 어려움으로 어린이의 생명이 위협받는 지역이라면 그곳이 어느 곳이든 어린이의 생명을 지키는 국제적인 노력을 기울이자'는 방향으로 바뀌었다.

러시아는 러시아 혁명과 제1차 세계대전, 그리고 내전으로 인해 2천 5백만 명이 목숨을 잃고 수천 명의 난민이 발생했다. 게다가 농사도 흉년이 들어 식량이 바닥난 상황이었다. 밀가루도 없어서 사람들은 도토리와 풀, 그리고 다른 대체물을 이용해 빵을 만들었다. 가축이 도살되거나 굶어 죽었다. 시골 주민들이 수천 명씩 고향을 떠나 돌아다녀 러시아 내부는 물론 유럽 전역에서 피난민 문제가 발생했다. 에글렌타인은 볼가강 유역에 '시체가 쌓여 있고,' 생존자들이 풀과 해충과 쓰레기를 먹고 연명하며 심지어 인육을 먹는 현실을 직접 본 사람들의 이야기를 기록했다. 그러한 상황은 러시아 전역에서, 우크라이나와 트랜스코카시아(아제르바이잔, 조지아, 이란 북부, 터키 동부를 아우르는 지역. 옮긴이), 아르메니아에서 반복되었다.

레닌이 설립한 러시아 기근구제위원회의 이사인 소설가 막심 고리끼는 7월 16일에 국제사회의 도움을 호소했다. 그러자 제네바의 국제적십자는 세이브더칠드런을 포함해 원조 기구를 소집해서 러시아 구호를 위한 국제 위원회를 설립했다.

러시아를 구호하는 일은 처음부터 정치적일 수밖에 없었다. 구호활동이 성공하려면 기근 지역에 접근하는 것이 허용되도록 레닌과 협상을 해야 했다. 그래서 중립국 출신의 대표자가 필요했다. 그리하여 유명한 노르웨이의 북극탐험가 난센이 선택되었다. 난센은 국제연맹의 전쟁포로 귀환 프로그램을 러시아와 조정하여 국제적으로 높이 평가받는 인물이었다. 난센은 소련 당국과 함께 구조 물자 전달을 협상하고 국제적인 기금 모금을 호소하는 일을 지휘하기로 동의했다. 에글렌타인은 대중과 언론의 비난에 개의치 않고 자신의 일을 묵묵히 하는 난센을 가리켜 '천하무적 바이킹'이라고 부르며 대단히 존경했다. 국제연맹이 난센에게 모스크바에 가서 난민 상황에 대해 논의해달라고 요청하자 난센은 그 일에는 혼신을 다해 일할 수 있는 사람이 필요한데 자신은 할 일이 쌓여 있다며 거절을 했다. 하지만 두 달 뒤에 난센이 하려던 일에 차질이 생기자 난센은 난민 위원장 역할을 맡기로 했다.

여러 나라의 위태로운 난민 문제에 대해 쓴 난센의 공식 보고서를 보면 왜 그가 그 일을 받아들일 수밖에 없었는지 잘 나와 있다.

가장 가슴 아픈 일은 아이들이 고통받고 있다는 것이다. 그 아이들 대부분이 가족의 보호를 받지 못하고 있다. 그들은 유럽 여기저기 낯선 나라에 흩어져 정작 자신들은 누더기를 입고 굶주리고 보살핌을 받지 못하는데, 다른 아이들은 배불리 먹고 잘 입고 좋은 교육을 받으며 사는 모습을 쳐다보아야 한다.

세이브더칠드런은 처음에 난센과 다른 여러 기관들과 함께 터키와 그 밖에 다른 곳에 있는 수천 명의 러시아 난민 아이들을 먹이고 교육시키는 활동을 했다. 그것은 세이브더칠드런에게는 크게 부담이 되지 않는 일이었다. 논란의 여지도 없고 문제가 될 것이 없었다. 그 일을 계기로 세이브더칠드런은 국제연맹의 찬사를 받았다.

하지만 8월 말에 세이브더칠드런 연맹은 열아홉 곳의 협력 국가가 제공한 구호물자를 극심한 기근 상태의 러시아 지방 즉 볼가강의 사라토프에 운송하고 배포하는 중개자 역할을 하기로 동의했다. 영국 세이브더칠드런은 러시아 태생의 총서기 루이스 골든의 지휘하에 활동을 했다. 그런데 러시아에 구호물자를 배송할 국내 기반시설이 없었다. 때문에 러시아는 사실상 독립된 원조기구가 접근할 수 없는 폐쇄된 국가나 마찬가지였다. 세이브더칠드런은 전에는 보조금을 조성하는 일만 했으나 그렇다고 그대로 포기할 수는 없었다. 이제는 소련 당국에 세이브더칠드런 구호 프로그램을 소련에 세우도록 허락해달라고 난센과 함께 설득해서 구호활동의 범위를 확장시킬 수밖에 없었다. 그것은 세이브더칠드런으로서는 처음으로 소련 땅에 발을 디디는 중요한 출발이었다.

난센은 모스크바에서 구호품 보급 문제를 놓고 소련 당국과 협상할 때 엄격한 조건을 내걸었다. 공산주의 정부를 깊이 불신하는 서방의 기부자들에게 구호물자가 의도한 수령인들에게 전해지는지 확인시켜 주기 위해서였다. 더불어 그런 인도주의적 구호가 정치적 성향과는 별개로 이루어질 것이라는 점도 확실히 확인시키려 한 것이었다. 합의된 조건은 소련으로서는 굉장히 굴욕적이었다. 무장한 경비대를 지원하고, 구호물자를 밀폐한 마차에 실어서 운송하여 난센의 구호 팀이 언제든지 확인할 수 있도록 하는 것이 조건이었다.

그럼에도 불구하고 에글렌타인은 제네바에 돌아왔을 때 난센이 소련 정부와 합의하여 정규군에 식량을 공급하기로 했다는 소문에 대응해야 했다. 영국 세이브더칠드런도 적대적인 언론과 동조하지 않는 여론을 다시 설득해야 했다. 언론과 여론은 기근의 책임을 볼셰비키의 잘못된 경제 운영 탓으로 돌리고 구호품이 정부의 손에 들어갈 것이라고 우려했다.

어느 곳을 먼저 도와야 하느냐에 대한 열띤 논의는 계속되었다. 러시아의 공산주의자들에게 식량을 제공하는 것에 반대하는 세이브더칠드런 위원회 위원과 지지자들이 있는가 하면, 유럽에서 도움이 더욱 절실한 곳이 있는데 러시아의 피난민 아이들이 우유를 지원받는다고 항의하는 사람들도 있었다. 영국 경제가 점점 침체에 빠지자 언론은 국내에서 도움을 필요로 하는 곳이 갈수록 많아지는 상황에서 러시아 어린이들에게 기금을 제공하는 것이 현명한가에 대해 의문을 제기했다.

이제는 신문에 전면 광고를 내도 소용이 없었다. 오히려 기근을 겪는 인구의 수가 과장되었다는 보도가 나오기까지 했다. 신문지상에 논쟁이 들끓어 급기야 세이브더칠드런의 동기와 재정, 효율성을 의심하고 국내를 더 도와야 한다는 헤드라인이 실렸다. 긴장이 고조되자 세이브더칠드런의 활동가들은 템스강에 빠뜨리겠다는 협박을 받았다. 실업자들이 세이브더칠드런 사무실 앞에 있는 길거리에서 시위를 하기도 했다.

그러자 에글렌타인은 유명한 언론사 사진기자인 「데일리 미러」의 조지 뮤즈를 보내 기근에 시달리는 현장과 세이브더칠드런의 식량배급 센터를 영상으로 촬영하게 했다. 그의 영화는 전국 영화관에서뿐만 아니라 개인적으로도 상영되었는데, 그 전에 신문에 실린 사진보다 수위가 높았다. 굶주리고 죽은 아이들이 한데 엉켜 있는 가슴 아픈 장면, 시신이 묻히는 장면, 수프와 우유를 배급하는 구호소에서 아이들이 기력을 회복하는 모습이 담겨있었다. 충격을 받은 대중은 기부금을 후하게 내놓았다. 조지 뮤즈 영상은 도움이 절실히 필요하다는 사실뿐만 아니라 생명을 구할 수 있다는 점을 확실히 각인시키는데 중요한 역할을 했다. 「데일리 뉴스」는 1922년에 다음과 같은 기사를 실었다.

'어떤 광고나 기사, 언어적 호소나 인쇄물을 통한 호소도 처절한 현실을 담은 이 영상만큼 관중에게 강한 인상을 남긴 적이 없었다.'

그해 난센은 국제연맹의 위원장으로 활약한 공로를 인정받아 노벨평화상을 받았다. 그리고 그 다음 해 2월에 영국을 방문해 앨버트홀에서 기근에 대해 강연을 하고 수많은 만찬과 에글렌타인이 마련한 기금 모금 행사에서 연설을 했다. 이러한 공동의 노력으로 구호물자가 대량으로 러시아에 운송되어 많은 생명을 살렸다.

세이브더칠드런은 1923년 여름에 러시아 식량조달 프로그램을 종료했다. 그 일은 어려웠고 가끔은 위험이 따랐다. 한 직원이 발진티푸스로 사망했으며 자살을 한 직원도 있었다. 스파이 혐의를 받고 체포된 직원도 있었지만, 세이브더칠드런은 소련 당국과 좋은 관계를 유지했다. 그 결과 외교적으로, 그리고 지리적으로 가장 버거운 지역에 효과적으로 긴급구호활동을 제공했다는 국제적인 명성을 얻었다. 에글렌타인은 무엇보다도 국제 사회가 전례 없이 협력하여 일을 성취했다는 사실에 감화를 받았다. 열아홉 개 국가와 다른 많은 구호기관이 식량 조달 프로그램을 지원한 것이었다. 그것은 세이브더칠드런이 앞으로 할 일이 무엇인지 일러주는 본보기가 되었다. 에글렌타인은 러시아 구호 활동에 대해 다음과 같은 글을 남겼다.

'우리는 어린이의 생명을 구하는 일로 시작했지만 이처럼 국제적인 협력을 통해 그 이상에 충실하면…… 다른 세상 사람을 구하는 일에도 보탬이 될 수 있을 것이다.'

끔찍했던 러시아의 기근이 끝날 무렵 세이브더칠드런의 도움을 필요로 하는 곳은 끊임없이 이어졌다. 세이브더칠드런은 그리스로 가서 긴급식량배급센터를 설립해 난민들을 도왔다. 그밖에 아르메니아 고아와 터키의 어린이를 돕고, 유럽과 근동 지역 밖에 있는 이집트와 칠레에 보조금을 지급했다. 또한 지진으로 2십만 명이 넘는 사망자가 발생한 일본에 긴급구호를 지원했다.

하지만 에글렌타인은 긴급구호활동을 하는 것에 더 이상 만족하지 않았다. 구호활동에는 한계가 있었다. 진정으로 어린이를 구하기 위해서는 다른 활동을 추가해야 했다. 에글렌타인은 건강과 영양은 물론이고 교육과 주택 공급을 망라하는 건설적인 어린이 복지 프로그램을 진행했다. 나아가 세이브더칠드런은 결핵 예방 운동에서부터 모범적인 고아원과 여성을 위한 직업교육을 아우르는 사업을 지원했다.

1925년에 발칸 지역을 재방문한 에글렌타인은 식량배급 프로그램이 난민이 처한 상황을 개선시킬 수 있는 장기적인 해결책이 아니라는 것을 분명히 깨달았다. 그래서 세이브더칠드런은 불가리아 정부로부터 일부분 자금을 지원받아 땅이 없는 가족과 함께 늪지를 흙으로 메워 집을 짓고 농장을 만들었다. 그리하여 모범적인 협동농장 마을이 조성되었다. 명칭은 그 당시 세이브더칠드런의 의장이었던 아톨 백작을 기려 아톨로보라고 지었다.

이윽고 세이브더칠드런 연맹은 국제연구센터 역할을 할 뿐 아니라 모범정책을 개발하고 공유하는 토론의 장이 되었다. 그리하여 어린이 빈곤에 대한 혁신적이고 지속 가능한 해결책을 만들어 나갔다. 에글렌타인은 어린이 복지에 관심이 있는 사람이라면 누구나 이용할 수 있도록 제네바에 있는 사무실에 연구 도서관을 열었다. 그리고 세계의 어린이 복지에 대해 최초로 조사를 시행한 것은 물론이고, 세이브더칠드런에서 내는 잡지인 「세계의 아이들 The World's Children」에 시행 사업을 정기적으로 게재했다. 또한 1925년부터 국제회의를 지속적으로 열었다. 에글렌타인은 현존하는 연구기관과 복지기관을 연계하는 데 힘썼고, 1925년에는 국제연맹 어린이보호위원회 고문으로 임명되었다.

에글렌타인은 놀랄 만큼 짧은 시간에 국내 활동에 머물던 기아구호기구를 세계 어린이들의 복지에 기여하는 성공적인 국제기구로 발전시켰다. 에글렌타인은 세이브더칠드런이 이루어낸 성과에 가슴 벅차했다. 창설된 지 5년도 안 되어 세이브더칠드런 연맹과 제휴한 각국 위원회가 마흔 개나 설립되었다. 또한 서른 개 국가의 어린이들을 도와주고 있었다. 이로써 장차 어린이 복지가 각국 안에서나 세계적으로 다른 기관과의 제휴나 국가 간의 협력을 통해서 공동으로 착수될 수 있는 제도가 정착되었다.

오늘날 세이브더칠드런 연맹은 세계에서 가장 규모가 큰, 어린이를 위한 독립 기구이다. 29개 회원국이 120여 개 국가의 어린이에게 더 나은 생명과 삶의 기회를 선사하기 위해 다함께 노력하고 있다.

에글렌타인은 국제사회에 새로운 책임감을 고취시켰으며 세이브더칠드런 연맹을 통해 세계 공동체가 궁극적으로 한 걸음 더 나아가기를 바랐다. 그리하여 국가 간의 상호협조가 당연한 사회적 의무로 인식되기를 소망했다.

15
어린이의 권리
1922 ~ 1925

> 우리는 어린이에게 특정한 권리가 있음을 인정하고,
> 그 권리가 세계적으로 인정받도록 노력해야 한다.
> 에글렌타인 젭, 1924년

인간의 권리를 명시한 법률이 제정되어 있는데 왜 굳이 어린이의 특정한 권리를 보장해야 하는 걸까? 에글렌타인이라면 주저 없이 어린이는 신체적으로나 심리적으로 연약해서 학대받고 방치되기 쉽기 때문이라고 대답했을 것이다. 권리는 존중받고 보호받아야 할 근거를 제공한다. 어린이의 권리가 명시되어 있지 않으면 어린이는 논의 대상에서 계속 배제될 수도 있다.

나는 이런 상상을 해본다. 1922년 여름, 어느 맑은 일요일에 에글렌타인이 제네바의 살레브산 정상에 오른다. 에글렌타인은 정상에서 연필을 꺼내 들고 종이에 다섯 가지를 적어 내려간다. 그것은 곧 '어린이 헌장'의 초안이 된다.

'어린이 헌장'은 어린이의 보편적인 인권을 적은 최초의 중요한 성명서이다. 또한 세계에서 가장 영향력이 큰 국제연맹이 정식으로 채택한 이후 1959년에 국제연합이 제정한 세계 아동 인권 선언의 전신이다.

에글렌타인은 산에 오르는 것을 좋아했다. 의사가 쉬라고 처방을 내렸는데도 산에 있는 것이 더 좋다며 산을 찾곤 했다. 산에 올라가서는 사색에 잠길 때가 자주 있었다. 그러니까 내가 한 상상이 아주 허무맹랑한 것은 아닐 것이다.

1889년과 1911년 사이에 영국 학교에서 어린이의 권리를 옹호하는 운동이 일어났다. 당시에 에글렌타인이 어린이 권리 옹호 운동을 알고 있었는지의 여부는 모르겠지만 아무튼 에글렌타인은 그 운동에 대해 아무런 언급을 하지 않았다. 여성 참정권 운동에 대해서도 에글렌타인은 원칙적으로는 동의했지만 적극적으로 지지하지는 않았다. 이러한 운동에 대해 별다른 흥미가 없는 데다 아이들을 아주 좋아하지도 않는 에글렌타인이 어린이 권리를 옹호하고 나서는 모습이 어색하긴 하다. 하지만 그녀의 사상은 그 시대에 확실히 부합했고, 대개 시대정신을 한 발 앞서갔다. 에글렌타인은 빅토리아 시내의 어린이 보호복지 개발과 나중에 일어난 시민의식과 사회 책임에 관한 신자유주의 사상의 영향을 받아 어린이 권리에 대한 개념을 정립했다.

19세기에 사회 개혁가들이 일터에서 어린이들을 보호해야 한다고 주장하기 시작했다. 그와 더불어 교육 개혁과 청소년 사법 체계를 별도로 마련할 것을 촉구했다. 그 결과 노동자 계층의 어린이들을 모범적인 미래의 시민으로 육성하는 것을 목표로 한 정책이 수립되어 어린이 복지

제도와 사회 전반에 영향을 끼치게 되었다. 또한 어린이들이 놀이와 휴식, 학교 교육을 통해서 성장할 수 있는 권리를 법적으로 보호해야 한다는 인식이 생겼다.

세기 전환기에 어린이들은 전보다 더 많은 관심을 받았다. 1900년에 교육학자 엘렌 키는 새로운 세기는 어린이의 복지에 헌신되어야 한다고 제안했다. 8년 뒤에 자유당은 영국 최초의 '어린이법'을 통과시켰다. 비공식적으로는 '어린이 헌장'으로 알려져 있는 어린이법에 의해 소년 법원이 설립되고 양부모 등록제가 도입되었다. 또한 어린이들이 위험한 일을 하는 것을 방지하고 사형의 최소 연령을 열여섯 살로 상향 조정했다. 지방 당국 또한 권한을 부여받아 가난한 어린이들을 노역소(17세기 이후 설립된 영국의 강제노역소. 빈민자와 부랑자 및 그 자녀에게 기술 교육을 실시할 목적으로 전국에 설치됨. − 옮긴이)에서 나오게 하고 학대를 받지 않도록 보호했다. 그 결과 많은 지방의회가 사회복지 사업을 하고 고아원을 세웠다. 에글렌타인은 케임브리지의 사회사업가로서 그러한 복지 정책과 참여적인 시민의식에 관한 신자유주의 사상에 크게 감화를 받았다.

에글렌타인은 이미 시민의식을 불어넣을 대상을 어린이들로 확대 적용하기 시작했다. 그때 제1차 세계대전이 일어나면서 에글렌타인은 국내 문제보다 국제적인 문제에 초점을 두게 되었다. 대중은 전쟁과 그 여파를 경험하면서 아이들이 재앙에 직면했을 때 얼마나 취약한지 깨닫게 되었다. 뿐만 아니라 어린이들을 새로운 가능성을 나타내는 상징적 존재로 의미를 부여하게 되었다. 즉 어린이들을 단지 차세대의 시민이 아니라 미래의 평화로운 국제관계에 기여할 대사로 여기게 된 것이다. 1919년과 1922년 사이에 최초의 국제 어린이보호조약이 에글렌타인이 크게 존경한 국제연맹의 부속기구인 국제노동기구에 의해 수립되었다.

에글렌타인은 그런 분위기 속에서 자신만의 어린이 헌장을 만들었다. 에글렌타인은 구호활동이 더 이상 활발하게 이루어지지 않을 때가 올 것이고, 그럼에도 불구하고 계속 어린이를 위해 일을 하고 싶다면 그 방법은 한 가지밖에 없다고 생각했다. 그 방법은 여러 나라로 하여금 자선 정책보다는 건설적인 정책으로 어린이를 보호하는 노력에 협조하도록 환기시키는 것이었다. 그래서 어린이를 위한 특정한 권리를 요구하고, 그 권리가 세계적으로 인정을 받도록 노력해야 한다고 주장했다.

에글렌타인은 1922년 3월에 세이브더칠드런이 '어린이에 대한 어른의 의무를 규정하는' 문서를 채택해야 한다고 제안했다. 몇 달 뒤에 에글렌타인은 자신이 만든 '어린이 헌장'의 초안을 영국 세이브더칠드런에 돌려 논평하도록 했다. 그리고 그해 가을에 세 가지 문서 즉 권리 선언문, 장차 제네바 협약에 포함될 법규, 국가기관과 민간조직이 해야 할 일의 개요를 정리하는 작업에 들어갔다.

하지만 1922년에 어린이 헌장을 논의 중이었던 사람은 에글렌타인만이 아니었다. 국제여성의회 역시 세부적인 문서를 작성하고 있었다. 국제여성의회의 의장인 레이디 애버딘은 영국 세이브더칠드런의 일원이기도 했다. 레이디 애버딘은 세이브더칠드런의 헌장이 너무 간단하다고 탐탁찮아했다. 이윽고 국제여성의회가 만든 헌장으로 세이브더칠드런의 헌장을 보충하거나 대체해야 한다는 주장이 제기되었다.

그리하여 1923년 1월에 에글렌타인의 '어린이 헌장 : 어린이 인권 선언문'이 근본적으로 위태롭게 되었다. '인권 선언문'이라는 소제목이 빠지고, 열다섯 개의 조항이 스물여덟 개로 늘어났으며 각 조항의 문장이 바뀌었다. 이를 테면 '그것은…… 모든 어린이의 권리이다.'가 '모든 어린이는 …… 해야 한다.'로 된 것이다. 사실상 그것은 더 이상 어린이의 인권을 명시한 대담한 성명서가 아니라 정부가 어린이에게 해야 하는 의무를 적은 모호한 목록이었다. 어린이를 제 나이에 맞는 적절한 권리와 의무를 가진 존재라기보다는 국가의 보호를 받아야 하는 수혜자로 규정했다.

에글렌타인은 국제여성의회의 헌장을 크게 비판했다. 자신이 애초에 만든 헌장이 완전히 망가졌다고 비난했다. 어린이들에 대한 국가의 의무를 축소하고, 그 내용이 너무 사회주의적이었기 때문이다.

1923년 1월에 영국 세이브더칠드런 의회는 에글렌타인에게 어린이 헌장을 수정해 제네바에 있는 세이브더칠드런 연맹 회의에 상정해 승인을 받으라고 제안했다. 에글렌타인은 에티엔느의 지원하에 자신이 당초에 만든 원안을 재빨리 수정하고 불어로(에글렌타인은 형편없는 불어라고 했다.) 번역해 그것이 채택되도록 해달라고 강조했다. 에티엔느는 세이브더칠드런 연맹의 총서기로 1920년에 국제조직을 세우는 일을 함께 한 뒤로 친밀한 협력자가 되었다.

수개월에 걸친 심의와 수정이 잇따르고, 마침내 1923년 5월 17일에

'아동 권리에 관한 제네바 선언'이 국제연맹에 의해 채택되었다. 최종적인 안은 에글렌타인이 처음에 의도한 만큼 대담하지는 않았지만 적어도 그녀가 내세운 원칙이 깔끔한 문장으로 정리되어 있었다.

어린이 인권 선언문(1923)

'제네바 선언'으로 알려진, 이 어린이 인권 선언문에 따라 세상 모든 사람이 인종이나 국적, 신조와 상관없이 어린이에게 가장 좋은 것을 제공해야 한다는 점을 인지하고, 그것을 인류의 의무로 선언하고 받아들인다.

I. 어린이는 육체와 정신이 정상적으로 성장하는 데 필요한 수단을 제공받아야 한다.

II. 배고픈 어린이는 음식을 제공받고, 아픈 어린이는 치료를 받고, 발달이 더딘 어린이는 교육을 받고, 비행을 저지르는 어린이는 선도되어야 하며 고아와 비쩍 마른 어린이는 보호와 도움을 받아야 한다.

III. 어린이는 곤경에 처했을 때 가장 먼저 구호를 받아야 한다.

IV. 어린이는 생계비를 벌 수 있으며 모든 형태의 착취로부터 보호받아야 한다.

Ⅴ. 어린이는 자신의 재능으로 사회에 기여한다는 봉사 정신을 갖도록
   양육되어야 한다.

   위의 다섯 항목 중 네 항목은 세이브더칠드런의 국제구호활동에 대
한 경험을 바탕으로 어린이가 보호를 받고 도움을 받을 수 있는 권리에
초점을 맞추고 있다. 에글렌타인은 나중에 논의될 어린이의 자율권과
자기결정권의 개념은 가지고 있지 않았다. 어린이의 법적 권리가 지속
되려면 어린이를 보호하는 것이 기본 바탕이 되어야 한다고 생각했다.
에글렌타인은 어린이를 양육하는 방식이 기후나 인종, 전통, 신념 등의
차이에 따라 매우 다를 수 있다는 점을 아주 잘 알았다. 적용 방법이 지
역에 따라 다를 수는 있어도 특정한 기본 원리는 존중되어야 한다고 생
각했다.
   마지막 항목은 권리가 무엇을 수반하는지 혁신적으로 해석한 부분으
로 권리와 책임이 결부되어 있다. 여기에서 에글렌타인은 어린이로서
어린이에게 당장 필요한 사항과 권리가 아니라 미래 시민으로서의 어
린이, 즉 차세대를 대표하는 상징적인 의미로서의 어린이에 주안점을
두었다. 에글렌타인은 초안 맨 위에 다음과 같은 문장을 적었다.
   '세계의 미래는 아이들에게 달려 있다.'
   전후 시기는 대중이 이상주의를 꿈꾼 시기였다. 이대로 평화가 지속
되어야 한다는 생각, 그리고 정의와 화해를 바탕으로 한 국제 관계를
통해 더 나은 세상을 만들어야 한다는 생각이 지배했다. 그리하여 많은
사람들이 전쟁의 종식을 목표로 삼은 국제연맹을 지지하기에 이르렀

다. 그러한 목표는 미국 대통령 토머스 윌슨이 파리평화회의에 가져온, 14개조 원칙에 제시되어 있다. 그 결과 1920년 1월 10일에 제네바에 국제연맹 사무실이 설립되었다. 세이브더칠드런 연맹이 같은 도시에서 창설된 지 나흘 뒤였다. 국제연맹은 국제 관계의 새로운 바탕을 다지는 중요한 창구 역할을 했다.

1921년 6월에 적십자와 세이브더칠드런이 국제연맹 의회에 편지를 보냈다. 어린이를 보호하는 일을 전담하는 부서를 만들어달라고 요청하는 편지였다. 그 결과 독립적인 부서가 생겼다. 그것은 어린이가 평화의 매개자라는 점에 공감하는 분위기가 확산되는 현실을 반영한 것이었다. 영국 언론은 다음과 같이 보도했다.

'이제부터 세계 어린이들은 국제연맹의 보호를 받게 될 것이다.'

어린이 보호 업무를 전담하는 부서는 1924년에 국제연맹 어린이 복지 위원회가 되었고, 에글렌타인이 감사로 임명되었다.

에글렌타인은 '지루한 위원회 회의'를 결코 좋아하지 않았다. 그래서 몇 번 회의를 하고 나서야 적응을 했다. 에글렌타인이 가장 먼저 한 일은 다음과 같은 내용을 제안한 것이었다.

'국제연맹은 어린이를 보호하는 문제를 근본적인 의무로 인지해야 하고…… 신체적, 지적, 도덕적인 면에서 어린이 성장 지체는 지역 사회에 무질서와 위험을 유발하는 잠재적 원천이라는 점이 전제되어야 한다.'

에글렌타인이 기여한 또 한 가지는 위원회의 위원 스물두 명을 임명한 것이었다. 세계의 각 지역을 대표하는 의미에서 열여덟 명은 유럽인으로 임명했는데, 그중 여섯이 영국인이었다. 두 명은 미국인으로, 한 명은 아시아인으로 임명했고 아프리카 출신의 위원은 없었다. 그 결과 가족 수당이나 영화가 어린이들의 정신적, 도덕적 행복에 미치는 영향 같은 많은 사안이 논의되기도 했다. 하지만 그러한 사안은 세계 대부분 지역의 어린이에게 거의 관계가 없거나 아무 관계가 없었다.

에글렌타인은 국제적으로 관련이 있는 안건만 내놓았다. 가령 버려지거나 방치되거나 비행을 저지르는 외국 아이들에 대한 원조나 본국 송환에 관한 보고서를 작성했다. 에글렌타인은 어린이들은 그들의 가족이나 지역사회의 전후사정 속에서 고려되어야 하고, 그들의 나라 안에서 원조를 받아야 한다는 점을 강조했다. 그러한 정책은 관련된 조약에 반영되었고 오늘날에도 여전히 가장 훌륭한 관례로 간주된다. 에글렌타인은 어린이 보호와 복지에 관한 세이브더칠드런 연맹의 건설적인 노력에 대한 보고서를 내놓았고 호평을 받았다. 그리고 에글렌타인은 믿을 만한 정보를 원하는 협회가 활용할 수 있도록 자료를 수집하고, 열네 살 미만 어린이들의 고용을 금지하자는 제안 등을 지지했다.

하지만 국제연맹에서 에글렌타인의 가장 중요한 의제는 어린이 인권 선언문을 홍보하는 것이었다. 처음에는 국제연맹에서 선언문과 선언문을 작성한 사람들에 대해 선뜻 호응을 하지 못하는 분위기였다. 기아에 대한 긴급구호활동이 예전만큼 절박하지 않게 되었기 때문에 세이브더칠드런 연맹이 초점을 잃은 것이 아닌가 하는 의견이 있었다. 아무튼 어린이 인권 선언문은 마침내 1924년 9월에 의회에 상정되었고 만장일치로 승인을 받았다.

어린이 인권 선언문이 국제연맹의 승인을 받은 지 한 달 뒤에 세이브 더칠드런 연맹은 비엔나와 부다페스트에서 의회를 소집해 참여한 국가에게 어린이 인권 선언문을 채택해 각 나라의 어린이 상황을 가늠하는 기준으로 삼아달라고 요청했다.

어린이 인권 선언문은 유럽 전역의 신문에 실렸다. 독일과 벨기에, 스웨덴, 캐나다는 어린이 인권 선언문을 어린이 복지를 위한 국가법을 형성하는 근거로 활용했다. 에글렌타인은 유럽의 지도자들이 어린이 인권 선언문에 서명을 하도록 하기 위해 홍보 여행에 나섰다. 그리하여 불가리아와 오스트리아, 영국, 오스트레일리아, 남아프리카, 뉴질랜드, 캐나다, 뉴펀들랜드, 아일랜드, 프랑스가 조인을 했다. 프랑스에서는 어린이 인권 선언문을 모든 학교에 내걸도록 지시를 내렸다. 에글렌타인은 어린이 인권 선언문이 정책을 만드는 정부 부서뿐만이 아니라 어린이들을 접촉하는 모든 사람의 적극적인 지지를 받기를 원했기 때문에 그 아이디어를 듣고 기뻐했다.

에글렌타인은 어린이 그림 대회를 서둘러 열었다. 열네 개 국가의 학교가 참여해 어린이 인권 선언문의 조항을 그림으로 나타내는 대회였다. 2천 개의 작품이 국제적으로 전시되었고, 언론과 대중의 대대적인 관심을 끌었다.

에글렌타인의 어린이 인권 선언문은 이제 '유엔 아동 권리 협약'으로 발전하기에 이르렀다. 이 협약은 전 세계에서 두 나라를 제외한 모든 국가의 비준을 받아 역사상 가장 널리 수용된 인권 보호 수단이다. 오늘날 어린이를 국제사회의 주된 관심 대상으로 만들어 주었다. 또한 어린이의 인권을 국제법화함으로써 국가의 발전을 도모하고 평가할 수 있는 합의된 기준을 제공하며 정부로 하여금 어린이의 필요를 충족시키지 못한 것에 대해 법적으로 책임을 지게 한다.

하지만 전 세계가 조약에 명시된 의무를 지키지 못함으로써 어린이의 인권이 국제적인 의제로 남아 있는 것은 애석한 일이다. 소말리아와 미국은 아직 조약을 비준하지 않은 상태이다. 소말리아는 합법적인 정부가 들어서 있지 않은 상황이고, 미국은 열여덟 살 이하의 어린이들을 사형시키고 전선에 투입하는 법적 권리를 유지하고 싶어 하기 때문이다. 더욱 애석한 사실은 비준을 한 많은 정부가 조약을 이행하기 위한 일관성 있는 전략을 개발하거나 충분한 자원을 할당하는 데 실패했다는 점이다. 전 세계적으로 어린이들은 방치되고 학대받으며 군인이 된다. 혹은 장시간 일하라는 강요를 받고 이민 센터에 억류되어 있다. 또한 의료와 교육 서비스, 놀이시간도 제공받지 못하고 있다. 전 유엔사무총장 코피 아난은 다음과 같은 사실을 인정했다.

'〈모든 어린이에게, 모든 권리를!〉이라는 원칙은 아직도 현실과는 아주 동떨어져 있다.'

그러나 유엔 아동 권리 협약이 완전한 해결책은 아니더라도 전 세계 수많은 어린이에게 강력한 영향을 미친 것은 사실이다. 협약은 이제 각국 정부가 어린이의 인권을 위해 협의하고, 법적 보호조치를 취하며, 복지 서비스를 제공하도록 동력을 주고 있다. 그리고 협약을 어길 경우 고소를 하는 기구를 마련하자는 운동이 전 세계적으로 진행 중이다.

어린이를 절대 방치하지 않고 학대하지 않는 세상을 상상하는 것은 지나친 희망일 수도 있다. 에글렌타인이 바라던 대로 그런 이상적인 새로운 문명이 도래하지는 않았지만 어린이 복지에 대한 개념이 특권이 아니라 당연한 권리로 인지되고 있고, 어린이를 적극적으로 배려하는 분위기가 점점 확대되고 있다는 사실에 에글렌타인은 기뻐할 것이다. 에글렌타인은 어떤 선언문이나 협약도 모든 지역사회가 실행하려고 노력하지 않는다면 법적으로 통과되었다고 해도 아무 소용이 없다고 생각했다.

에글렌타인은 어린이 인권을 세계의 의제로 올려놓았고, 그 인권을 유지할 책임은 이제 우리에게 있다.

16
파란색 명판
1920 ~ 2009

> 죽음이여, 너는 나를 건드릴 수도 없고
> 내 신성한 삶의 불꽃 중 가장 밝은 부분을 꺼뜨릴 수도 없노라.
> 에글렌타인 젭, 1929년

에글렌타인은 등산은 물론이고 승마와 걷기, 바다 수영을 좋아했지만 체력은 그리 좋은 편이 아니었다. 심각하게 아플 때가 자주 있었다. 사진을 보면 1920년에는 우아한 사회사업가의 모습을 하고 있다. 그런데 그로부터 8년 뒤에는 얼굴이 야윈, 나이든 부인의 모습으로 급격히 바뀌어 있다. 에글렌타인은 1916년에 갑상선 수술을 받고 회복했다가 금세 심장병까지 생겼다. 1920년 2월에는 두 가지 수술을 새로 받아야 한다는 사실을 알게 되었다. 갑상선에 생긴 혹을 떼고 발가락을 제거하는 수술이었다. 발가락 하나를 없애는 수술은 했지만, 갑상선 수술은 체력이 뒷받침되지 않아서 혹을 제거하지 않고 놔두었다.

의사는 일에서 완전히 손을 떼라고 권했지만 에글렌타인은 그럴 수가 없었다. 바로 그 전 달에 세이브더칠드런 연맹을 제네바에 설립했기 때문이었다. 에글렌타인은 마거릿에게 다음과 같은 편지를 썼다.

'몇 년만 지나면 기아 현상이 줄어들 텐데 아플 시간이 어디 있어! 내 인생보다는 아이들의 인생이 우선이야. 내 건강이 무너지더라도 아이들 몇 명을 구하는 일이 더 값어치가 있으니까!'

에글렌타인의 조카들은 에글렌타인이 아주 생기가 넘치고 독창적이며 유쾌했다고 말했다. 하지만 기진맥진해져서 병치레를 할 때가 점점 많아졌다. 에글렌타인은 아침에 일어나자마자 일을 하기 시작해서 밤을 지새울 때가 자주 있었다. 연설을 하러 회의에 참석하러 가는 도중에 기절을 한 적도 몇 번 있었다. 에글렌타인은 혼자서 모든 일을 하지 못하면 죄책감과 좌절감에 휩싸였다. 일은 에글렌타인을 지치게도 했지만 삶을 지탱시켜주는 힘이 되기도 했기에 에글렌타인으로서는 이러지도 저러지도 못하는 입장이었다.

건강 때문에 불가피하게 일에 전념하지 못하게 되면 스트레스 수치가 껑충 뛰어서 심장에 무리를 주었다. 갑상선 문제는 계속되는 에글렌타인의 우울증을 심각하게 했다. 급기야 에글렌타인은 자살을 생각하기도 했다. 에글렌타인은 다리를 건너거나 계단참에 있으면 몸을 내던지라는 목소리가 들렸다고 회고했다.

1923년에 70대 후반이 된 타이가 쇠약해지자 에글렌타인은 절망감에 깊이 휩싸였다. 타이는 전부터 에글렌타인에게 의지했고, 에글렌타인에 대한 자부심으로 살았으며 에글렌타인의 편지를 고대했다. 에글렌타인은 자신은 거의 돌보지 못하고 어머니를 보살폈다. 그러다 2년 뒤에 타이가 죽고, 다음 달에 사랑하는 고모 번이 그 뒤를 따랐다. 수년 동안 타이를 잃을까봐 두려워했던 에글렌타인은 가끔씩 자신과 타이, 그리고 번이 함께 저 세상으로 가는 꿈을 꾸곤 했다. 그나마 에글렌타인은 평화롭고 행복한 어머니의 모습과 어머니가 사랑하는 사람과 재회하는 모습을 환영으로 보고 나서 위안을 얻었다. 그럼에도 불구하고 에글렌타인의 건강은 점점 더 악화되었다.

1924년 6월에 갑상선에 생긴 혹이 더욱 커졌다. 에글렌타인은 오랫동안 감정 기복이 심했는데 그 원인이 갑상선에 있다는 사실을 알고 위안을 삼았다. 하지만 사실상 감정 기복은 아프기 훨씬 전부터 있었고, 갑상선 수술을 받고 난 뒤에도 계속되었다. 에글렌타인은 더 이상 수술은 하지 않고 방사선 치료만을 받았다. 동시에 심장 전문의는 휴식과 걷기를 권했고 식단으로는 지방으로 요리된 모든 음식을 피하면서도 많은 양의 버터와 크림과 우유를 먹는 모순적인 식이요법을 권했다. 그것은 엄청나게 마르고 약한 환자를 살찌우는 식단이었다. 하지만 에글렌타인의 건강은 전혀 나아지지 않았다.

급기야 에글렌타인은 1927년에 6개월 동안 침대에서 일어나지 못하는 상황에 이르렀다. 결국 1928년 여름에 수술을 받기 위해 제네바의 요양원으로 옮겨졌다. 에글렌타인은 자신의 상황이 심각하다는 것을 알았다. 그래서 몰래 유언장을 써놓고 빚을 갚았다. 또한 자신이 죽으면 기념품과 책이 친구들에게 전달되도록 조치를 취해놓았다. 하지만 예상과는 달리 건강이 회복되어 수술까지 받았다.

에글렌타인은 수술을 받은 뒤 몇 개월 동안 몸조리를 하며 보냈다.

그러는 동안에 페르시아 정부로부터 전국 어린이 복지 운동에 대해 조사를 해 달라는 초청을 받고, 그 문제에 대해 의논했다. 또한 1931년에 개최될 아프리카 국제회의를 계획하고, 2월에 인도와 러시아를 방문하는 일정에 대해 이야기했다. 그리고 중국에서 프로젝트를 시작할 생각으로 표준 중국어를 배우기 시작했다. 에글렌타인은 여전히 심장박동이 불규칙했고 병원에서 더 쉬라고 했지만 말을 듣지 않았다.

일을 할 수 없을 때는 글을 쓰곤 했다. 그 결과 인도주의적 운동에 대한 대중의 무관심을 타파할 목적으로 시 모음집을 출간할 수 있었다. 그 작품이 좋은 평을 받자 노인의 관점으로 죽음에 대해 탐구하는 내용을 담은 두 번째 시집을 출간했다. 조카딸을 위해 단편 소설을 쓰기도 했다. 에글렌타인은 죽음에 대한 생각을 완전히 떨쳐내지는 않았겠지만 분명 즐겁게 살고 있었다.

에글렌타인은 가장 암울한 시기에도 차분했고 낙관적이었다. 기근이 심각한 상황에서도 앞으로 큰 희망이 있을 거라고 생각하며 행복감을 느꼈다. 세이브더칠드런의 비용 문제 때문에 어쩔 수 없이 지원을 줄여야 하는 상황에서도 언젠가 운동이 성공할 것이라는 믿음으로 스스로를 위안했다. 제네바에 있는 병원에서 검사를 받기 전에는 세이브더칠드런에 대해 걱정을 하기도 하고, 결코 실패하지 않을 거라는 믿음으로 마음을 다스리기도 했다. 루스의 증언에 의하면 에글렌타인은 살기 위해 싸웠다고 한다. 그러면서 다음과 같은 대화를 전했다.

에글렌타인은 두 눈을 시계에 고정하고 생각하는 듯했다.

"내가 이 병을 극복하고 세상에 다시 나갈 수 있을까? 그럴 수 있을까? 과연? 꼭 그래야 해!"

하지만 결국 에글렌타인은 집착하지 않고 마음을 편안히 먹은 것 같았다.

'일이라고 불리는 건 뭐든 눈곱만큼도 하고 싶지 않아!'

에글렌타인은 1928년 11월에 그런 글을 적었고, 그 다음 달에 도로시에게 이런 말을 했다.

"다 잘될 거라는 깊은 확신이 들어. 세이브더칠드런의 미래를 하느님께 맡길 수 있을 것 같아. 내가 이제 그 일을 할 수 없다니 기분이 참 이상해. 말도 안 된다는 생각도 들고."

며칠 뒤에 에글렌타인은 알프스 산맥 깊은 곳에서 요양을 할 준비를 했다. 에글렌타인은 그날 친구들과 함께 웃고 농담을 하고 의사에게 작별의 초콜릿을 받았다. 그날 저녁식사 때 에글렌타인은 심각한 뇌졸중을 일으켰다. 그 당시에 자매 중 가장 건강했던 에밀리가 아일랜드에서 건너와 가벼운 농담으로 에글렌타인을 위로했다. 에글렌타인은 반은 의식이 없는 상태로 마지막 나날을 보냈다. 에밀리는 나중에 그 고통스러운 이야기를 다음과 같은 글로 적었다.

'에글렌타인은 강철 덫에 걸린 동물처럼 신음을 하면서, 물에 빠져 죽어가는 선원이 밧줄을 잡듯 내 손을 부여잡았다.'

날씨는 더욱 추워졌고, 눈이 내리는 1928년 12월 17일에 에글렌타인은 응급 위장 수술을 받은 뒤에 이 세상을 떠났다. 그날 아침 의식이 명

료하게 돌아온 순간에 에글렌타인이 간호사에게 마지막으로 한 말은 이것이었다.

"요즘에는 이런 생각이 들더라고요. 인생은 우리가 아는 것보다 더 행복하지 않나 하는 생각이요……."

에글렌타인이 오랫동안 강한 의지로 인생의 굴곡을 헤쳐왔기에 마침 내 그녀가 죽자 친구들은 깊은 충격을 받았다. 마거릿의 심정도 마찬가 지였다. 마거릿은 에글렌타인에게 가보지 않은 것을 무척 후회했다. 어 떤 친구는 고통받는 순수한 어린이들을 위해 에글렌타인은 죽어서는 안 되고 살아야 한다는 글을 썼다. 몇몇 친구들은 에글렌타인의 열정과 순수한 영혼은 계속 살아있다고 믿으며 마음을 다독였다.

장례식은 제네바의 영국 국교회에서 거행되었다. 그런 뒤에 에글렌 타인의 시신은 세인트조지 묘지에 묻혔다. 제네바 남쪽의 3킬로미터 지점, 살레브산의 전경이 보이는 곳이었다. 관은 현수막이 씌워져 있었 다. 현수막에는 세이브더칠드런 연맹이라는 글자가 적혀 있었다. 수녀 들이 파란색과 흰색, 황금색의 자수로 수놓은 것이었다. 현수막은 꽃으 로 완전히 덮여 있었다. 꽃은 바람이 불어서 눈과 함께 금세 날아갔다. 관에는 에글렌타인의 이름이 아니라 이니셜만 적혀 있었는데, 그건 아 마 그녀의 시 '마지막 메시지' 때문인 듯하다.

내가 죽는다면 난 그곳에 없는 거예요
당신이 사랑한 것이 내 육신은 아니잖아요
시신을 보고 나라고 여기지 말아요

그러니까 부디 시신에 내 이름을 붙이지 말아요!

같은 날에 트라팔가 광장에 있는 세인트마틴인더필즈 교회에서 추도식이 열렸다. 세이브더칠드런 합창단이 노래를 부르고 많은 친구와 고관들이 참여했다. 전 세계에서 애도를 보내오고, 파리에서 오스트레일리아의 퍼스까지 언론에 부고가 실렸다.

나는 제네바에 있는 동안 싱싱하게 활짝 핀 장미를 사들고 에글렌타인의 묘지에 가보았다. 나도 모르게 눈물이 나서 기분이 묘했다. 이미 80년 전에 죽은 사람인 데다 만난 적도 없는데 말이다. 나는 임신 탓에 호르몬에 변화가 생겨서 그런 것이려니 넘겨버렸다. 에글렌타인의 묘지는 전혀 낭만적이지 않았다. 드문드문 있는 무덤들 끄트머리에 자리했는데, 그 옆으로 자갈길이 나 있었다. 대리석 평판 위에는 황동 십자가가 박혀 있고, 그 아래로 태어난 날짜와 세이브더칠드런 연맹의 설립 날짜가 영어와 불어로, 그리고 마태복음에서 발췌한 인용문이 새겨져 있었다.

나는 그 다음 날에 도시의 기록보관소에서 에글렌타인의 유언장을 찾아냈다. 임종 시에 가지고 있던 초라한 소지품도 발견했다. 갈색 옷 몇 벌과 손수건, 고무 밴드가 담긴 작은 검은색 봉지와 양철로 된 의료용 장신구, 그리고 종교적이고 영적인 분야를 다루는 책과 시집, 칼뱅과 윌리엄 펜과 페스탈로치의 전기와 토머스 모어의 『유토피아』가 있었다. 그 외에는 일기와 공책, 수채화 스케치, 그리고 발렌타인데이 카드 한 묶음이 있었다. 에글렌타인은 물건을 쌓아두는 사람이 아니었다. 그러고 보니 에글렌타인이 바그다드로 모험을 떠날 때 여행에 필요한 물건을 딸랑 권총집에 챙겨서 갈 수 있었던 이유를 이제 알 만했다.

살레브산에 에글렌타인의 기념비를 세우려는 사업이 추진되었으나 돈이 많이 들고 도로시가 고인의 뜻에 맞지 않는다고 하여 그 일은 무산되었다. 그래서 거기에 들어갈 비용으로 에글렌타인의 마지막 시를 출간해 세이브더칠드런 기금을 조성하여 에티오피아를 도와주었다.

기념비는 세우지 못했지만 에글렌타인이 성장한 엘즈미어에 그녀의 이름을 딴 지역사회 체육관이 있다. 옥스퍼드대학 예배당에는 에글렌타인의 열정적인 정신을 상징하듯 흰 불꽃 모양의 유리 샹들리에가 걸려 있다. 또 에글렌타인이 여학생들에게 글자를 가르쳤던 곳 인근에 있는, 말버러의 세인트피터 교회에는 초상화가 걸려 있다. 1920년대에 아톨로보(세이브더칠드런이 불가리아에 만든 협동농장 마을. - 옮긴이)를 모델로 해서 알바니아에 조성된 마을은 에글렌타인 젭을 기려 그녀의 이름을 따서 지어졌다. 영국의 장미에는 에글렌타인의 이름이 붙여졌다.

에글렌타인이 자선 사무실을 두었던 케임브리지 구역에 파란색 명판을 걸자는 제안이 있었는데 아직 실행되지는 않은 상태이다. 성공회 달력에는 에글렌타인을 추모하는 날이 표시되어 있다. 앤 공주는 사납기로 유명한 영국 불테리어(목이 두껍고 코가 길며 털이 짧은 개. - 옮긴이)를 몇 마리 키웠는데 자신의 애완견에게 에글렌타인, 그리고 도티라는 이름을 붙였다. 아마 에글렌타인이 그 사실을 알았으면 그 엉뚱한 조합에 무척 기뻐했을 것이다.

램지 맥도널드는 에글렌타인이 죽은 지 1년 뒤에 맞이한 세이브더칠드런 창립 10주년 기념일에 추도 연설을 했다. 그는 에글렌타인이 자신의 이상을 위해 어떻게 자신을 희생하며 혼신을 다해 노력했는가에 대해 이야기했다.

에글렌타인은 자신의 신체적 한계를 받아들이지 않았기 때문에 죽음을 재촉한 측면이 있다. 그렇다고 해서 자신의 역할에 대한 사회적 기대에 갇혀 있고 싶어 하지도 않았다. 에글렌타인은 자신을 희생한 것이 아니라 일에 헌신함으로써 성취감을 얻기를 원했고, 또 바라던 대로 해냈다. 개인적인 일보다는 더 큰 그림에 집중하면서 마음의 평화와 지적인 만족을 얻었다. 그것이 원동력이 되어 세이브더칠드런 운동이 추진될 수 있었다. 에글렌타인은 사망한 해에 안도하며 다음과 같은 글을 남겼다.

'마침내 우리에게 전에 없던 기회가 생겼다. 모든 인류가 책임을 다하고 보람을 느낄 수 있는 인간다운 삶을 위해 일할 기회가!'

"

오늘 우리가 돕는 이가 내일 우리를 도울 것이다.

"

에필로그

인생의 진실

언젠가 내 친구가, 진실을 바라보는 우리의 마음은 마치 같은 빌딩을 향한 여러 개의 카메라와도 같다고 말한 적이 있어. 어떤 두 개의 카메라도 정확히 같은 위치에 놓일 수 없어. 심지어 서로 반대편에서 찍는 게 아니더라도 말이야. 그래서 정확히 똑같은 사진이 찍힐 순 없지. 또한 어떤 사진이 다른 것보다 나을 수는 있어도, 가치가 없는 사진이란 난 한 장도 없는 법이야. 사진이 다른 무엇에 의해 가려지지만 않는다면 말야.

프리다 존스 (에글렌타인의 소설 『울타리』 속 또 다른 자아), 1908년경

전기를 쓸 때 가장 곤란한 점은 무엇이 진실인가를 판단하는 것이다. 한 인생의 '사실'을 통해 그림 하나를 제시할 수는 있지만, 그 이면에 숨은 인간적인 진실은 해석의 여지를 남기기 때문이다. 공공도서관의 기록보관소에서, 개인 편지의 행간에서 누군가의 진실을 찾는 일은 묘한 일이다.

에글렌타인의 자료를 찾다보니 어느 때는 에글렌타인이 모호하게 생각되다가도 어느새 생생하게 잡히기도 했다. 에글렌타인이 펜으로 그린 초상화와 스케치가 놀라울 만큼 가감 없이 그녀의 의중을 알리는 듯하고, 필체는 그녀의 생각을 보여주는 듯하다. 에글렌타인의 손길이 닿

은 물건이 뭐든 나는 거기에 유난히 매료되었다. 실제 있었던 사실은 존재 자체만으로 고맙고, 소설은 그 낭만 때문에 매력이 있었다. 나는 마거릿의 손녀딸 수잔나 번을 만나는 동안 에글렌타인과 마거릿이 예전에 식사를 할 때 사용했을 접시에 음식을 담아 먹다가 멈칫하기도 했다. 에글렌타인의 큰 조카로 예전에 고고학 강사였던 벤 벅스턴은 에글렌타인의 과거에 대한 증거를 찾느라 고심하는 나를 위해 마닐라지로 만든 오래된 봉투에서 에글렌타인이 아기였을 때의 머리카락을 꺼내어 보여주기도 했다. 에글렌타인은 아기였을 때도 머리카락이 눈부신 붉은 색이었다.

확실히 그런 유물에 집착하는 건 우스꽝스러운 일이다. 리처드 도킨스는 우리가 물을 마실 때마다 올리버 크롬웰의 방광을 통과한 물 분자가 적어도 하나는 우리 몸을 지나갈 가능성이 있다고 주장한다. 그런 맥락에서 보면 우리 모두 에글렌타인과 몇 가지 원자를 공유했을 게 틀림없다. 그런 주장을 에글렌타인이 들으면 꽤 공감할 것 같다. 에글렌타인은 개인과 이 세상 사람들이 하나라고 여겼으니까.

에글렌타인은 어떤 위대한 운동이든 그것이 특정한 개인들에 의해 좌지우지되었다고 생각하는 건 망상이라고 믿었다. 그럼에도 불구하고 평생 전기를 열심히 읽었다. 역사를 통해 정보를 얻을 수 있기 때문이었다. 에글렌타인은 이런 말을 했다.

'인간의 경험은 모두에게 유용하다. 인류의 영웅과 성인이 오로지 한 국가 혹은 한 세대만을 위해서 메시지를 남긴 것은 아니다.'

에글렌타인은 전기를 쓰려는 시도는 하지 않았지만 젊을 때부터 인간

개개인의 경험과 보편적인 도덕적인 진실을 시와 소설을 통해 전하려고 노력했다. 전후에는 유럽 전역에서 발생한 기아라는 절박한 진실에 대해 대중이 눈을 뜨길 바라며 이야기를 하고, 기사를 썼으며 광고와 사진, 영화를 활용했다. 에글렌타인은 다음과 같은 글을 적었다.

'우선 세상 사람들의 상상력을 최대한 자극할 수 있도록 사실을 알릴 방법을 찾아야 한다.'

여기서 에글렌타인이 염두에 둔 '사실'은 도로시가 아주 능숙하게 엮은, 구호물자의 필요성과 보급 통계만을 의미하는 것이 아니었다. 인간은 서로 도와야 하는 존재이고, 서로에게 사회적, 도덕적 책임이 있다는 '진실'을 의미하기도 했다. 에글렌타인은 그런 '진실'에 대해 숙고하며 많은 시간을 보냈다.

선천적으로 상상력이 풍부한 에글렌타인은 성장 과정에서 사회적 책임에 자연스럽게 눈을 떴다. 또한 결혼하지 않은 몸으로 자주 아픈 데다 가끔 혼자 있는 시간을 즐겼기 때문에 생각할 시간이 많았다. 그런 과정에서 형성된 개인적인 철학으로 세상을 이해하고, 그 안에서 자신이 할 일을 찾았다. 에글렌타인은 개인과 세상 사람들 사이에 인위적인 긴장이 흐르고 있다고 믿었고, 그 안에서 서서히 자신만의 '진실'을 찾아냈다.

에글렌타인은 마음이 여린 여자는 아니었지만 굉장한 인도주의자였다. 그러한 사실을 증명하듯 친구들은 이런 말을 했다.

'에글렌타인이 어린이에게 보이는 관심은 개인적인 애정보다는 늘 이론이 깔려 있었어요.'

결국 에글렌타인은 인류가 같은 줄기에서 뻗어 나온, 뿌리가 같은 한 덩어리라고 여겼다. 에글렌타인은 이러한 철학을 바탕으로 개인의 생명을 구하는 일뿐만 아니라 전 세계인들의 인도주의적 정신을 함양하는 것을 목표로 삼았다. 그래서 그 일환으로 어린이의 보편적인 권리와 책임을 강조했다.

에글렌타인은 그 시대의 전형적인 여성이라는 점에서는 평범하다. 그러나 허용되는 사상의 경계를 전 방위적으로 뛰어넘었다는 점에서는 비범한 여성이었다.

에글렌타인의 앨범

EGLANTYNE JEBB in PHOTO Ⅱ▶

사진01 아버지 아서 젭과 자녀들. 왼쪽에서부터 에밀리, 도로시, 개멀, 에글렌타인, 1889년경.

사진02 양산을 쓴 타이, 그리고 왼쪽에서부터 여섯 명의 자녀들인 릴, 에밀리, 소총을 든 딕, 나비채를 든 개멀, 에글렌타인, 도로시, 1890년 8월.

사진03 어른들은 왼쪽에서부터 고모 노니, 고모부 제임스, 고모 번. 아이들은 에글렌타인, 개멀, 도로시, 릴, 1889년, 더 리스.

사진04 도로시, 에글렌타인, 개멀, 1888년경.

사진05 옥스퍼드 대학생일 때의 에글렌타인, 1896년경.

사진06 스톡웰 교원대학의 동료 수습교사들과 함께 한 에글렌타인, 에글렌타인이 뒤에서 세 번째 줄, 왼쪽에서 네 번째 자리에서 두 손을 무릎 위에 올려놓고 있음. 1899년.

사진07 도로시가 에글렌타인의 '세속적인 시기'라고 경멸하던 때
의 에글렌타인, 1904년 케임브리지.

사진08 마커스 딤즈데일. 에글렌타인과 알고 지낸 지 십 년쯤 되
었을 때의 모습, 1913년경.

사진09
티롤에서 에글렌타인과 타이, 1904~1908년경.

사진10
유권자들에게 강한 인상을 남기기 위해 콧수염을 기른 찰리와 도
로시가 앉아 있고 그 뒤에 찰리의 조카 톰 벅스턴과 에글렌타인이
서 있음. 1910년 12월, 찰리가 하원의원으로 있던 데번주의 집.

사진11 에글렌타인과 마거릿. 장소는 티롤로 추정됨, 1911년.

사진12 마거릿과 아치볼드 비비언 힐, 두 사람이 결혼한 해인 1913년.

사진13 밭에서 일하다가 칼에 찔린 마케도니아 가족. 빅토리아 벅스턴의 에세이 『마케도니아 대학살: 마케도니아의 사진 Macedonian Massacres : Photos from Macedonia』에서 발췌, 1907년경. © British Library Board. All Rithts Reserved(8027.a.29).

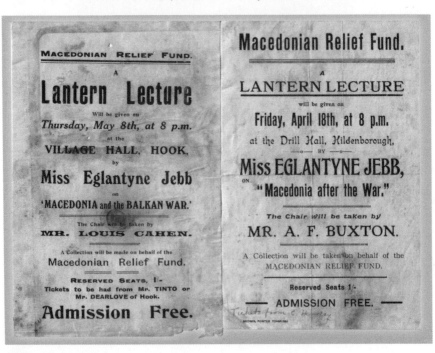

사진14 에글렌타인의 마케도니아구호기구 모금과 홍보를 위한 여행에서 배포된 전단지, 1913년.

사진15 농업조직협회의 이사인 릴이 여성국토경영군단 완장을 차고 있는 모습, 1916년경.

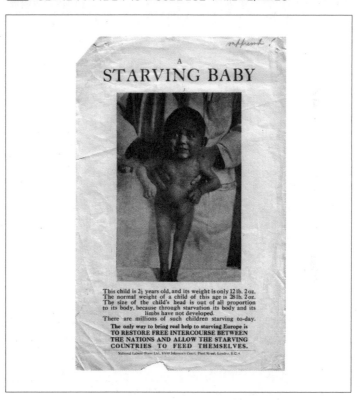

사진16 에글렌타인이 1919년 5월에 트라팔가 광장에서 배포하다가 체포된, 굶주린 오스트리아 아이의 모습이
실린 전단지. 오른쪽 상단 모퉁이에 에글렌타인이 연필로 쓴 '억압받고 있다!'라는 단어가 적혀 있음.

사진 17 법정 소송에 휘말린 에글렌타인과 바버라 에어턴 굴드가 시장 관저 밖에 있는 모습과 그들이 배포하다가 체포된 전단지와 포스터를 실은 「데일리 헤럴드」, 1919년 5월 16일.

Save the Children

사진18 1919년 5월 19일, 에글렌타인과 여동생 도로시가 사람들로 넘쳐나는 앨버트홀의 공개회의에서 세이브더칠드런을 창립함.

Save the Children

사진19 1919년 소호, 골든스퀘어에 있는 세이브더칠드런의 본부. 직원들과 자원봉사자들은 불용군수품 가구와 낡은 신발 상자를 두고 일
을 했음. 직원들은 에글렌타인은 어린이 한 명에게 쓰일 수 있는 돈은 동전 한 푼도 낭비하지 않았고, 사무실 바닥에 굴러다니는 하
자가 있는 핀도 버리지 않고 챙겨두었다고 회상함.

"The Most Awful Spectacle in History."

MILLIONS OF CHILDREN NAKED AND STARVING IN EUROPE.

Every British Citizen Called Upon to Help— But it Must be To-day—To-morrow May Be Too Late.

WITH HUMAN DESTINY AT STAKE WILL YOU STAND IDLY BY?

Another Helpless Child is Dead—Another— and Another—While You Read—And Hesitate!

WE have won the War. We are justly proud. We are spending, on our well-earned amusements and our comfortable meals, millions of pounds every day!

And all the time, outside our very doors, a multitude of helpless children and stricken Mothers are perishing for want of food and clothes—not One Thousand, Two Thousand, or a Hundred Thousand, but MILLIONS! It is

2/- will Provide a Daily Dinner for One Child for One Week.

£1 will Food and Clothe a Naked Starving Child.

$2/10s. will take an Ailing Child to Switzerland, where kindly Foster-Parents are ready to give it Three Months' Good Food and Nurse it Back to Health.

£100 will Feed 1,000 Children for One Week.

SUBSCRIPTIONS ON ACTIVE SERVICE WITHIN 24 HOURS.

Whatever you can spare cannot be too small to be of value to the cause. Every penny you collect or subscribe will be immediately applied to the desperately urgent need of the starving and home-less. Within twenty-four hours your subscription will be doing active good, so perfect is the "Save the Children" Organisation—so eagerly helpful are its willing workers.

WHAT ONE PENNY WILL DO

The great call to our humanity and pity surely cannot fail to stir every generous feeling in our hearts. Nobody is asked to deny themselves. Pennies

사진20 '역사상 가장 끔찍한 광경'이라는 문구를 단 세이브더칠드런 모금 광고, 「타임스」, 1920년 3월 4일.

사진21 세이브더칠드런 모자와 완장을 찬 에글렌타인, 1920년경.

사진22 런던에 도착한 프리드쇼프 난센이 빅토리아 역에서 에글렌타인과 웨더데일 경(왼쪽)과 에설 스노든과 함께 있는 모습, 1921년.

사진23 세이브더칠드런 사무실 책상에 앉아 있는 에글렌타인, 1922년경.

사진24 도로시와 찰리 벅스턴, 1922년.

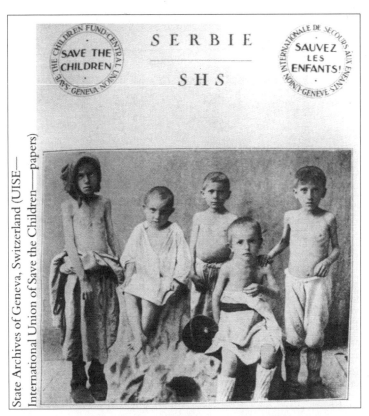

사진25 세이브더칠드런 연맹 회보에 특별히 실린 보스니아의 세르비아 어린이들. 1920년 3월 10일.

사진26 러시아의 기근에 대한 뉴스가 영국에 전해졌을 때 세이브더칠드런은 러시아에서 고통을 겪고 있는 어린이 6백만 명을 위해 호소한 최초의 기관이었음. 1921년 가을에 매일 3십만 명의 어린이를 위해 식량배급 프로그램을 운영함.

Déclaration de Genève

(Adoptée par le Conseil général de l'Union Internationale de Secours aux Enfants dans sa session du 23 février 1923, votée définitivement par le Comité exécutif dans sa séance du 17 mai 1923, et signée par les membres du Conseil général le 28 février 1924.)

Par la présente Déclaration des Droits de l'Enfant, dite Déclaration de Genève, les hommes et les femmes de toutes les nations, reconnaissant que l'Humanité doit donner à l'enfant ce qu'elle a de meilleur, affirment leurs devoirs, en dehors de toute considération de race, de nationalité et de croyance :

1. L'Enfant doit être mis en mesure de se développer d'une façon normale, matériellement et spirituellement.

2. L'Enfant qui a faim doit être nourri, l'enfant malade doit être soigné, l'enfant arriéré doit être encouragé, l'enfant dévoyé doit être ramené, l'orphelin et l'abandonné doivent être recueillis et secourus.

3. L'Enfant doit être le premier à recevoir des secours en temps de détresse.

4. L'Enfant doit être mis en mesure de gagner sa vie et doit être protégé contre toute exploitation.

5. L'Enfant doit être élevé dans le sentiment que ses meilleures qualités devront être mises au service de ses frères.

사진27 에글렌타인과 국제 고위관리들이 서명한 제네바 선언(어린이 인권 선언문) 복사본, 1924년경.

사진28 에글렌타인, 1928년경.

사진29 제네바에 있는 에글렌타인의 묘지, 1928년 12월.

세이브더칠드런 연맹

영국을 비롯한 여러 나라, 심지어 적국까지도 전쟁에서 죽은 무명전사를 절대 잊지 않겠다고 서약했다. 하지만 우리가 잊지 말아야 할 게 또 있다. 우리의 도움과 자선을 필요로 하는, 이 세상의 모든 국가에 있는 무명의 어린이를 우리 가슴에 새겨야 한다.

필립 깁스, 영국 종군기자, 1931년
비엔나에서 에글렌타인을 만나고 감화를 받음

나는 오래 살고 싶다. 가난해도 사는 게 좋다.

치아노, 10세, 필리핀

사람들은 우리를 못마땅하게 여기지만 우리는 할 게 아주 많다. 아무튼 차세대니까.

조앤, 14세, 영국 뉴캐슬

에글렌타인 젭이 1919년 세운 국제 구호개발 NGO 세이브더칠드런은 아동의 생존, 보호, 발달, 참여, 권리를 실현하기 위해 인종, 종교, 정치적 이념을 초월해 일하고 있습니다. 한국 등 29개 회원국이 120여 개 국가에서 가장 소외된 아동을 최우선 순위에 두고 지속가능한 변화를 일궈가고 있습니다. 또 한국전쟁, 베트남전쟁, 네팔 대지진 등 아동의 삶을 위협하는 분쟁, 재난이 일어날 때마다 인도적 지원을 펼치고 있습니다.

www.savethechildren.net
www.savethechildren.org.uk
www.sc.or.kr

편역 **이길태**

건국대 영어영문학과를 졸업하고, 에릭양 에이전시의 번역작가 양성과정을 마친 후 본격적으로 번역을 시작했다. 번역원 인트랜스에서 근무했으며, 현재는 프리랜서 번역가로 활동 중이다. 역서로 『마담 프레지던트』, 『사랑으로 기적을 일으킨 마더 테레사』, 『위대한 평화의 심부름꾼 간디』, 『12.12와 미국의 딜레마』, 『신창조 계급』 등이 있다.

누가 이 아이들을 구할 것인가?

1판 1쇄 발행 2017년 9월 15일

글 : 클레어 멀리
편역 : 이길태
펴낸이 : 홍건국
펴낸곳 : 책앤
디자인 : 디자인 플립
교정교열 : 이상희

출판등록 : 제313-2012-73호
등록일자 : 2012. 3. 12
주소 : 서울특별시 마포구 동교로 18길 33 그린홈 202호
문의 : 02-6409-8206 | 팩스 02-6407-8206

ISBN 979-11-882610-2-4 (03990)

한국어판 ⓒ 책앤, 2017, Printed in Seoul, Korea.

이 책은 저작권법에 따라 보호를 받는 저작물이므로 무단전재와 복제를 금지하며,
이 책 내용의 전부 또는 일부를 사용하려면 반드시 저작권자와 책앤의 서면 동의를 받아야 합니다.

• 잘못되거나 파손된 책은 구입하신 서점에서 교환해 드립니다.
• 값은 뒤표지에 있습니다.

※ 이 도서의 국립중앙도서관 출판예정도서목록(CIP)은 서지정보유통지원시스템 홈페이지(http://seoji.nl.go.kr)와
   국가자료공동목록시스템(http://www.nl.go.kr/kolisnet)에서 이용하실 수 있습니다.
   CIP제어번호 : CIP2017018534